省级精品课程配套教材

高等职业教育财务会计类富媒体智能型·项目化

成本核算与管理

Cost Accounting and Management

侯君邦 陈胜武 主编

闫宝昌 主审

东北财经大学出版社
Dongbei University of Finance & Economics Press
大连

图书在版编目（CIP）数据

成本核算与管理 / 侯君邦，陈胜武主编. —大连 ：东北财经大学出版社，2023.1

（高等职业教育财务会计类富媒体智能型 · 项目化系列教材）

ISBN 978-7-5654-2947-7

Ⅰ. 成… Ⅱ. ①侯… ②陈… Ⅲ. ①成本计算-高等职业教育-教材 ②成本管理-高等职业教育-教材 Ⅳ. F231.2

中国版本图书馆CIP数据核字（2022）第172504号

东北财经大学出版社出版

（大连市黑石礁尖山街217号 邮政编码 116025）

网 址：http：//www.dufep.cn

读者信箱：dufep@dufe.edu.cn

大连永盛印业有限公司印刷 东北财经大学出版社发行

幅面尺寸：185mm × 260mm 字数：419千字 印张：18.75

2023年1月第1版 2023年1月第1次印刷

责任编辑：王天华 周 慧 责任校对：慧 心

封面设计：冀贵收 版式设计：原 皓

定价：42.00元

教学支持 售后服务 联系电话：（0411）84710309

前言

成本核算与管理是大数据与会计、大数据与财务管理等专业核心课程之一。随着会计职能的发展，会计正经历着由传统的财务会计向管理会计转型，成本核算与管理发挥着越来越重要的作用。竞争理论认为，企业取得竞争优势的途径主要有两个：经营奇异和成本领先。要做到成本领先，离不开成本核算与控制。任何一家企业的成功，小到社区的便利店，大到跨国公司，都离不开成本核算与管理。成本核算与管理不仅能够提供产品、服务和客户等方面的成本信息，而且能够为管理者计划、控制和决策提供信息和决策支持。2013年，财政部颁布的《企业产品成本核算制度（试行）》，对企业成本核算的内容、范围、方法等进行了规范，显示了政府对企业成本管理的重视。

本书基于企业成本会计岗位和企业生产过程的理念，按照整体设计和分项目实施的思路，以培养学生职业技能为出发点，贯穿“理实一体”“做中教”“做中学”，有利于提高学生的学习效率和学习效果。全书共分为五个模块，每个模块的开篇设有知识目标、技能目标、素质目标、课程思政等小栏目；每个模块均由若干项目组成，每个项目均包含知识目标、技能目标、案例导入、知识讲解、知识巩固和技能训练等板块。

为了方便教学，我们编写了与本书配套的数字化资源，包括课程标准、电子教案、电子课件、习题参考答案等。同时，为了便于学生自主学习和训练，我们针对书中的重点和难点制作了微课，以二维码的形式添加在书中，用手机扫一扫即可直接观看学习。

本书由山东经贸职业学院、潍坊职业学院、潍柴雷沃阿波斯集团、潍坊市地震监测中心等单位共同编写。山东经贸职业学院教授、高级会计师、注册会计师侯君邦和潍坊职业学院副教授陈胜武担任主编，山东经贸职业学院王爱玲、邵苗苗、张作玲，潍坊职业学院郑福琴，潍坊市地震监测中心高秀娥担任副主编。具体编写分工如下：侯君邦编写模块一，陈胜武、王爱玲编写模块二，邵苗苗编写模块三，张作玲、高秀娥编写模块四，郑福琴编写模块五。潍柴雷沃阿波斯集团财务总监闫宝昌负责整体审核，侯君邦负责本书的总体设计。

本书为山东省职业教育技艺技能传承创新平台——智能会计技术技能创新平台和山东省2021年职业教育教学改革研究项目《1+X证书制度下高职会计专业群“书证融通、能力本位、职业导向”课程体系构建与实践》的建设成果。

本书既可以作为高等职业院校大数据与会计、大数据与财务管理等专业的教学用书，也可以作为企业财务工作者的参考用书。本书从编写到出版得到了东北财经大学出版社的指导、支持和帮助，在此表示感谢。

虽然我们对本书的撰写做了很多努力，但由于水平有限，书中难免存在纰漏或不当之处，敬请各位读者批评指正。

编　者

2022年10月

目　录

模块一
成本认知

【知识目标】
1. 成本会计的相关知识
2. 成本核算的基本要求和一般程序

【技能目标】
1. 成本核算相关凭证的填制、传递及交接
2. 根据企业生产情况设计成本核算程序

【素质目标】
1. 培养积极乐观的心态，诚信为本、求真务实的职业素养
2. 培养业财融合的逻辑思维能力

课程思政

减税降费降成本，助力企业走出困境

2020年春节，受疫情影响，西贝400家线下门店基本都已停业，只保留100多家门店开展外卖业务。预计春节前后一个月时间将损失营收7亿~8亿元。其董事长贾国龙在接受媒体采访时透露，西贝2万多名员工目前待业，但按照国家政策规定工资要继续发，一个月的支出就在1.5亿元左右。倘若疫情在短时间内得不到有效控制，西贝账上的现金撑不过3个月。

受疫情影响，很多企业的生产没有按照原先设定的路径进行，开支无法摁下“暂缓键”。到期的银行借款本息、厂房办公楼租金、职工薪酬等，都重重地压在企业现金流量表上，在这个“现金为王”的社会，现金流一旦断裂，对于企业来说只有破产一条路。在普通百姓担心着自己和家人的身体健康状况时，很多企业主特别是小微企业主承受着更大的压力。

关键时刻，国家出手了。

2020年，面对疫情给经济社会发展带来的不利影响，我国陆续推出一系列支持疫情防控和助力复工复产的税费优惠政策，7批28项税费优惠政策连续有力、精准施策，帮助企业渡难关、稳住经济基本盘。减税降费政策有效减轻了企业财务资金压力，稳定了职工队伍，有利于社会稳定及经济恢复。在特殊时期，减税降费政策发挥了更为明显的作用。

2020年2月召开的全国税务工作会议明确，2021年，将继续抓实抓细延续实施和新出台的税费优惠政策落实，持续优化推动政策红利直达市场主体的机制和做法，进一步巩固拓展减税降费成效，促进完善现代税收制度，降低企业成本，助力高质量发展。

资料来源：佚名. 疫情下，牛人给西贝出了8招生存指南，西贝有救了［EB/OL］.［2020-02-09］. https：//page.om.qq.com/page/OssvSdfE_ZHyf670A3Rpw8DQ0.

项目一　认知成本会计

知识目标

1. 了解费用、成本的概念及联系
2. 掌握成本会计的对象和职能

技能目标

掌握成本会计工作的组织

案例导入

现代成本会计竞争理论认为，企业取得竞争优势的途径主要有两个：经营奇异和成本领先。要做到成本领先，离不开成本会计。任何一家企业的成功，小到社区的便利店，大到跨国公司，都离不开成本会计。成本会计不仅能够提供产品、服务和客户等方面的成本信息，而且能够为管理者计划、控制和决策提供信息。

在市场竞争日益加剧的情况下，成本会计不再局限于确定存货成本，企业需要更加精确、更加相关的成本信息以整合产品的开发、生产、营销和售后服务，成本会计正扮演新的角色。成本会计作为企业取得竞争优势的一种重要工具，已发展成为成本管理，在生产经营过程中发挥着重要作用。由于现代成本会计与管理紧密结合，因此，它实际上包括了成本管理的各个环节。现代成本会计的主要职能有：成本预测、成本决策、成本计划、成本控制、成本核算、成本分析和成本考核。

知识讲解

一、费用、成本的概念及联系

费用、成本都属于企业的支出。支出，是企业的一切开支和耗费，包括资本性支出、收益性支出、营业外支出等，如企业为购买材料、办公用品等支付或预付的款项；为偿还银行借款、应付账款及支付账款或支付股利所发生的资金的流出；为购置固定资产、支付长期工程费用所发生的支出。

费用是指企业在日常活动中发生的、会导致所有者权益减少的、与向所有者分配利润无关的经济利益的总流出。费用只有在经济利益很可能流出从而导致企业资产减少或者负债增加、且经济利益的流出额能够可靠计量时才能予以确认。

企业为生产产品、提供劳务等发生的可归属于产品成本、劳务成本等的费用，应当在确认产品销售收入、劳务收入等时，将已销售产品、已提供劳务的成本等计入当期损益。

企业发生的支出不产生经济利益的，或者即使能够产生经济利益但不符合或者不再符合资产确认条件的，应当在发生时确认为费用，计入当期损益。

成本，是商品经济的价值范畴，是商品价值的组成部分。人们要进行生产经营活动或达到一定的目的，就必须耗费一定种类和数量的资源（人力、物力和财力），其所费资源的货币表现及其对象化称为成本。随着商品经济的不断发展，成本概念的内涵和外延都处于不断的发展变化之中。

“理论成本”：商品价值的组成部分，即C + V。马克思在分析商品价值时，把商品价值表示为：W = C + V + M。其中W表示商品的价值，C表示物化劳动（生产资料）的转移价值，V表示劳动者为自己创造的价值，M表示劳动者为社会创造的价值，其中C + V构成了产品成本。

实际工作中的成本概念：成本是企业为生产产品、提供劳务而发生的各种耗费，通常称为制造成本。除C + V外，还包括不形成产品价值的损失性支出，如废品损失、停工损失等。

费用和成本的区别主要有：（1）费用是指一定时期的耗费，成本是一定产品或劳务的耗费。（2）费用是指本期发生的耗费，不包括前期的耗费；成本则包括前期的耗费。（3）计算口径不同：有些费用不一定计入成本，费用是否计入成本视成本开支范围而定。

费用和成本的联系主要有费用和成本都是企业除偿债性支出和分配性支出以外的支出的构成部分；费用和成本都是企业经济资源的耗费；期末应将当期已销产品的成本结转计入当期的费用。费用是成本的基础，成本是费用的组成部分。

二、成本会计的含义

成本会计是运用会计的基本原理和一般原则，采用一定的技术方法，对企业生产经营过程中发生的各项费用和产品（劳务）成本进行连续、系统、全面、综合的核算和监督的一种管理活动。

成本会计在会计学中的地位日趋重要，成本会计主要研究各种成本的计算、控制和分析，成本会计作为会计系统中的一个子系统，为企业提供有关成本方面的各种信息，并参与企业的生产经营决策。

三、成本会计的对象和职能

（一）成本会计的对象

成本会计的对象是指成本会计核算和监督的内容。概括来讲，成本会计的对象是各行业企业生产经营业务成本和有关期间费用，简称成本、费用。

随着经济的发展与科技进步，企业经营管理要求的提高，成本的概念和内容在不断发展、变化。随着成本概念的发展、变化，成本会计的对象也相应地发展、变化。现代成本会计的对象，应该包括各行业企业生产经营业务成本和有关期间费用。

（二）成本会计的职能

成本会计的职能是指成本会计在经济管理中所具有的内在功能。现代成本会计的职能至少包括成本预测、成本决策、成本计划、成本控制、成本核算、成本考核和成本分析等七个方面。

成本预测是指在分析企业现有经济技术、市场状况和发展趋势的基础上，根据与成本有关的数据，采用一定的专门科学方法，对未来的成本水平及其变化趋势作出科学的预算。

成本决策是根据成本预测提供的数据和其他有关资料，制订出优化成本的各种备选方案，运用决策理论与方法，对各种备选方案进行比较分析，从中选出最满意的方案，确定企业目标成本的过程。

成本计划是根据成本决策所确定的目标成本，具体规定在计划期内为完成生产经营任务所支出的成本、费用，并提出为达到规定的成本、费用水平所采取的各项措施。

成本控制是指以预先确定的成本标准作为企业生产经营过程中所发生的各项费用的限额，在费用发生时，严格审核各项费用是否符合标准，并计算出实际费用与标准费用之间的差异，同时对产生差异的原因进行分析，采取有效的方法，将各项费用限制在计划控制之内。

成本核算是对生产经营过程中实际发生的成本、费用进行计算，并进行相应的账务处理。通过成本核算资料，可以反映成本计划的完成情况，为编制下期成本计划，进行成本预测和决策提供依据。

成本考核是指在成本核算的基础上，定期对成本计划的执行结果进行评定和考核。成本考核应该与奖惩制度相结合，充分调动企业员工执行成本计划、提高经济效益的积极性。

成本分析是根据成本核算和成本考核提供的成本数据及其他有关资料，与本期计划成本、上年同期实际成本、本企业历史先进的成本水平等进行比较，确定成本差异，分析差异产生的原因，以便采取措施，改进生产经营管理，降低成本和费用，提高经济效益。

在成本会计的诸多职能中，成本核算是成本会计最基础的职能，如果没有成本核算，成本会计的其他各项职能都无法进行。

四、成本会计工作的组织

（一）成本会计机构

成本会计机构是处理成本会计工作的职能单位。它根据企业规模和成本管理要求来考虑，在专设的会计机构中是单独设置成本会计科、室或组等，还是只配备成本核算人员来专门处理成本会计工作。

（二）成本会计人员

成本会计人员是指在会计机构或专设成本会计机构中配备的成本工作人员。他们对企业日常的成本工作进行处理，如成本计划、费用预算，成本预测、决策，实际成本计算和成本分析、考核等。

成本核算是企业核算工作的核心，成本指标是企业一切工作质量的综合表现，为了保证成本信息质量，对成本会计人员业务素质的要求比较高，要求会计知识面广，对成本理论和实践有较好的基础；熟悉企业生产经营的流程；刻苦学习和任劳任怨；良好职业道德等。

（三）成本会计制度

与成本会计有关的法律、规章、制度有《会计法》、《企业财务通则》和《企业会计准则》、国家统一的会计制度、《企业产品成本核算制度（试行）》、企业内部的会计制度和成本核算办法等。

知识巩固

一、单项选择题

1.产品的理论成本包括的内容是（　　）。

A.C + V　　B.C + V + M　　C.V + M　　D.C + M

2.实际工作中的产品成本是指产品的（　　）。

A.制造成本　　B.理论成本　　C.定额成本　　D.重置成本

3.产品成本是相对于（　　）而言的。

A.一定的生产类型　　B.一定数量和一定种类的产品

C.一定的会计期间　　D.一定的会计主体

4.狭义的成本会计通常是指（　　）。

A.成本预测　　B.成本核算　　C.成本决策　　D.成本分析

5.实际工作中的实际成本与理论成本包括的内容（　　）。

A.是相互一致的　　B.是相互无关的

C.是相互联系且有一定差别的　　D.是相互可以替代的

二、多项选择题

1.商品的理论成本是由（　　）之和构成的。

A.生产中消耗的生产资料价值　　B.劳动者为自己创造的价值

C.劳动者为社会创造的价值　　D.劳动者的必要劳动

2.广义的成本会计不仅包括成本核算，还包括（　　）。

A.成本预测　　B.成本决策

C.成本控制　　D.成本分析

3.工业企业成本会计核算的对象包括（　　）。

A.产品生产成本的核算　　B.管理费用的核算

C.销售费用的核算　　D.财务费用的核算

4.进行成本分析的依据有（　　）。

A.成本决策资料　　B.成本核算资料

C.成本计划资料　　D.成本控制资料

5.企业的成本会计工作，应遵循的有关法规、制度有（　　）。

A.企业财务通则　　B.企业会计准则

C.企业内部成本会计制度　　D.企业内部会计制度

三、判断题

1.生产费用是以产品为归集对象，反映企业为生产一定种类和一定数量的产品所支出的各种生产费用的总和。（　　）

2.为了加强管理与考核，各个企业的成本核算制度都是由国家统一规定的。（　　）

3.企业在生产经营过程中发生的各种费用，全部构成产品的成本（　　）

4.工业企业成本会计的对象概括为工业企业生产经营过程中发生的产品生产成本。（　　）

5.成本会计的各个环节中，成本核算是成本会计其他各环节的基础。（　　）

6.成本计划是成本决策的前提和依据；成本决策是成本计划的延伸和结果。（　　）

项目二　成本核算的基本要求和一般程序

知识目标

1. 了解费用的分类
2. 掌握要素费用的分类

技能目标

1. 成本核算相关凭证的填制、传递及交接
2. 根据企业生产情况设计成本核算程序

案例导入

成本核算、归集和分配方法

宁波大叶园林工业股份有限公司是一家上市公司，产品有喷洒系列、水管系列、连接件系列和其他产品。基于公司业务模式特点，公司采用逐步结转分步法进行成本核算，通过生产工单，对各生产工序计算各零部件、半成品成本，在成品组装工序归集结转产成品成本。报告期内公司各类产品成本均由直接材料、直接人工和制造费用构成，其归集和分配方法如下：

（1）直接材料的核算方法

原材料成本归集时，公司采取月末一次加权平均法计算当月领用材料成本。通过生产工单归集各产品生产领用的材料成本，月末将已完工产品的材料成本计入产成品成本，将未完工产品的材料成本计入在产品成本。

（2）直接人工的核算方法

公司制定各产品各工序的标准工时，月末将当月实际发生的生产人员薪酬，按照各产品各工序的完工产品及在产品数量以及相应的标准工时合理分摊。

（3）制造费用的核算方法

公司制造费用主要核算与生产相关的固定资产折旧分摊、水电气等费用。月末将实际发生的制造费用，按照各产品各工序的完工产品及在产品数量以及相应的标准工时合理分摊。

报告期内公司产品成本结转方法为：采用月末一次加权平均法计算当月库存商品发出的单位成本，并根据各类产品销售数量结转销售成本。

资料来源：资鉴咨询微信公众号. IPO公司成本核算案例（下）[EB/OL]. [2021-01-04]. https://mp.weixin.qq.com/s/Sy3ckGzUPqnWiS4KKjONsg.

知识讲解

一、要素费用与成本项目

工业企业生产经营过程中的耗费是多种多样的，为了科学地进行成本管理，正确计算产品成本和期间费用，需要对种类繁多的费用进行合理归集和分类。费用可以按不同的标准分类，其中最基本的是按经济内容和经济用途进行分类。企业生产费用按经济内容可以划分为外购材料、外购燃料、外购动力、工资、折旧费、利息费用、税费和其他支出等八类，这八类也称生产费用要素；按经济用途划分，可以划分为计入产品成本的生产费用和直接计入当期损益的期间费用两类。

（一）费用要素

1. 费用要素的划分

企业的生产经营过程，也是物化劳动（劳动对象和劳动手段）和活劳动的耗费过程，因而生产经营过程中发生的费用，按其经济内容（性质）分类，可划分为劳动对象方面的费用、劳动手段方面的费用和活劳动方面的费用三大类。这三大类可以称为费用的三大要素。为了具体反映各种费用的构成和水平，还应在此基础上，将其进一步划分为以下几个费用要素。

（1）外购材料。它是指企业为进行生产经营而耗用的一切从外单位购进的原料及主要材料、半成品、辅助材料、包装物、修理用备件和低值易耗品等。

（2）外购燃料。它是指企业为进行生产经营而耗用的一切从外单位购进的各种固体、液体和气体燃料。

（3）外购动力。它是指企业为进行生产经营而耗用的一切从外单位购进的各种动力。

（4）工资。它是指企业应计入产品成本和期间费用的职工工资。

（5）折旧费。它是指企业按照规定的固定资产折旧方法计算提取的折旧费用。

（6）利息费用。利息费用是指企业应计入财务费用的借款利息费用支出抵减存款利息收入后的余额。

（7）税费。税费是指企业应缴纳的、计入管理费用的税费，包括印花税、房产税、车船使用税、城镇土地使用税等。

（8）其他支出。它是指不属于以上各要素但应计入产品成本或期间费用的费用支出，如差旅费、租赁费、外部加工费以及保险费等。

2. 划分费用要素的作用

按照以上费用要素反映的费用，称为要素费用。将费用划分为若干要素费用分类核算的作用是：

（1）可以反映一定时期内在生产经营中发生了哪些费用，数额各是多少，据以分析企业各个时期各种费用的构成和水平。

（2）这种分类反映了企业生产经营中外购材料和燃料费用以及职工薪酬的实际支出，因而可以为企业核定储备资金定额、考核储备资金的周转速度，以及编制材料采购资金计划和职工薪酬计划提供资料。

微课

费用要素

但是，要素费用不能反映各种费用的经济用途，因而不便于分析这些费用的支出是否节约和合理。因此，为了直观地比较各项费用的实际成本与计划成本差异，对工业企业的这些费用，还必须按经济用途进行分类。

（二）产品成本项目

为了比较全面、系统地反映产品的成本耗费情况，使成本计算能提供比较丰富的信息，在计算产品成本时，不仅要计算产品的总成本和单位成本，而且要对总成本按用途分类，以反映产品成本的组成和结构。这样，便于对成本进行控制，也便于我们分析产品生产中的经济效益问题和对生产部门进行考核评价。

1. 成本项目的设置

制造企业在生产经营中发生的费用，首先可以划分为计入产品成本的生产费用和直接计入当期损益的期间费用两大类。计入产品成本的生产费用在产品生产过程中的用途也不尽相同，有的直接用于产品生产，有的间接用于产品生产。因此为了具体地反映产品成本的构成情况，应将生产成本划分为若干项目，即产品生产成本项目，简称产品成本项目或成本项目。根据生产特点和管理要求，工业企业一般设置以下三个成本项目：

（1）直接材料。直接材料是指企业在生产产品和提供劳务过程中所消耗的直接用于产品生产并构成产品实体的原料、主要材料、外购半成品以及有助于产品形成的辅助材料，还包括生产过程中用于包装产品、构成产品组成部分的包装物。

（2）直接人工。直接人工是指企业在生产产品和提供劳务的过程中，直接参加产品生产的工人的工资以及其他各种形式的职工薪酬，包括生产人员的奖金、津贴和补贴、职工福利费以及国家对职工的各项工资性补贴等。

（3）制造费用。制造费用是指企业各生产单位为组织和管理生产而发生的各项间接费用。它包括工资和福利费、折旧费、办公费、水电费、机物料消耗、劳动保护费、租赁费、保险费、存货盘亏费（减盘盈）及其他制造费用等。制造费用中大部分不是直接用于产品生产，而是间接用于产品生产，如机物料的消耗、车间辅助人员的薪酬，以及车间厂房的折旧费等；也有一部分直接用于产品生产，但管理上不要求单独核算，也不专设成本项目，如机器设备的折旧费。制造费用还包括车间用于组织生产和管理的费用，如车间管理人员的薪酬、车间管理用房屋和设备的折旧费、车间照明费、水费、取暖费、差旅费和办公费等，这些费用虽然有管理费用的性质，但由于车间是企业从事生产活动的单位，管理费用和制造费用很难严格划分，为了简化工作，这些费用作为制造费用核算。

企业发生的各项制造费用，是按其用途和发生地点，通过“制造费用”科目进行归集和分配的。根据管理的需要，“制造费用”科目可以按生产车间开设明细账，账内按照费用项目开设专栏，进行明细核算。费用发生时，根据支出凭证借记“制造费用”科目及其所属有关明细账，但材料、工资、折旧等，要在月末时，根据汇总编制的各种费用分配表计入。材料、产品等存货的盘盈、盘亏数，则应根据盘点报告表登记。归集在“制造费用”科目借方的各项费用，月末时应全部分配转入“生产成本”科目，计入产品成本。“制造费用”科目一般月末没有余额。

2.成本项目设置的注意事项和作用

需要说明的是，以上成本项目不是绝对的，企业可以根据本单位的具体情况和成本管理要求，作适当的合并或分设其他项目。如果企业规模比较大，生产过程比较复杂，成本项目可以分得比较细；如果单位的规模很小，生产过程也很简单，可以只划分为两个项目，如材料费用和其他费用。在规定或者调整成本项目时，应该考虑以下几个问题：

（1）费用在管理上有无单独反映、控制和考核的需要。

（2）费用在产品成本中比重的大小。

（3）为某种费用专设成本项目所增加的核算工作量的大小。

对于管理上需要单独反映、控制和考核的费用，以及产品成本中比重比较大的费用，应该专设成本项目，否则，为了简化核算工作，不必专设成本项目。例如，小型工业企业生产规模小，为简化核算可只设“原材料”、“职工薪酬”和“制造费用”三个成本项目，或者可以只设“原材料”和“加工费用”两个成本项目；如需综合反映上一步骤发生的生产费用，可增设“自制半成品”成本项目。生产过程中产品损耗较大的产品，为了完整反映产生废品而造成的损失费用，可增设“废品损失”成本项目；为了完整反映停工给企业带来的损失，可增设“停工损失”成本项目等。

根据成本项目计算产品成本，能够清楚地反映直接用于产品生产上的材料是多少，直接用于产品生产上的工人工资是多少，耗用于组织与管理生产上的各项支出是多少，这有助于反映与监督产品消耗定额和费用预算的执行情况，便于查找产品成本升降的原因，有利于加强成本管理与成本分析。

（三）生产费用要素与生产成本项目的联系与区别

基于生产费用与企业成本是两个既相互联系又有所区别的理论概念，生产费用要素和计入企业成本的生产费用按其经济用途划分的产品生产成本项目，也表现出一定的联系与区别。

1.生产费用要素与生产成本项目的联系

从联系上看，计入产品成本的各项生产费用，按照生产费用核算的程序，其生产费用形态将分别转化归属于不同的成本项目。有些生产费用要素与成本项目的名称，从表面上看似乎有相同之处，如材料、职工薪酬等，但是两者所反映的内容是有差别的。例如，费用要素中的外购材料，包括在生产经营过程中耗用的全部原材料、主要材料和辅助材料；而成本项目中的直接材料，只包括直接耗用于合格产品的原材料、主要材料和辅助材料，其他方面耗用的材料应包括在制造费用或管理费用之中。如果发生了废品，并单设“废品损失”成本项目，则废品耗用的原材料、主要材料和辅助材料应反映在“废品损失”成本项目中。

2.生产费用要素与生产成本项目的区别

归纳起来，生产费用要素与产品成本项目的区别有：

（1）作用不同。生产费用以费用要素来反映它的经济性质构成内容；产品生产成本则以成本项目来反映它的经济用途构成内容。

（2）内容不同。生产费用要素反映的内容包括企业发生的全部生产费用，如外购材料，不论是用于产品生产的直接材料或间接材料，还是用于固定资产修理或专项工程等的材料都包括在内；又比如工资费用，既包括用于产品生产的工资费用，又包括不是用于产品生产的工资费用。而成本项目中反映的工资费用仅指直接生产工人的工资。

（3）构成不同。同一性质的费用要素，可能有多种经济用途；而同一用途的成本项目，则有可能由多种费用要素所组成。例如，对职工薪酬这一费用要素进行分析，车间生产人员的薪酬计入直接人工成本项目、车间管理人员的薪酬属于制造费用，而企业管理人员的薪酬则属于期间费用——管理费用；再对制造费用这一成本项目进行分析，大家知道制造费用包括的内容有很多，如折旧费、车间办公费、水电费等，而这些分别是不同的费用要素。

总之，生产费用要素与产品成本项目之间既相互联系又相互区别，它们是对企业费用的不同划分，你中有我、我中有你。

（四）期间费用

期间费用是指企业本期发生的、不能直接或间接归入营业成本，而是直接计入当期损益的各项费用。期间费用不能直接归属于某个特定产品的成本，它随着时间推移而发生，与当期产品的管理和产品销售直接相关，而与产品的产量、产品的制造过程无直接关系，即容易确定其发生的期间，而难以判别其所应归属的产品，因而不能列入产品制造成本，而应在发生的当期从损益中扣除。

工业企业的期间费用按照经济用途可分为管理费用、财务费用和销售费用。

管理费用是指企业为组织和管理生产经营活动所发生的各项费用，包括企业在筹建期间发生的开办费、董事会和行政管理部门在经营管理中发生的或者应当由企业统一负担的公司经费（包括行政管理部门职工薪酬、物料消耗、低值易耗品摊销、办公费和差旅费等）、工会经费、董事会费（包括董事会成员津贴、会议费和差旅费等）、聘请中介机构费、咨询费、诉讼费、业务招待费、房产税、车船税、城镇土地使用税、印花税、技术转让费、矿产资源补偿费、研究费，以及固定资产修理费等。

财务费用是指企业为筹集生产经营所需资金等而发生的筹资费用，包括利息支出（减利息收入）、汇兑损益以及相关的手续费、企业发生的现金折扣或收到的现金折扣等。

销售费用是指企业在销售商品和材料、提供劳务过程中发生的各项费用，包括企业在销售商品过程中发生的包装费、保险费、展览费和广告费、商品维修费、预计产品质量保证损失、运输费、装卸费等费用，以及企业发生的为销售本企业商品而专设的销售机构的职工薪酬、业务费、折旧费、固定资产维修费等费用。

二、成本核算的一般程序

计算产品成本，在确定了成本计算对象，设置生产成本明细账后，首先要根据成本开支范围和有关规定，对各项生产费用进行审核和控制；其次要根据各种领料单、工资结算单和各种费用的原始凭证，将发生的各项费用，按经济用途进行归集与分配，将其中应该计入当月产品成本的生产费用计入各种产品成本及其相应的成本项目中；月末根据完工产品和在产品的实际情况，将生产费用在完工产品和月末在产品之间进行分配，以便计算出完工产品的总成本和单位成本。

成本核算的一般程序是指对企业在生产经营过程中发生的各项费用，按照成本核算的要求，逐步进行归集和分配，最后计算出各种产品的成本和各项期间费用的基本过程。成本核算的一般程序如下：

（一）确定成本计算对象，设置产品生产成本明细账

成本计算对象是生产费用的承担者，即归集和分配生产费用的对象。确定成本计算对象，就是要解决生产费用由谁来承担的问题。成本计算对象的确立，是设置产品生产成本明细账，正确计算产品成本的前提，也是区别各种产品成本计算方法的主要标志。不同性质的企业，成本计算对象的确定是不相同的，可以是某种产品、某类产品或某批产品，也可能是某一生产步骤。至于选择什么作为成本计算对象，则取决于企业的生产特点和管理要求，企业应根据自身的生产特点和管理要求，选择合适的产品成本计算对象设置生产成本明细账。不论成本计算对象如何选择，最后都要计算出各种产品的生产成本，即能够分成本项目确定某种产品的单位成本和总成本。

微课

成本核算的一般程序

成本计算对象为某种产品时，产品生产成本明细账格式见表1-2-1。

表1-2-1　产品生产成本明细账

产品名称：××产品　　产成品：××件　　单位：元

202×年		凭证号数	摘要	直接材料	直接人工	制造费用	合计
月	日						
			期初余额				
			根据材料费用分配表				
			根据职工薪酬费用分配表				
			根据制造费用分配表				
			生产费用合计				
			结转完工产品成本				
			月末在产品成本				

成本计算对象为某批产品时，产品生产成本明细账格式见表1-2-2。

表1-2-2　　产品生产成本明细账

批号：××　　开工日期：×月×日

产品名称：××产品　　批量：×件　　完工日期：×月×日　　单位：元

202×年		凭证号数	摘要	直接材料	直接人工	制造费用	合计
月	日						
			期初余额				
			根据材料费用分配表				
			根据职工薪酬费用分配表				
			根据制造费用分配表				
			生产费用合计				
			结转完工产品成本				
			月末在产品成本				

成本计算对象为某一生产步骤时，产品生产成本明细账格式见表1-2-3。

表1-2-3　　第 × 个生产步骤产品生产成本明细账

产品名称：×半成品　　202×年×月×日　　金额单位：元

项目	直接材料（或上一生产步骤转入）	直接人工	制造费用	合计
期初余额				
本月本步骤发生费用				
本月上一步骤转入费用				
生产费用合计				
本月完工产品数量				
月末在产品约当产量				
约当产量合计				
完工产品单位成本				
完工产品总成本				
月末在产品成本				

（二）严格审核和控制企业的各项支出

企业应对各项支出进行严格审核和控制，并按照国家的有关规定确定其应否计入产品成本、期间费用，以及应计入产品成本还是期间费用。

成本核算不仅是成本会计的基本任务，同时它所提供的成本信息应当满足企业经营管理和决策的需要。为此，成本核算不仅要对各项费用支出进行事后的核算，提供事后的成本信息，而且必须以国家有关的法规、制度，企业成本计划和相应的消耗定额为依据，加强对各项费用支出的事前、事中审核和控制，并及时进行信息反馈。也就是说，对于合法、合理、有利于发展生产、提高经济效益的开支，要积极予以支持，否则就要坚决予以抵制，当时已经无法制止的，要追究责任，采取措施，防止以后再次发生；对于各项费用的发生情况，以及费用脱离定额（或计划）的差异，要进行日常的计算和分析，及时进行反馈；对于定额或计划不符合实际发生情况的，要按规定程序予以修订。

企业应按照国家有关成本开支范围的相关规定，正确地核算产品成本和期间费用。凡不属于企业日常生产经营方面的支出，均不得计入产品成本或期间费用；凡属于企业日常生产经营方面的支出，均应全部计入产品成本或期间费用，不得遗漏。多计成本，会减少企业利润和国家财政收入；少计成本，则会虚增利润，使企业成本得不到应有的补偿，从而影响企业生产经营活动的正常进行。无论是多计成本还是少计成本，都会造成成本不实，从而不利于企业的成本管理。因此，企业必须正确划分哪些应计入产品成本或期间费用，哪些不应计入。

1. 应计入成本、费用的项目

（1）生产经营过程中实际消耗的原材料、辅助材料、备用配件、外购半成品、燃料、动力、包装物的原价和运输、装卸、整理等费用。

（2）企业直接从事产品生产的人员的职工薪酬。

（3）固定资产折旧费、租赁费和低值易耗品的摊销费等。

（4）为组织管理生产、经营活动所发生的制造费用、管理费用、财务费用、销售费用和所得税。其中制造费用可计入产品成本，管理费用、财务费用、销售费用和所得税不应计入产品成本，而应直接计入当期损益。

2. 不应列入成本、费用的项目

（1）购置和建造固定资产的支出，购入无形资产和其他非流动资产的支出；

（2）对外界的投资以及分配给投资者的利润；

（3）被没收的财物以及违反法律支付的各项滞纳金、罚款以及企业自愿赞助、捐赠的支出；

（4）规定在公积金中列支的支出；

（5）法律、法规规定以外的各种费用；

（6）法律、法规规定不得列入成本的其他支出。

企业生产经营发生的费用内容很广，但只有与生产经营直接相关的费用，如工业企业产品生产过程中消耗的材料费用、工资福利费用、制造费用等才能计入产品的成本；而与产品生产无直接关系的费用，则作为期间费用直接计入当期损益，从当月利润中扣除。因此，对于企业日常发生的属于本期的费用必须正确地划分出计入产品成本的费用和不能计入产品成本的期间费用。

（三）正确划分各个期间的费用

为了按月分析和考核产品成本和经营管理费用，正确计算各月损益，还应将计入产品成本的生产费用和作为期间费用的经营管理费用，在各个期间进行划分。为此，本月发生的成本费用都应在本月入账，不应将其一部分递延到下月入账；也不应未到月末就提前结账，将本月成本、费用的一部分作为下月成本、费用进行处理。

（四）将应计入本月产品成本的各项生产费用在各种产品之间分配

将应计入本月产品成本的各项生产费用，在各种产品之间按照成本项目进行分配和归集，计算出按成本项目反映的各种产品的成本。这是本月生产费用在各种产品之间横向的分配和归集。

生产费用发生时，凡能划清某种产品负担的费用，应直接计入该种产品成本；凡由几种产品共同负担的费用，必须采用适当的办法，在各种产品之间进行分配，分配计入各该产品的成本，不得人为地在不同产品之间转移费用，不得以盈补亏，弄虚作假。应特别指出，在划分各种产品成本的费用界限时，应注意划清可比产品与不可比产品之间、盈利产品与亏损产品之间费用的界限。应该防止在盈利产品与亏损产品之间，以及可比产品与不可比产品之间任意增减生产费用的错误做法。只有客观正确地反映各种产品的成本，才能正确地考核分析全部产品成本计划的完成情况和各种产品成本的升降情况，寻求降低成本的正确途径。

（五）将某种产品的生产费用在完工产品与月末在产品之间分配

对于月末既有完工产品又有在产品的产品，将该种产品的生产费用（月初在产品生产费用与本月生产费用之和）在完工产品与月末在产品之间进行分配，计算出该种产品的完工产品成本和月末在产品成本。这是生产费用在同种产品的完工产品与月末在产品之间纵向的分配和归集。

知识巩固

一、单项选择题

1.用来核算企业为生产产品和提供劳务而发生的各项间接费用的账户是（　　）。

A.“基本生产成本”　　B.“制造费用”

C.“管理费用”　　D.“财务费用”

2.“基本生产成本”账户月末借方余额表示的是（　　）。

A.本期发生的生产费用　　B.完工产品成本

C.月末在产品成本　　D.累计发生的生产费用

3.下列各项中，属于直接生产费用的是（　　）。

A.生产车间厂房的折旧费

B.产品生产专用设备的折旧费

C.企业行政管理部门固定资产的折旧费

D.生产车间的办公费用

4.基本生产车间本期应负担照明电费1 500元，应记入（　　）账户。

A.“基本生产成本”（燃料动力）　　B.“制造费用”（水电费）

C.“辅助生产成本”（水电费）　　D.“管理费用”（水电费）

5.下列各项中，属于工业企业费用要素的是（　　）。

A.工资及福利费　　B.燃料及动力

C.工资费用　　D.原材料

6.下列各项中，不计入产品成本费用的是（　　）。

A.直接材料费用　　B.辅助车间管理人员工资

C.车间厂房折旧费　　D.厂部办公楼折旧费

7.下列各项中，属于产品生产成本项目的是（　　）。

A.外购动力费用　　B.制造费用

C.工资费用　　D.折旧费用

8.制造费用应分配计入（　　）。

A.基本生产成本和辅助生产成本　　B.基本生产成本和期间费用

C.生产成本和管理费用　　D.财务费用和销售费用

二、多项选择题

1.产品成本的各种材料费用，按其用途进行分配，应记入的账户有（　　）。

A.“管理费用”　　B.“基本生产成本”

C.“制造费用”　　D.“财务费用”

2.要素费用中的税费包括（　　）。

A.房产税　　B.增值税　　C.印花税　　D.所得税

3.下列各项支出在发生时直接确认为当期费用的有（　　）。

A.行政人员工资　　B.支付的本期广告费

C.预借差旅费　　D.固定资产折旧费

4.下列各项中，应计入产品成本费用的有（　　）。

A.车间办公费　　B.季节性停工损失

C.在产品的盘亏损失　　D.企业行政管理人员工资

5.下列各项中，其折旧额应作为产品成本构成内容的有（　　）。

A.生产车间房屋　　B.企业管理部门房屋

C.生产用设备　　D.专设销售机构用卡车

6.工业企业成本核算的一般程序包括（　　）。

A.对企业的各项支出、费用进行严格的审核和控制

B.做好定额的制定和修订工作

C.将生产费用在各种产品之间进行分配和归集

D.将生产费用在本月完工产品与月末在产品之间进行分配和归集

三、判断题

1.一个要素费用按经济用途可能计入几个成本项目，一个成本项目可以归集同一经济用途的几个要素费用。（　　）

2.基本生产车间发生的各种费用均应直接记入“基本生产成本”账户。（　　）

3.企业固定资产折旧费应全部计入产品成本。（　　）

4.“基本生产成本”账户应该按成本计算对象设置明细分类账，账内按成本项目分设专栏或专行。 ( )

5.生产设备的折旧费用计入制造费用，因此它属于间接生产费用。 ( )

6.产品成本项目就是计入产品成本的费用按经济内容分类核算的项目。 ( )

7.“辅助生产成本”账户期末应无余额。 ( )

8.成本会计的对象，概括地讲，就是产品的生产成本。 ( )

模块二

成本核算

【知识目标】

1. 熟悉品种法的概念、成本计算程序
2. 熟悉成本核算账户
3. 掌握材料费用核算的归集与分配
4. 掌握职工薪酬、累计折旧核算的归集与分配
5. 掌握辅助生产成本核算的归集与分配
6. 掌握制造费用、废品损失核算的归集与分配
7. 掌握生产成本在完工产品与月末在产品之间的分配方法

【技能目标】

1. 能根据企业生产特点和管理要求确定采用品种法计算成本
2. 能够编制材料费用分配表并进行账务处理
3. 能够编制职工薪酬分配表、累计折旧分配表并进行账务处理
4. 能够编制辅助生产成本分配表并进行账务处理
5. 能够编制制造费用、废品损失分配表并进行账务处理
6. 能够编制产品生产成本计算单、完工产品汇总表并进行账务处理

【素质目标】

1. 培养吃苦耐劳、精益求精的工匠精神
2. 培养积极乐观的心态，诚信为本、求真务实的职业素养
3. 培养业财融合的逻辑思维能力

课程思政

得黄金百斤，不如得季布一诺

春节前夕，陈金英的事迹刷屏了。这位90岁的老人二次创业，用整整10年的时间还清了2 077万元债务。其人，令人钦佩；其事，感人至深。网友亲切地称她为“诚信奶奶”。

诚信二字如此珍贵，以至于总书记多次在不同场合提及，他强调诚信在和谐社会中的重要地位，指出诚信是和谐社会的基石和重要特征。他在国外访问时也曾说：“人与人交往在于言而有信，国与国相处讲究诚信为本。”为此，党的十八届四中全会把社会诚信建设纳入全面推进依法治国的重要内容。

“我们生而为中国人，最根本的是我们有中国人的独特精神世界，有百姓日用而不觉的价值观。”正如总书记所强调的，“日用而不觉”——来源于漫长历史沉淀中形成的生活习惯和操守品行。

楚国有则谚语曰：得黄金百斤，不如得季布一诺。这个成语与荆楚有关。司马迁在《史记·季布栾布列传》中开门见山地写道：“季布者，楚人也。为气任侠，有名于楚。”说的是楚国人季布任侠仗义，肯帮助人。凡是他答应做的事情，一定做到。因此，在当时的楚地极负盛名。

对此，总书记曾于2015年4月21日在巴基斯坦议会的演讲中指出，“人而无信，不知其可也”，不仅个人层面如此，“信”对于国家层面来说，更是极为重要。

为了讲清这一道理，总书记还讲了楚晋争霸时晋文公“退避三舍”的故事，并指出，“这就是《孔子家语》里说的：‘轻千乘之国，而重一言之信。’国家一言之信，胜过万马千军”。

可见，诚信既是人与人之间和谐的基础，更是国家力量的源泉。古代这样，今天更是必然如此。

资料来源：作者根据相关资料整理。

项目一　成本计算方法

知识目标

1.熟悉品种法的概念、适用范围
2.熟悉品种法的特点、成本计算程序

技能目标

能根据企业生产特点和管理要求确定采用品种法计算成本

案例导入

初识品种法

甜甜食品厂是一家小型企业，主营饼干的生产与销售业务。该企业的基本生产车间是饼干车间，大量生产蛋元饼干和曲奇饼干两种产品，采用封闭式的流水线生产，饼干的主要原料为面粉、植物油、鸡蛋、食糖等。该企业还设有一个机修车间，为企业提供各种修理劳务。该企业的原材料根据生产需要领用，并在领用后一次性投入（车间内期初期末均无材料余额），领用的鸡蛋按定额消耗比例分配，其定额为百千克蛋元饼干消耗10千克鸡蛋，百千克曲奇饼干消耗5千克鸡蛋。其他原材料60%用于蛋元饼干的生产，40%用于曲奇饼干的生产。饼干车间工人的薪酬和制造费用按生产工时比例分配，机修车间费用按修理工时比例分配。两种饼干均采用约当产量法计算完工产品成本和月末在产品成本。企业发生的费用均用转账支票支付。

甜甜食品厂根据其生产特点和管理要求确定采用品种法计算成本。

资料来源：ygxt89.品种法实训［EB/OL］.［2019-05-19］. https://max.book118.com/html/2019/0518/6231114021002032.shtm.

知识讲解

一、品种法的概念

品种法，是以产品的品种作为成本计算对象，归集和分配生产成本，计算产品成本的一种方法。品种法是最基本的产品成本计算方法。

二、品种法的适用范围

品种法主要适用于单步骤大批量组织产品生产的企业，如发电、供水、采掘等企业；也适用于在管理上不要求分步骤提供产品成本信息的多步骤大批量产品生产企业，如水泥厂、酿造厂、铸件厂等。

三、品种法的特点

品种法的特点主要体现在成本计算对象、成本计算期和生产成本在完工产品与月末在产品之间的分配等几个方面。

（一）成本计算对象

以产品品种作为成本计算对象，应以产品品种开设基本生产成本明细账并按成本项目开设专栏，归集各种产品的耗费，计算各种产品的成本。

生产费用发生时，凡能划清某种产品负担的费用，应直接计入该种产品成本；凡由几种产品共同负担的费用，必须采用适当的办法，在各种产品之间进行分配，再计入各种产品的成本。

（二）成本计算期

适合采用品种法的生产组织方式是大量大批生产。这样应该定期按月（每月月末）计算产品成本，成本计算期与会计报告期一致，与生产周期不一致。

（三）生产成本在完工产品与月末在产品之间的分配

如果是大量大批的单步骤生产采用品种法计算产品成本，由于简单生产是一个生产步骤就完成了整个生产过程，所以月末一般没有在产品，因此，计算产品成本时不需要将生产费用在完工产品和在产品之间进行分配；如果是管理上不要求分步骤计算产品成本的大量大批的复杂生产采用品种法计算产品成本，由于复杂生产是需要经过多个生产步骤的生产，所以月末一般生产线上都会有在产品，因此，计算产品成本时就需要将生产费用在完工产品和月末在产品之间进行分配。

四、品种法成本计算程序

采用品种法计算产品成本时，可按以下几个步骤进行：

（一）设置生产成本明细账

按产品品种设置产品生产成本明细账或成本计算单、辅助生产成本明细账、制造费用明细账，并按成本项目或费用项目设置专栏。

（二）归集与分配要素费用

根据各项费用的原始凭证和其他有关资料，编制各种要素费用（外购材料费用、外购燃料费用、外购动力费用、职工薪酬、折旧费用等）分配表，分配各种费用要素，并登记各种产品成本明细账和有关成本费用明细账。

（三）归集与分配辅助生产成本

根据各种费用分配表和其他有关资料登记的“辅助生产成本明细账”上归集的生产费用，采用适当的方法（直接分配法、交互分配法、代数分配法、计划成本分配法），编制辅助生产成本分配表，分配辅助生产费用，并据以登记有关明细账。

（四）归集与分配制造费用

根据各种费用分配表和其他有关资料登记的“制造费用明细账”上归集的生产费用，采用一定的方法（生产工人工时比例分配法、生产工人工资比例分配法、机器工时比例分配法、按年度计划分配率分配法等）在各种产品之间进行分配，编制制造费用分配表，并将分配结果登记在“基本生产成本明细账”或“成本计算单”上。

（五）归集与分配废品损失

首先归集发生的废品损失，再根据“废品损失明细账”归集确认的废品净损失，编制废品损失分配表，将发生的废品净损失分配计入合格品的成本，并登记“基本生产成本明细账”。

（六）分配完工产品成本和月末在产品成本

月末，根据各种费用分配表和其他有关资料登记的“基本生产成本明细账”和“成本计算单”上归集的生产费用，采用适当的方法（不计算在产品成本法、在产品按固定成本计价法、在产品按所耗直接材料费用计价法、按完工产品计算在产品成本法、按约当产量计算在产品成本法、在产品按定额成本计价法和按定额比例计算在产品成本法）分配计算各种完工产品成本和在产品成本。如果月末没有在产品，则本月发生的生产费用就全都是完工产品成本。

（七）计算并结转完工产品成本

根据各成本计算单中计算出来的本月完工产品成本，汇总编制“完工产品成本汇总表”，计算出完工产品总成本和单位成本，并进行结转。

知识巩固

一、单项选择题

1.产品成本计算基本方法的主要标志是（　　）。

A.成本计算对象　　B.成本计算期

C.间接费用的分配方法　　D.完工产品与在产品成本的分配方法

2.一家企业采用何种成本计算方法的影响因素是（　　）。

A.企业生产组织的特点　　B.企业生产工艺过程的特点

C.企业成本管理的要求　　D.生产步骤的要求

3.产品成本计算期的确定主要取决于（　　）。

A.生产工艺过程的特点　　B.生产步骤的多少

C.生产组织的特点　　D.管理要求

二、判断题

1.正确计算产品成本的前提是成本计算对象的确定。（　　）

2.在多步骤生产企业中，如果规模小、管理不要求计算各步骤成本，产品成本计算对象一般选用产品品种。（　　）

项目二　成本核算账户

知识目标

熟悉成本核算账户的内容

技能目标

能够根据公司的生产特点和管理要求采用品种法设置成本费用核算账户

案例导入

设置成本核算账户

甜甜食品厂是一家小型企业，主营饼干的生产与销售业务。该企业的基本生产车间是饼干车间，大量生产蛋元饼干和曲奇饼干两种产品，采用封闭式的流水线生产，饼干的主要原料为面粉、植物油、鸡蛋、食糖等。该企业还设有一个机修车间，为企业提供各种修理劳务；并设立了生产、销售、仓管、采购、财务和总经理办公室等职能部门，各个部门必须共同协作才能完成生产经营目标。各部门在履行各自职责完成各自任务时，必然会发生一系列的耗费，这些耗费或者计入产品成本或者计入期间费用，都是成本会计的核算内容，都要进行确认、计量、记录，为此财务部门设置了成本费用的总分类账户。成本核算岗位还应根据生产特点以及管理要求确定成本计算方法，进而设置相应的成本费用明细账。

知识讲解

为了核算生产经营过程中发生的各项成本、费用，提供总括而详细的成本、费用信息，企业应设置成本、费用的总分类账户和明细分类账户。具体做法企业可以根据自己的情况来选择。一般有两种做法：一种是，设立“生产成本”总账账户，下设“基本生产成本”和“辅助生产成本”两个二级账户，分别用来核算基本生产成本和辅助生产成本；另一种是，将“生产成本”总账账户分为“基本生产成本”和“辅助生产成本”两个总账账户，这种做法可以减少二级账户、简化会计分录。本书按第二种做法讲述。

一、“基本生产成本”账户

该账户用来核算企业生产产品、提供劳务，自制材料、工具和设备等所发生的各项生产费用，计算产品和劳务的实际成本。该账户的借方登记企业为进行基本生产而发生的各种费用；贷方登记转出的完工入库的产品成本；余额在借方，表示基本生产的在产品成本。基本生产成本应按产品品种（在分批法或分步法下，按产品批别或生产步骤）设置明细账，账内按产品成本项目分设专栏进行明细登记。

成本项目是计入产品成本的生产耗费按照经济用途所做的分类。根据各生产耗费在生产过程中对产品形成所产生的不同作用，一般可以将产品成本划分为“直接材料”、“燃料及动力”、“直接人工”和“制造费用”四个成本项目。

二、“辅助生产成本”账户

辅助生产是指为基本生产和经营管理服务而进行的产品生产和劳务供应。该账户的借方登记企业为进行辅助生产而发生的各种费用；贷方登记完工入库产品的成本和分配转出的产品、劳务成本；余额在借方，表示辅助生产在产品的成本。辅助生产成本应按辅助生产车间或生产的产品、劳务设置明细分类账，账中按辅助生产的成本项目分设专栏。

如果企业基本生产车间和辅助生产车间的会计业务都比较少，为简化核算，可以将“基本生产成本”和“辅助生产成本”账户合并为“生产成本”账户。“生产成本”账户可根据需要下设“基本生产成本”和“辅助生产成本”明细分类账，进行明细分类核算。

三、“制造费用”账户

该账户用来核算企业生产车间为生产产品和提供劳务而发生的各项间接成本。该账户的借方登记实际发生的制造费用；贷方登记分配转出的制造费用，除季节性生产的企业外，该账户通常月末无余额。

“制造费用”账户一般按车间设置明细分类账，账内按耗费项目设立专栏进行明细登记。

四、“废品损失”账户

需要单独核算废品损失的企业，应设置“废品损失”账户。该账户的借方登记不可修复废品的生产成本和可修复废品的修复成本，贷方登记废品残料回收的价值、应收的赔款以及转出的废品净损失，该账户月末无余额。

“废品损失”账户一般按产品品种等设置明细账，并按成本项目设置专栏进行明细登记。

五、期间费用核算账户

期间费用核算账户包括“管理费用”账户、“财务费用”账户、“销售费用”账户。

期间费用账户的借方登记发生的各项费用；贷方登记期末转入“本年利润”的各项费用；结转后期末无余额。

“管理费用”账户、“财务费用”账户、“销售费用”账户一般按费用项目设置专栏进行明细登记。

六、“长期待摊费用”账户

“长期待摊费用”账户用于核算企业已经支出，但摊销期限在1年以上（不含1年）的各项费用，包括固定资产修理支出、租入固定资产的改良支出以及摊销期限在1年以上的其他待摊费用。

在“长期待摊费用”账户下，企业应按费用的种类设置明细账，进行明细核算，并在会计报表附注中按照费用项目披露其摊余价值、摊销期限、摊销方式等。

七、成本核算账户关联图

成本核算账户关联图如图2-2-1所示。

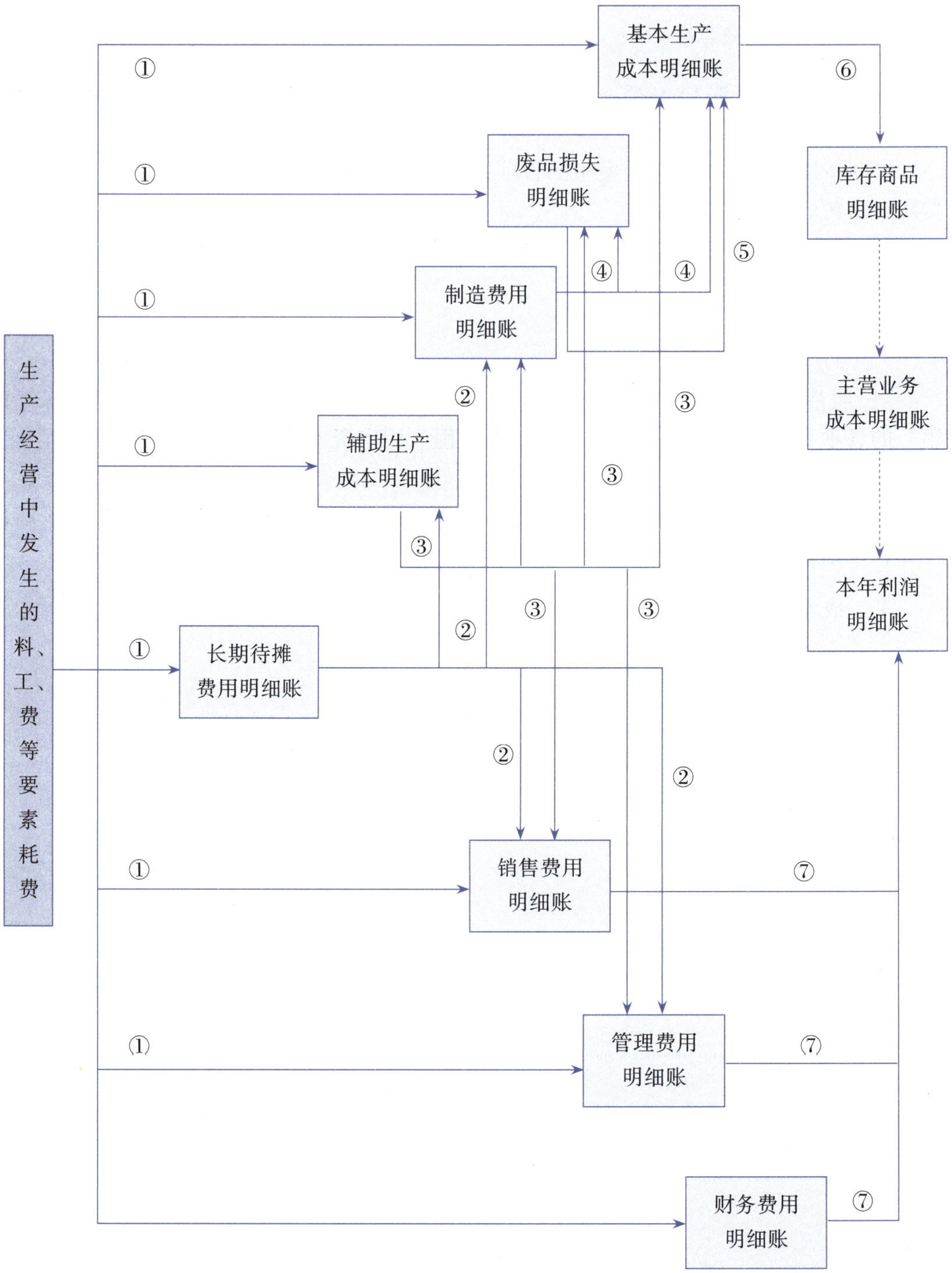

图2-2-1　成本核算账户关联图

备注：

① 根据料、工、费等要素费用原始凭证及其他有关资料登记各成本费用明细账；

② 根据受益期将跨期耗费通过长期待摊费用计入相应期间的辅助生产成本、制造

费用、销售费用和管理费用等明细账；

③ 根据辅助生产成本明细账及有关资料登记基本生产成本、制造费用、废品损失、销售费用、管理费用等明细账；

④ 根据制造费用明细账及有关资料登记基本生产成本明细账、废品损失明细账；

⑤ 根据废品损失明细账及有关资料登记基本生产成本明细账；

⑥ 完工产品成本结转库存商品明细账；

⑦ 根据销售费用、财务费用、管理费用明细账及有关资料结转本年利润明细账。

成本核算账户与其他相关账户之间形成的有序关联，构成了成本会计的循环流程，反映了生产费用计入产品成本的全部过程。

知识巩固

一、单项选择题

1.“基本生产成本”账户的月末借方余额表示（　　）。

A.本期发生的生产费用　　B.完工产品成本

C.月末在产品成本　　D.累计发生的生产费用

2.制造费用应分配记入（　　）账户。

A.“基本生产成本”和“辅助生产成本”

B.“基本生产成本”和“期间费用”

C.“生产成本”和“管理费用”

D.“财务费用”和“销售费用”

二、多项选择题

1.应计入产品成本的各种材料费用，按其经济用途进行分配，应记入的账户有（　　）。

A.“管理费用”　　B.“基本生产成本”

C.“制造费用”　　D.“财务费用”

2.下列各项中，应计入产品成本费用的有（　　）。

A.车间办公费　　B.季节性停工损失

C.在产品的盘亏损失　　D.企业行政管理人员工资

项目三　要素费用核算

子项目一　材料费用核算

知识目标

1.掌握材料费用核算的方法
2.掌握材料费用核算的归集与分配

技能目标

1.能够对材料费用进行核算
2.能够编制材料费用分配表并进行账务处理

案例导入

材料费用的归集与分配

德文自行车厂是一家拥有300名职工的制造企业，专门生产电动自行车。本月生产产品发生下列支出：钢管500 000元，橡胶轮胎1000 000元，油漆10 000元，其他配件20 000元，车间电费20 000元，厂部电费10 000元，工人工资1 500 000元，厂管理人员工资80 000元，设备租金20 000元，机器修理5 000元，生产设备折旧20 000元。

假如你是到该厂财务科进行成本会计实习的会计学专业大学生，如何对上述费用进行归集和分配？

要素费用的归集和分配是对生产经营过程中所发生的各种耗费加以审核、控制，予以真实地反映，并按照一定的程序、标准和方法对耗费加以归集和分配，以求得各成本计算对象的总成本和单位成本。作为产品成本的构成要素，这些费用的核算基本上涵盖了成本核算的主要内容，因此本项目是成本会计中很重要的内容。

知识讲解

一、直接计入费用和间接计入费用的归集与分配

微课

要素费用的归集与分配

要素费用是对企业生产过程中发生的费用，按经济内容所作的分类，主要包括劳动对象方面的费用、劳动手段方面的费用、活劳动方面的费用。

费用要素主要包括：外购材料、外购燃料、外购动力、工资、职工福利费、折旧费、利息费用、税费以及不属于以上各费用要素的其他支出。这里对要素费用进行核算，主要学习将发生的要素费用合理地分配计入产品成本或期间费用。

（一）直接计入费用的归集与分配

直接计入费用是指企业为生产某种产品（成本核算对象）而发生的费用。在计算成本时，该类费用可以根据费用发生的原始凭证直接计入该种产品（成本核算对象）的成本。例如，直接用于某种产品生产的原材料、生产工人的薪酬等，就可以根据有关领料单和职工薪酬结算单等原始凭证直接计入该种产品成本。

（二）间接计入费用的归集与分配

1.间接计入费用概述

间接计入费用是指不能直接计入产品生产成本，而是辅助生产发生的费用，其区别于制造费用，制造费用是不能以合理有效的方式追溯其对象。而这里的间接计入费用可以通过合理有效的方式分配，其本质就是直接费用，如车间管理人员的工资、车间房屋建筑物和机器设备的折旧、租赁费、修理费、机物料消耗、水电费、办公费等，通常属于间接计入费用。经过二次分配后计入基本生产成本。

2.间接计入费用分配基本方法

间接计入费用需按一定标准在各分配对象之间进行分配，因此，首先要选择合适的分配标准。所选择的分配标准应与分配对象的受益程度密切相关，各分配对象分配标准的大小应与受益程度的大小成正比例或近似正比例的关系，这样分配的结果才能比较合理。同时，作为分配标准的数据资料还应比较容易取得，便于计算。不同的费用往往要选择不同的分配标准进行分配。常用的分配标准主要有以下三类：

（1）消耗类分配标准。以分配对象的生产工时、生产工资、机器工时、原材料消耗数量等作为分配标准。

（2）成果类分配标准。以分配对象的产量、重量、体积、产值等作为分配标准。

（3）定额类分配标准。以分配对象的定额消耗量、定额费用等作为分配标准。

为使分配标准容易取得，便于计算，可尽量采用单一分配标准，如重量、体积等；为了增加合理程度，有时还采用复合分配标准，如定额消耗量、定额工时等。

分配费用的一般公式可概括如下：

费用分配率 = 待分配费用总额 ÷ 分配标准总量

某分配对象应分配的费用 = 该对象的分配标准量 × 费用分配率

【做中学2-3-1】假定甲公司生产A、B两种产品领用某材料4 400千克，每千克20元。本月投产的A产品为200件，B产品为250件。A产品的材料消耗定额为15千克，B产品的材料消耗定额为10千克。

A、B产品应负担的材料费用计算如下：

A产品应负担的材料费用 = 3 000 × 16 = 48 000（元）

B产品应负担的材料费用 = 2 500 × 16 = 40 000（元）

二、归集与分配材料费用

（一）材料费用分配对象的确定

微课

分配材料费用

材料费用分配是指企业将一定时期所耗用的直接材料、间接材料费用按不同方式计入产品成本，其主要涉及的是分配对象及分配方法等问题。对材料费用的分配要求如下：

（1）用于产品生产的材料费用由基本生产的各种产品负担，应记入“基本生产成本”总账账户及明细账户中的有关成本项目；

（2）用于辅助生产的材料费用由辅助产品或劳务承担，应记入“辅助生产成本”总账账户及明细账户中的有关成本项目；

（3）用于维护生产设备等的各种材料，应由产品或劳务承担，但由于不能直接记入“基本生产成本”或“辅助生产成本”账户，应先记入“制造费用”账户进行归集，以后再分配记入上述两个账户；

（4）用于产品销售以及企业行政部门组织和管理生产的材料费用，则由销售费用和管理费用负担，记入“销售费用”和“管理费用”账户的有关费用项目等。

（二）材料费用分配的方法

原材料费用的分配方法是指将原材料费用计入各负担对象的方法。一般而言，凡能辨清原材料费用承担对象的，应直接计入该分配对象。属于几种产品共同耗用的，即间接计入的，应采用适当的分配方法，分配计入各有关产品成本。材料费用的分配方法主要有材料定额耗用量法和材料定额费用比例法。

1.材料定额耗用量法

材料定额耗用量法是指一定产量下按照材料消耗定额计算的可以消耗的数量，其中材料消耗定额是指单位产品可以消耗的材料数量限额。具体计算公式如下：

某种产品材料定额耗用量 = 该种产品实际产量 × 单位产品材料消耗定额

材料耗用量分配率 = 材料实际消耗总量 ÷ 各种产品材料定额耗用量之和

某种产品应分配的材料数量 = 该种产品定额消耗的材料总量 × 材料耗用量分配率

某种产品应分配的材料费用 = 该种产品应分配的材料数量 × 材料单价

【做中学2-3-2】某机械制造有限公司2022年3月生产A、B两种产品分别为200件、300件，共同耗用甲材料3 740千克，该材料的单位实际成本为每千克8元，甲材料单位消耗定额A、B产品分别为每件8千克和6千克。根据资料正确选择材料分配方法并进行计算。

根据资料选择材料定额耗用量法计算如下：

（1）A、B两种产品定额耗用量：

A产品原材料定额耗用量 = 200 × 8 = 1 600（千克）

B产品原材料定额耗用量 = 300 × 6 = 1 800（千克）

（2）甲材料耗用量分配率：

原材料耗用量分配率 = 3 740 ÷（1 600 + 1 800） = 1.1

（3）A、B两种产品应分配的甲材料费用：

A产品应分配的甲材料数量 = 1 600 × 1.1 = 1 760（千克）

B产品应分配的甲材料数量 = 1 800 × 1.1 = 1 980（千克）

A产品应分配的甲材料费用 = 1 760 × 8 = 14 080（元）

B产品应分配的甲材料费用 = 1 980 × 8 = 15 840（元）

这种分配方法，可以考核材料定额的执行情况，有利于材料消耗的实物管理，但分配的计算工作量较大。

2.材料定额费用比例法

在各种产品共同耗用原材料种类较多的情况下，为了进一步简化分配计算工作，可以按照各种材料的定额费用的比例来分配材料实际费用，会计上称之为材料定额费用比例法。此方法的分配计算公式如下：

$$\text{某产品某材料定额耗用} = \text{该种产品实际产量} \times \text{单位产品该种材料费用定额}$$

$$= \text{该种产品实际产量} \times \text{单位产品该种材料消耗定额} \times \text{该种材料计划单价}$$

材料费用分配率 = 各种材料实际费用总额 ÷ 各种产品各种材料定额费用之和

某种产品负担的材料费用 = 该种产品各种材料定额费用之和 × 材料费用分配率

对于间接计入产品成本的辅助材料的分配方法，如果是耗用在主要材料上，可以按主要材料的耗用量比例分配，如果耗用的辅助材料与产品的产量有关，也可以按产品产量比例分配；如果辅助材料的消耗定额比较准确，可以按辅助材料的定额消耗量或定额费用比例分配。

【做中学2-3-3】某机械制造有限公司本生产车间在6月份生产A产品400件，B产品300件，共同领用甲材料20 000元，乙材料16 000元。单位产品材料定额为：A产品45元，B产品40元。

根据以上资料，按产品的材料定额费用的比例分配材料费用。分配过程及结果如下：

（1）A产品的材料定额费用 = 400 × 45 = 18 000（元）

B产品的材料定额费用 = 300 × 40 = 12 000（元）

（2）材料费用分配率 = （20 000 + 16 000）÷（18 000 + 12 000） = 1.2

（3）A产品应负担的材料费用 = 18 000 × 1.2 = 21 600（元）

B产品应负担的材料费用 = 12 000 × 1.2 = 14 400（元）

（三）应用说明

在实际工作中，材料费用分配的核算并不是从企业材料发出的总分类核算中单独抽出进行的，而是作为材料发出总分类核算的内容一并进行的。

材料核算人员根据领退料单汇总编制发料凭证汇总表，登记有关的总账科目，进行材料发出的总分类核算；然后将与成本、费用有关的领退料单交给成本核算人员据以编制材料费用分配表，登记有关的成本、费用明细账，进行材料费用的明细核算。

成本核算人员根据领退料单编制材料费用分配表，进行材料费用的明细核算；然后将分配表或其中的一联交材料核算人员，由材料核算人员根据材料费用分配表和其他方面的发料（如发出材料委托外单位加工，发出材料进行销售等）凭证，汇总编制发料凭证汇总表，进行材料发出的总分类核算。

材料核算人员、成本核算人员根据各自所持有的领退料单的一联，分别编制发料凭证汇总表和材料费用分配表。在相互核对以后，由材料核算人员和成本核算人员同时分别进行材料发出的总分类核算和材料费用的明细核算。这种做法的核算工作量较大，但可以发挥材料发出核算与材料分配核算的相互核对作用，提高核算的正确性。

三、编制领料凭证汇总表

（一）领料单认知

领料单的填制是编制原材料发料凭证汇总表的基础工作之一。领料单是由领用材料的部门或者人员（简称领料人）根据所需领用材料的数量填写的单据。领料单一般采用一次凭证登记其内容（包括领用日期、材料名称、单位、数量、金额等）。为明确材料领用的责任，领料单除了要有领料人的签名外，还需要主管人员的签名、保管人的签名等。领料人凭借领料单到仓库中领取所需材料时，由库存管理人员确认并出具出货单方可领取材料。领料单的一般格式见表2-3-1。

表2-3-1　　　　领　料　单

单号：00001　单位：一车间　　　2022年6月1日　　　发料仓库：第一仓库

货号	品名	单位	数量	单价	金额（元）	备注
0001	A	吨	8	30 000	240 000	生产甲产品

批料　刘宁　　保管员　张华　　记账　马强　　领料主管　王红　　领料人　林艺

（二）领料凭证汇总表的编制

领料凭证汇总表一般每月月末汇总编制一次。材料核算人员按照成本、费用核算的要求，根据领退料单的具体用途归类汇编领料凭证汇总表，进行材料发出的总分类核算；然后将领料凭证汇总表或其中的一联交成本核算人员，据以进行材料费用的明细核算。

【工作实例2-3-1】某机械制造有限公司2022年6月份发料情况见表2-3-2。

表2-3-2　　2022年6月份发料情况　　金额单位：元

材料类别	发料数量	单位成本	用途
甲材料	200千克	600	甲产品生产用
乙材料	126千克	1 000	甲、乙两种产品共用
燃料	120千克	60	锅炉车间耗用100千克，机修车间耗用20千克
燃料	20千克	60	基本生产车间用
燃料	10千克	60	管理部门用
辅助材料	200千克	40	基本生产车间用
修理用备件	50只	6	基本生产车间修理用

要求：编制领料汇总表。

操作步骤：领料汇总表编制见表2-3-3。

表2-3-3　　领料汇总表　　第0601号

2022年6月30日　　金额单位：元

<table>
<tr><th>领料部门</th><th>用途</th><th>材料品种</th><th>数量</th><th>单价</th><th>金额</th></tr>
<tr><td rowspan="5">基本生产车间</td><td>甲产品直接耗用</td><td>甲材料</td><td>200千克</td><td>600</td><td>120 000</td></tr>
<tr><td>甲、乙产品共同耗用</td><td>乙材料</td><td>126千克</td><td>1 000</td><td>126 000</td></tr>
<tr><td rowspan="2">一般耗用</td><td>燃料</td><td>20千克</td><td>60</td><td>1 200</td></tr>
<tr><td>辅助材料</td><td>200千克</td><td>40</td><td>8 000</td></tr>
<tr><td>修理用</td><td>修理用备件</td><td>50只</td><td>6</td><td>300</td></tr>
<tr><td rowspan="2">辅助生产车间</td><td>锅炉车间</td><td>燃料</td><td>100千克</td><td>60</td><td>6 000</td></tr>
<tr><td>机修车间</td><td>燃料</td><td>20千克</td><td>60</td><td>1 200</td></tr>
<tr><td>管理部门</td><td>管理部门用</td><td>燃料</td><td>10千克</td><td>60</td><td>600</td></tr>
<tr><td>合计</td><td></td><td></td><td></td><td></td><td>263 300</td></tr>
</table>

编制：　　　　审核：

（三）材料费用分配表的编制

1. 岗位简介

材料岗位在成本核算岗位中是比较重要的，因为材料是构成产品实体的主要部分，产品生产过程就是对材料进行加工的过程，材料核算准确与否，直接关系到产品成本是否正确。另外，直接材料也是企业的主要成本项目之一，所以对这一部分内容的核算企业要格外关注。

2. 工作流程

材料费用分配的工作流程如图2-3-1所示。

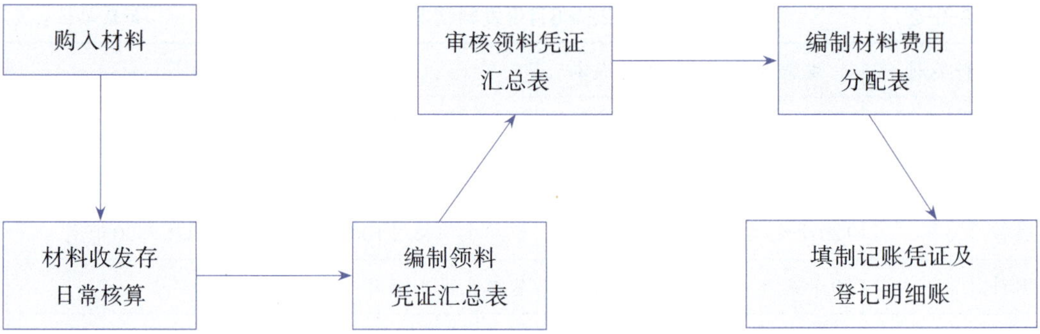

图2-3-1　材料费用分配的工作流程

四、原材料费用分配表的编制及账务处理

微课

材料费用分配表的填列

原材料费用分配在实际工作中是通过编制“原材料费用分配表”进行的。这种分配表应根据领退料凭证和有关领料表等凭证编制。

【工作实例2-3-2】沿用【工作实例2-3-1】的资料。该机械制造有限公司2022年6月份投产甲产品140件、乙产品140件，单耗原材料定额分别为2.5千克、3.5千克。选择材料定额费用比例法进行分配。

要求：根据上述资料进行会计处理。

操作步骤：

第一步，编制原材料费用分配表（见表2-3-4）。

表2-3-4　原材料费用分配表

2022年6月　　金额单位：元

应借账户		成本或费用明细项目	间接计入			直接计入	合计
			耗用材料（千克）	分配率	分配额		
基本生产成本	甲产品	直接材料	350	150	52 500	120 000	172 500
	乙产品	直接材料	490	150	73 500		73 500
	小计		840	150	126 000	120 000	246 000
辅助生产成本	锅炉车间	直接材料				6 000	6 000
	机修车间	直接材料				1 200	1 200
	小计					7 200	7 200
制造费用	基本生产车间	修理用				300	300
		机物料消耗				9 200	9 200
		小计				9 500	9 500
管理费用		机物料消耗				600	600
合计					126 000	137 300	263 300

第二步，编制会计分录。

借：基本生产成本——甲产品　172 500
　　　　　　　　——乙产品　73 500
　　辅助生产成本——锅炉车间　6 000
　　　　　　　　——机修车间　1 200
　　制造费用——基本生产车间　9 500
　　管理费用　600
　　贷：原材料　263 300

第三步，编制记账凭证（见表2-3-5）。

表2-3-5　记账凭证

2022年6月30日　记字第01号

摘要	总账科目	明细科目	借方金额	贷方金额	记账
领用材料	基本生产成本	甲产品	172 500		
		乙产品	73 500		
	辅助生产成本	锅炉车间	6 000		
		机修车间	1 200		
	制造费用	基本生产车间	9 500		
	管理费用		600		
	原材料			263 300	
合计			263 300	263 300	

财务主管：王明　记账：陈静　出纳：　审核：张扬　制单：刘明

知识巩固

一、单项选择题

1. 下列各项属于产品成本项目的是（　　）。
   A. 外购燃料和动力　B. 直接人工费
   C. 折旧费用　D. 期间费用
2. 下列各项不能计入产品成本的是（　　）。
   A. 生产工人工资及福利费
   B. 生产车间耗用的原材料
   C. 利息费用
   D. 车间管理人员工资及福利费

3.在几种产品共同耗用几种材料的情况下，材料费用的分配可采用的方法是（　　）。

A.定额耗用量比例分配法　　B.产品产量比例分配法

C.产品重量比例分配法　　D.产品材料定额费用比例法

4.产品成本计算过程中的“直接计入成本”指的是（　　）。

A.直接列作当期损益的费用

B.产品生产过程中的直接费用

C.可以直接计入某种产品（成本核算对象）的成本费用

D.由于产品生产工艺本身发生的费用

二、多项选择题

1.下列各项属于工业企业费用要素的有（　　）。

A.原材料　　B.发生的生产工人福利费

C.利息费用　　D.制造费用

2.原料及主要材料的费用可以按（　　）进行分配。

A.产品质量比例　　B.产品体积比例

C.定额消耗量比例　　D.定额费用比例

3.下列各项可以在“原材料”总账科目中核算的有（　　）。

A.原料及主要材料　　B.自制半成品

C.外购半成品　　D.包装材料

4.下列各项属于工业企业成本项目的有（　　）。

A.外购材料　　B.直接材料　　C.燃料及动力　　D.废品损失

5.计入产品成本的各种材料费用，按其用途分配，应记入的科目有（　　）。

A.“基本生产成本”　　B.“管理费用”

C.“制造费用”　　D.“销售费用”

6.经过要素费用的分配，记入“基本生产成本”科目借方的费用，已经分别计入各产品成本明细账的（　　）。

A.直接材料成本项目　　B.工资及福利费成本项目

C.制造费用成本项目　　D.燃料和动力成本项目

7.计入产品成本的各种材料费用，按其用途分配，应记入的科目有（　　）。

A.“辅助生产成本”　　B.“在建工程”

C.“制造费用”　　D.“基本生产成本”

三、判断题

1.对于产品生产过程中耗用的原材料、燃料和动力等费用，可直接计入产品成本明细账的“原材料”或“燃料和动力”成本项目。（　　）

2.为了正确计算产品成本，对生产所剩余料，都应编制退料单，据以退回材料仓库。（　　）

3.直接材料是直接成本，而制造费用是间接成本。（　　）

4.生产费用按经济内容和经济用途划分的要素费用和成本项目所包括的内容

相同。 （ ）

5.在一般情况下企业在本期投产的产品往往能在本期完工，本期完工的产品一定全部都是由本期投产的。 （ ）

6.在几种产品共同耗用几种材料的情况下，材料费用应采用产品材料定额成本比例分配法进行分配。 （ ）

7.成本项目是工业企业费用按其经济内容分类的项目。 （ ）

8.材料费用的分配一般是通过编制材料费用分配表进行的。 （ ）

技能训练

【实训目的】

通过实训使学生熟悉直接材料费用归集与分配的程序；掌握直接材料费用计入产品成本的方法。

【实训内容】

（1）按定额消耗量比例分配甲、乙产品的材料费用；

（2）编制耗用材料的会计凭证（列明产品名称和成本项目）；

（3）编制材料费用分配表。

【实训资料】

（1）企业概况。

某企业2022年6月份生产甲、乙两种产品，有关资料如下：本月甲产品产量为600件，单件产品C材料消耗定额为10千克；乙产品的实际产量为500件，单件产品C材料消耗定额为8千克。

（2）经济业务及处理基本流程简介。

①领用材料：各车间填制领料单，经批准后到仓库领用材料；

②归集和分配材料：月底根据领料单编制领料凭证汇总表，按定额耗用量比例分配材料费用；

③编制材料费用分配汇总表；

④填制与审核记账凭证。

（3）领料单。

领料单见表2-3-6至表2-3-10。

表2-3-6 领 料 单 单号：00001

单位：一车间 2022年6月1日 发料仓库：第一仓库

货号	品名	单位	数量	单价（元）	金额（元）	备注
0001	A	吨	8	30 000	240 000	生产甲产品

批料：刘宁 保管员：张华 记账：马强 领料主管：王红 领料人：林艺

表2-3-7 领 料 单 单号：00002

单位：一车间 2022年6月5日 发料仓库：第一仓库

货号	品名	单位	数量	单价（元）	金额（元）	备注
0002	B	吨	10	3 000	30 000	生产乙产品

批料：刘宁 保管员：张华 记账：马强 领料主管：王红 领料人：林艺

表2-3-8 领 料 单 单号：00003

单位：一车间 2022年6月12日 发料仓库：第一仓库

货号	品名	单位	数量	单价（元）	金额（元）	备注
0003	C	吨	10	2 000	20 000	甲、乙产品共同耗用

批料：刘宁 保管员：张华 记账：马强 领料主管：王红 领料人：林艺

表2-3-9 领 料 单 单号：00004

单位：运输车间 2022年6月15日 发料仓库：第一仓库

货号	品名	单位	数量	单价（元）	金额（元）	备注
0001	A	吨	1.2	30 000	36 000	修理耗用

批料：刘宁 保管员：张华 记账：马强 领料主管：王红 领料人：林方

表2-3-10 领 料 单 单号：00005

单位：一车间 2022年6月20日 发料仓库：第一仓库

货号	品名	单位	数量	单价（元）	金额（元）	备注
0004	D	吨	20	600	12 000	修理耗用

批料：刘宁 保管员：张华 记账：马强 领料主管：王红 领料人：林艺

【实训任务】根据领料单编制领料凭证汇总表（见表2-3-11）。

表2-3-11 领料汇总表

编号：001 2022年6月30日 金额单位：元

领料部门	用途	材料品种	数量	单价	金额
基本生产车间	甲产品直接耗用				
	乙产品直接耗用				
	甲、乙产品共同耗用				
	一般耗用				
辅助生产车间					
合计					

编制： 审核：

子项目二 人工费用核算

知识目标

1. 掌握人工费用的分配方法
2. 掌握职工薪酬核算岗位工作流程

技能目标

能够编制职工薪酬分配表并进行账务处理

案例导入

职工薪酬的归集与分配

2022年8月份，沃尔公司装配车间为生产闸阀、止回阀两种产品支付生产工人工资97 600元，采用生产工时比例法分配；机加工车间生产闸阀、止回阀共发生直接人工费用90 100元，采用定额工时分配；供水车间生产工人工资6 000元，供电车间生产工人工资2 000元；基本生产车间、供水车间和供电车间管理人员工资分别为7 500元、6 800元和5 900元；企业行政部门管理人员工资为10 800元。该公司实际发生的福利费为工资总额的14%。

成本会计人员如何填写职工薪酬费用分配表?

知识讲解

一、职工薪酬的含义及内容

职工薪酬，是指企业为获得职工提供的服务或解除劳动关系而给予的各种形式的报酬或补偿。职工薪酬包括短期薪酬、离职后福利、辞退福利和其他长期职工福利。企业提供给职工配偶、子女、受赡养人、已故员工遗属及其他受益人等的福利，也属于职工薪酬。

短期薪酬，是指企业在职工提供相关服务的年度报告期间结束后十二个月内需要全部予以支付的职工薪酬，因解除与职工的劳动关系给予的补偿除外。短期薪酬具体包括：职工工资、奖金、津贴和补贴，职工福利费，医疗保险费、工伤保险费和生育保险费等社会保险费，住房公积金，工会经费和职工教育经费，短期带薪缺勤，短期利润分享计划，非货币性福利以及其他短期薪酬。

带薪缺勤，是指企业支付工资或提供补偿的职工缺勤，包括年休假、病假、短期伤残、婚假、产假、丧假、探亲假等。

利润分享计划，是指因职工提供服务而与职工达成的基于利润或其他经营成果提供薪酬的协议。

离职后福利，是指企业为获得职工提供的服务而在职工退休或与企业解除劳动关系后，提供的各种形式的报酬和福利，短期薪酬和辞退福利除外。

辞退福利，是指企业在职工劳动合同到期之前解除与职工的劳动关系，或者为鼓励职工自愿接受裁减而给予职工的补偿。

其他长期职工福利，是指除短期薪酬、离职后福利、辞退福利之外所有的职工薪酬，包括长期带薪缺勤、长期残疾福利、长期利润分享计划等。

二、工资费用的核算

（一）工资费用的分配对象

工资费用分配对象的确定与材料费用的确定基本相同，即按谁受益谁负担的原则进行。具体来说，为产品生产而发生的人员工资应由基本生产部门的各产品负担；为基本生产提供产品或劳务所发生的人员工资应由辅助生产部门生产的各产品或劳务负担；各生产部门的管理人员发生的工资应由各生产部门的制造费用负担；企业行政管理部门发生的工资则由管理费用负担。

（二）工资费用的分配方法

1. 计时工资形式下工资的分配

在计时工资形式下，基本生产部门的生产工人工资计入产品成本的方法是：如果该生产部门只生产一种产品，则直接计入基本生产成本账户的“直接工资”成本项目，如果生产两种及两种以上的产品，则要把生产工人的工资按适当的分配标准分配计入基本生产成本账户的“直接工资”成本项目。可选择的分配标准一般有两个：一是产品生产的实用工时，二是产品生产的定额工时。其中按实用工时比例分配比较合理，因为它能将产品所分配的工资与劳动生产率联系起来，即某种产品如果单位产品耗用的生产工时减少，说明劳动生产率提高，其所分配的人工成本就应减少；相反，如果单位产品耗用的工时增加，说明劳动生产率降低，其所分配的人工成本就应增加。但如果取得各种产品的实际生产工时的数据比较困难，而各种产品的单件工时定额比较准确，也可以按产品的定额工时比例分配人工成本。工资分配的计算公式如下：

工资费用分配率＝生产工人工资总额÷各种产品实际工时（或定额工时）之和

某种产品应分配的工资费用＝该产品的实际工时（或定额工时）×工资费用分配率

2. 计件工资形式下工资的分配

生产工人的计件工资与产品生产直接联系，因此发生时直接计入基本生产成本账户的“直接工资”成本项目，对于基本生产工人的奖金、津贴则要采用一定的标准分配计入产品成本的“直接工资”成本项目。其分配一般是按直接计入产品成本的生产工人计件工资额比例进行的。

在实际工作中，工资费用的分配，一般是通过编制“工资费用分配表”进行的，编制的依据是工资结算单。

下面将计时工资形式下工资费用的分配进行举例说明。

【做中学2-3-4】某机械制造有限公司2022年6月份为生产甲、乙两种产品支付生产工人工资24 600元，锅炉车间生产工人工资7 400元，机修车间生产工人工资4 100元，基本生产车间管理人员工资4 500元（假定无锅炉车间和机修车间管理人员工资），企业行政部门管理人员工资10 800元，生产工人的工资按甲、乙两种产品的生产工时比例进行分配，其工时分别为4 100小时和2 050小时。

编制的“工资费用分配表”见表2-3-12。

表2-3-12　工资费用分配表

2022年6月　金额单位：元

应借账户		成本费用项目	生产工时	分配率（元/小时）	应分配工资费用
基本生产成本	甲产品	直接工资	4 100		16 400
	乙产品	直接工资	2 050		8 200
	小计		6 150	4	24 600
辅助生产成本	锅炉车间	直接工资			7 400
	机修车间	直接工资			4 100
	小计				11 500
制造费用	基本生产车间	工资			4 500
管理费用	行政部门	工资			10 800
合计					51 400

编制会计分录如下：

借：基本生产成本——甲产品　16 400
　　　　　　　　——乙产品　8 200
　　辅助生产成本——锅炉车间　7 400
　　　　　　　　——机修车间　4 100
　　制造费用——基本生产车间　4 500
　　管理费用　10 800
　贷：应付职工薪酬——职工工资　51 400

三、计提五险一金等费用项目的分配核算

企业为职工缴纳的医疗保险费、工伤保险费、生育保险费等社会保险费和住房公积金，以及按规定提取的工会经费和职工教育经费，应当在职工为其提供服务的会计期间，根据规定的计提基础和计提比例计算确定相应的职工薪酬金额，并确认相应负债，

计入当期损益或相关资产成本。

企业发生的职工福利费，应当在实际发生时根据实际发生额计入当期损益或相关资产成本。职工福利费为非货币性福利的，应当按照公允价值计量。

职工福利费不再规定计提比例提取，由企业自主决定提取福利费或是据实列支。企业可以根据实际情况采用先提取后使用的方法，但提取比例由企业根据自身实际情况合理确定。年末，如果当年提取的福利费大于支用数，应予冲回，反之应当补提，同时修订次年度福利费的提取比例；也可以按福利费实际发生额据实列支，直接计入相关成本、费用，与税法规定不一致时，应作纳税调整，根据《中华人民共和国企业所得税法实施条例》第四十条的规定：企业发生的职工福利费支出，不超过工资薪金总额14%的部分，准予扣除。在会计处理上，增设“应付职工薪酬——职工福利”科目核算职工福利费。当发生的职工福利费以工资方式列支时，按照职工所在的岗位进行分配，记入“生产成本”“制造费用”“管理费用”“销售费用”“在建工程”“研发支出”等科目的借方。

五险一金等费用项目的分配也是通过编制分配表进行的，但由于和工资的密切联系，一般与工资费用分配合并编制分配表。

【做中学2-3-5】沿用【做中学2-3-4】的资料，合并编制的分配表见表2-3-13。

表2-3-13 工资及费用项目分配表

2022年6月　　金额单位：元

应借账户		成本或费用项目	生产工时（小时）	分配率	工资费用	计提费用项目						合计
						养老	医疗	失业	工伤	…	小计	
基本生产成本	甲产品	直接工资	4 100		16 400	…	…	…	…	…	2 296	18 696
	乙产品	直接工资	2 050		8 200	…	…	…	…	…	1 148	9 348
	小计		6 150	4	24 600	…	…	…	…	…	3 444	28 044
辅助生产成本	锅炉车间	直接工资			7 400	…	…	…	…	…	1 036	8 436
	机修车间	直接工资			4 100	…	…	…	…	…	574	4 674
	小计				11 500	…	…	…	…	…	1 610	13 110
制造费用	基本生产车间	管理人员工资			4 500	…	…	…	…	…	630	5 130
管理费用					10 800	…	…	…	…	…	1 512	12 312
合计					51 400	…	…	…	…	…	7 196	58 596

编制职工福利费分配的会计分录如下：

借：基本生产成本——甲产品　　2 296
　　　　　　　　——乙产品　　1 148
　　辅助生产成本——锅炉车间　　1 036
　　　　　　　　——机修车间　　574
　　制造费用——基本生产车间　　630
　　管理费用　　1 512
　　贷：应付职工薪酬——短期薪酬　　7 196

四、职工薪酬分配表的编制

（一）岗位简介

职工薪酬核算岗位的工作主要是严格审核职工薪酬计算的有关凭证，对人事部门报来的当月工资变动情况表和各部门上报的津贴发放明细表、工作量统计表及各种代扣款项的通知单，都要严格地审核，确认无误后，输入电脑，正确地编制当月职工薪酬计算表。然后根据职工薪酬计算表编制职工薪酬分配表，并填制凭证、登记相关明细账。

微课

工资结算表的编制

（二）工作流程

工作流程如图2-3-2所示。

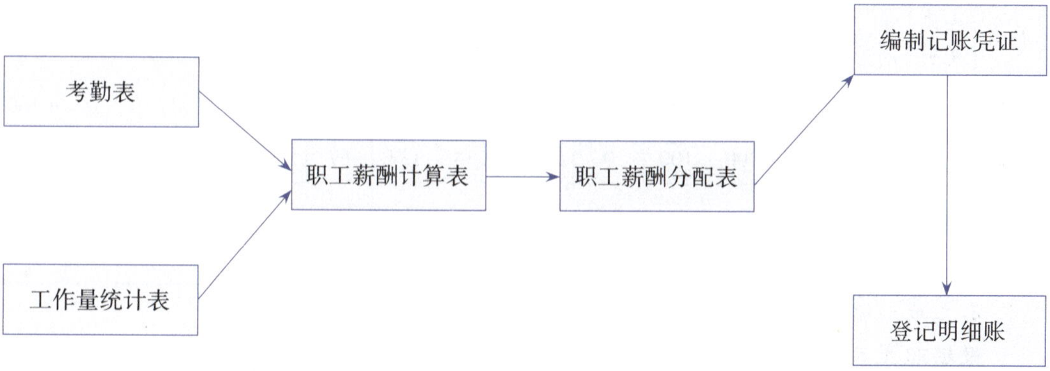

图2-3-2 工作流程图

说明：每月根据经人事部门审核、主管经理审批后的考勤表、生产工人的工作量统计表，依据出勤天数、岗位标准、各种补贴和奖金分配方案等有关内容，按照项目和部门归集，正确编制职工薪酬计算表，并办理代扣款项，然后根据职工薪酬计算表编制职工薪酬分配表，根据分配表的结果填制记账凭证，并据以登记明细账。

（三）职工薪酬分配表的编制

【工作实例2-3-3】某机械制造有限公司2022年6月为生产甲、乙两种产品支付职工薪酬，公司当月应发工资为1 000万元，其中：生产部门直接生产人员工资500万元；生产部门管理人员工资100万元；公司管理部门人员工资180万元；公司专设产品销售机构人员工资50万元；建造厂房人员工资110万元；内部开发存货管理系统人员工资60万元。

根据所在地政府的规定，公司分别按照职工工资总额的7%、20%、2%、0.8%、1%和10%计提医疗保险费、养老保险费、失业保险费、工伤保险费、生育保险费和住房公积金，缴纳给当地社会保险经办机构和住房公积金管理机构。根据2021年实际发生的职工福利费情况，公司预计2022年应承担的职工福利费义务金额为职工工资总额的2%，职工福利的受益对象为上述所有人员。公司分别按照职工工资总额的2%和8%计提工会经费和职工教育经费。假定公司存货管理系统正处于研究阶段，不考虑所得税影响。

要求：编制职工薪酬分配表。

操作步骤：

第一步，编制职工薪酬结算单。

不同企业的管理模式和职工薪酬的发放标准和项目不同，通常企业计算出每名职工的计时工资和计件工资以后，再根据有关资料和标准确定每名职工的奖金、津贴和补贴及加班工资，从而计算出企业的应发工资额，从中扣除应由职工个人承担的社会保险费、住房公积金、个人所得税、水电费等代扣款项后，得出企业的实发工资金额。在实际工作中，企业与职工进行工资结算，是通过编制职工薪酬结算单进行的，其格式见表2-3-14。

表2-3-14　　职工薪酬结算单

2022年6月　　单位：元

姓名	工资类别	工资	奖金	补贴	津贴	其他	应发工资	养老保险	医疗保险	失业保险	住房公积金	个人所得税	其他扣款	实发工资
李明	计件	4 353	300	200	100	0	4 953	396	99	50	248	0	0	4 160
王新	计件	5 981	400	200	100	0	6 681	534	134	67	334	0	83	5 529
⋮														
合计		…	…	…	…	…	…	…	…	…	…	…	…	…

第二步，编制职工薪酬汇总表。

根据职工薪酬结算单编制职工薪酬汇总表，需按部门对职工的工资进行汇总（见表2-3-15）。

表2-3-15　　职工薪酬汇总表　　单位：万元

部门	应发工资	代扣款项							实发工资
		医疗保险费（2%）	养老保险费（8%）	失业保险费（1%）	住房公积金（5%）	代扣职工费用	个人所得税	合计	
直接生产人员	500	10	40	5	25	1		81	419
生产部门管理人员	100	2	8	1	5	0.3	0.8	17.1	82.9
公司管理部门人员	180	3.6	14.4	1.8	9	0.1	1.5	30.4	149.6
销售机构人员	50	1	4	0.5	2.5	0.1	1	9.1	40.9
建造厂房人员	110	2.2	8.8	1.1	5.5	0.2		17.8	92.2
内部开发人员	60	1.2	4.8	0.6	3	0.15	0.9	10.65	49.35
合计	1 000	20	80	10	50	1.85	4.2	166.05	833.95

第三步，编制职工薪酬分配表。

根据职工薪酬汇总表，按应付工资总额和企业规定的比例，计提由企业承担的“五险一金”、工会经费、职工教育经费、职工福利费等，按照职工所在的岗位进行分配，借记“生产成本”“制造费用”“管理费用”“销售费用”“在建工程”“研发支出”等科目，贷记“应付职工薪酬”及其相关明细科目。编制的职工薪酬分配表见表2-3-16。

表2-3-16 职工薪酬分配表 单位：万元

部门	应发工资	计提的费用项目									合计
		医疗保险费（7%）	养老保险费（20%）	失业保险费（2%）	工伤保险费（0.8%）	生育保险费（1%）	住房公积金（10%）	职工福利费（2%）	工会经费（2%）	职工教育经费（8%）	
直接生产人员	500	35	100	10	4	5	50	10	10	40	764
生产部门管理人员	100	7	20	2	0.8	1	10	2	2	8	152.8
公司管理部门人员	180	12.6	36	3.6	1.44	1.8	18	3.6	3.6	14.4	275.04
销售机构人员	50	3.5	10	1	0.4	0.5	5	1	1	4	76.4
建造厂房人员	110	7.7	22	2.2	0.88	1.1	11	2.2	2.2	8.8	168.08
内部开发人员	60	4.2	12	1.2	0.48	0.6	6	1.2	1.2	4.8	91.68
合计	1 000	70	200	20	8	10	100	20	20	80	1 528

第四步，编制记账凭证（见表2-3-17）。

表2-3-17 记 账 凭 证

2022年6月30日 记字第004号

摘要	总账科目	明细科目	借方金额	贷方金额	记账
职工薪酬	基本生产成本		7 640 000		
	制造费用		1 528 000		
	管理费用		2 750 400		
	销售费用		764 000		
	在建工程		1 680 800		
	研发支出		916 800		
	应付职工薪酬			15 280 000	
合计			15 280 000	15 280 000	

财务主管：王明 记账：陈静 出纳： 审核：王海 制单：张杰

知识巩固

一、单项选择题

1.“工资”这一费用要素指的是（ ）。

A.全体职工的工资 B.生产工人的工资

C.管理人员的工资 D.福利人员的工资

2.“直接工资”这一成本项目指的是（ ）。

A.全体职工的工资 B.生产工人的工资

C.管理人员的工资 D.福利人员的工资

3.下列各项属于工资费用，但不计入产品成本或经营管理费用的是（ ）。

A.退休人员退休金 B.福利部门人员工资

C.管理部门人员工资 D.长病假人员工资

4.在实际工作中，按生活福利部门人员工资和规定比例计算的职工福利费，应记入的科目是（ ）。

A.“管理费用” B.“制造费用” C.“营业外支出” D.“职工福利”

二、多项选择题

1.进行工资费用核算的原始记录包括（ ）。

A.考勤簿 B.考勤卡 C.产量记录 D.工资结算单

2.职工福利主要用于（ ）。

A.医务经费 B.医疗卫生费 C.劳动保护费 D.职工困难补助

3.下列各项属于工资总额项目的有（ ）。

A.计时工资 B.计件工资 C.津贴和补贴 D.病假工资

4.计算应付工资的原始凭证主要有（ ）。

A.考勤簿 B.产量记录 C.工作班产量记录 D.工作通知单

5.计算日工资时可用月标准工资除以（ ）。

A.30天 B.20.92天 C.31天 D.当月满勤日数

三、判断题

1.在按30天计算日工资率的企业，缺勤期间的节假日按缺勤日计算。（ ）

2.生产车间所有职工的工资费均计入“直接人工”成本项目。（ ）

3.费用要素中的“工资”项目与成本项目中的“直接人工”项目，虽然名称有一点区别，但金额却是相等的。（ ）

4.要素费用中的工资项目是指应计入产品成本中的生产工人的工资。（ ）

5.如果是因为废料原因而导致的废品，应照付计件工资。（ ）

技能训练

【实训目的】

通过实训使学生熟悉工资费用归集与分配的程序；掌握工资费用计入产品成本的方法。

【实训内容】

（1）按生产工时分配甲、乙产品的工资费用；

（2）编制职工薪酬分配表；

（3）进行职工薪酬账务处理。

【实训资料】

某企业基本生产车间2022年6月份生产甲产品1 200件，每件实际工时20小时；乙产品2 600件，每件实际工时10小时。生产工人工资按生产工时比例分配，根据所在地政府的规定，公司分别按照职工工资总额的7%、20%、2%、0.8%、1%和10%计提医疗保险费、养老保险费、失业保险费、工伤保险费、生育保险费和住房公积金，缴纳给当地社会保险经办机构和住房公积金管理机构，本月应付工资的资料见表2-3-18。

表2-3-18 某企业工资费用资料 单位：元

车间或部门	用途	金额
基本生产车间	生产工人工资	180 000
	管理人员工资	15 000
机修车间	生产工人工资	26 000
	管理人员工资	12 000
供电车间	生产工人工资	24 400
	管理人员工资	10 000
企业行政部门	管理人员工资	16 000
合计		283 400

【实训任务】

（1）编制工资及费用项目分配表（见表2-3-19）。

（2）编制记账凭证（见表2-3-20）。

表2-3-19

工资及费用项目分配表

年 月

金额单位：元

应借账户		直接计入	分配计入			工资合计	计提费用项目						合计
总账账户及二级账户	明细账户		生产工时	分配率	分配金额		养老	医疗	失业	工伤	生育	住房	
基本生产成本	甲产品												
	乙产品												
辅助生产成本	机修车间												
	供电车间												
	小计												
制造费用	基本生产												
管理费用													
合 计													

表2-3-20

通用记账凭证

记 字第 号

年 月 日

摘 要	总账科目	明细科目	借 方 金 额											贷 方 金 额											√
			亿	千	百	十	万	千	百	十	元	角	分	亿	千	百	十	万	千	百	十	元	角	分	
																									□
																									□
																									□
																									□
																									□
																									□
合 计																									□

附单据 张

会计主管： 记账： 出纳： 复核： 制单：

子项目三　其他要素费用核算

知识目标

1. 掌握外购燃料费用的归集与分配
2. 掌握外购动力费用的归集与分配
3. 掌握累计折旧的归集与分配

技能目标

1. 能编制燃料费用分配表并进行账务处理
2. 能编制动力费用分配表并进行账务处理
3. 能编制累计折旧分配表并进行账务处理

案例导入

动力费用的归集与分配

某企业6月份应付外购电力费用7 500元，按各产品、各部门耗用电的度数进行电费分配。

（1）产品生产直接耗电20 000度，第一基本生产车间照明耗电3 000度，第二基本生产车间耗电2 000度，供水车间耗电3 000度，厂部行政管理部门耗电2 000度。

（2）产品耗电按甲、乙两种产品的工时比例进行分配。甲产品加工8 000小时，乙产品加工1 000小时。

作为企业成本会计人员，应如何填制外购动力费用分配表并做出有关会计分录？

知识讲解

一、外购燃料费用的归集与分配

（一）燃料费用分配的概念

燃料包括固体燃料、液体燃料和气体燃料。燃料在生产过程中有各种不同的用途，其费用分配应视其用途而异，对于直接用于产品生产的燃料，应直接计入各种产品的生产成本；对于生产工艺过程中辅助使用的燃料，原则上也应直接计入产品成本；如果燃料为几种产品共同耗用，应按适当的分配标准在各产品之间进行分配，如按定额耗用量比例、产品数量比例、产品加工工时比例等进行分配；对于各种产品共同耗用不同热量的多种燃料，可按耗用标准量比例进行分配，将不同种类的燃料耗用量换算为相同标准燃料耗用量，再以各种产品耗用的标准燃料耗用量的比例分配。

（二）燃料费用分配的核算

（1）在燃料费用比重较大并与动力费用一起专设“燃料及动力”成本项目的情况下，应增设“燃料”一级账户，并将燃料费用单独进行分配。

（2）直接用于产品生产的燃料费用，应记入“基本生产成本”总账和所属明细账借方的“燃料及动力”成本项目。

（3）车间管理消耗的燃料费用、辅助生产消耗的燃料费用、厂部进行生产经营管理消耗的燃料费用、进行产品销售消耗的燃料费用等，应分别记入“制造费用（基本生产车间）”“辅助生产成本”“管理费用”“销售费用”等账户的费用（或成本）项目。

（4）已领用的燃料费用总额，应记入“燃料”账户的贷方。

【做中学2-3-6】某机械制造有限公司8月份生产的甲、乙两种产品本月共发生燃料费用40 000元，共生产甲产品2 000件、乙产品6 000件，甲产品燃料费用定额为8元，乙产品燃料费用定额为4元。

甲、乙产品应负担的燃料费用计算如下：

燃料费用分配率＝40 000÷（2 000×8＋6 000×4）＝1

甲产品应分摊的燃料费用＝2 000×8×1＝16 000（元）

乙产品应分摊的燃料费用＝6 000×4×1＝24 000（元）

会计分录如下：

借：基本生产成本——甲产品	16 000	
——乙产品	24 000	
贷：燃料		40 000

二、外购动力费用的归集与分配

（一）外购动力费用支出的核算

外购动力费用是指企业在生产经营、管理过程中耗用的从外部购进的各种动力，包括外购的电力、蒸汽、热力等。外购动力费用支出一般分为两种情况核算：

（1）每月支付动力费用的日期基本固定，而且每月付款日到月末的应付动力费用相差不多，将每月支付的动力费用作为应付动力费用，在付款时直接借记各成本、费用账户，贷记“银行存款”账户。

（2）一般情况下要通过“应付账款”账户核算，即在付款时先作为暂付款处理，借记“应付账款”账户，贷记“银行存款”账户，月末按照外购动力的用途分配费用时再借记各成本、费用账户，贷记“应付账款”账户，冲销原来记入“应付账款”账户借方的暂付款。

（二）外购动力费用分配的核算

直接用于产品生产的动力费用应该单独计入产品成本的“燃料及动力”成本项目。

外购动力费用的分配，在有仪表记录的情况下，应根据仪表所示耗用动力的数量以及动力的单价计算；在没有仪表记录的情况下，可按生产工时比例、机器工时比例、定额耗电量比例分配。

外购动力费用的分配通过编制外购动力费用分配表进行。直接用于产品生产，设有“燃料及动力”成本项目的动力费用，应单独记入“基本生产成本”总账账户和所属有关的产品成本明细账的借方；直接用于辅助生产的动力费用、用于基本生产和辅助生产但未专设成本项目的动力费用、用于组织和管理生产经营活动的动力费用，则应分别记入“辅助生产成本”“制造费用”“管理费用”总账账户和所属明细账的借方。

如果生产经营用的燃料和动力没有专门设立成本项目，那么直接用于产品生产的燃料费用和动力费用，可以分别计入“原材料”成本项目和“制造费用”成本项目，作为原材料费用和制造费用进行核算。

【做中学2–3–7】8月份某机械制造有限公司耗电40 000度，每度电的价格为0.4元，应付电费16 000元，未付。该企业基本生产车间耗电33 000度，其中车间照明耗电3 000度，企业行政管理部门耗电7 000度。企业基本生产车间生产A、B两种产品，A产品生产工时36 000小时，B产品生产工时24 000小时。

按所耗电度数分配电力费用，A、B产品按生产工时分配电费的计算如下：

基本生产车间电费 = 33 000 × 0.4 = 13 200（元）

其中：照明用电 = 3 000 × 0.4 = 1 200（元）

行政管理部门用电 = 7 000 × 0.4 = 2 800（元）

A产品电费 = 12 000 ÷ （36 000 + 24 000）× 36 000 = 7 200（元）

B产品电费 = 12 000 ÷ （36 000 + 24 000）× 24 000 = 4 800（元）

编制分配电力费用的会计分录如下：

借：基本生产成本——A产品　　7 200
　　　　　　　　——B产品　　4 800
　　制造费用　　1 200
　　管理费用　　2 800
　　贷：应付账款　　16 000

（三）动力费用分配表的编制

1. 岗位简介

企业成本会计岗位在设置基本生产成本明细账时，可增设“燃料及动力”成本项目，单独反映燃料和动力耗费。

2. 工作流程

动力费用分配工作流程如图2-3-3所示。

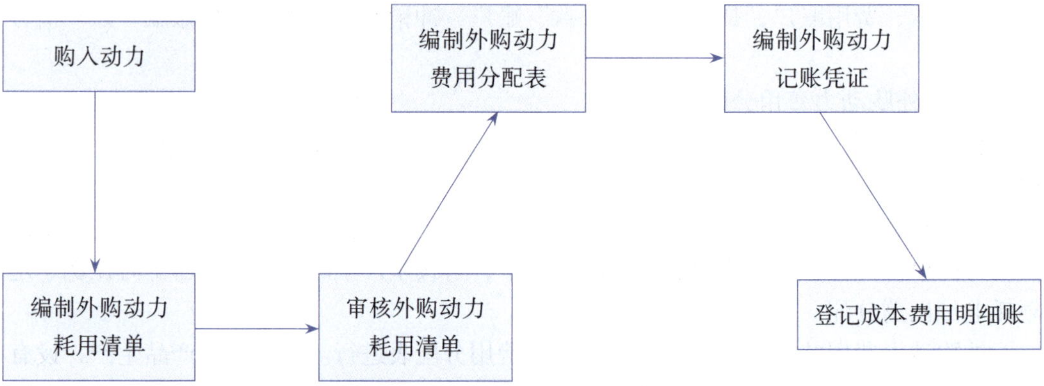

图2-3-3 动力费用分配工作流程

3. 外购动力费用的归集

外购动力一般是根据电表等计量仪器所显示的计量数，按一定的计价标准计算确定消耗的动力费用。这项计算工作是由动力供应单位定期从仪表上抄录用户所耗用的动力数量，计价后，开列账单向耗用企业收取费用。因此，企业将账单上的数额作为外购动力费用支出。如果动力供应单位开出的账单的起讫日期与会计计算期不一致，为了正确计算当月外购费用，也可在月末根据计量器的数据自行计算当月外购动力的实际发生数。但应指出，有些企业使用动力有限额，超过限额部分应加价收款，或减价收款，因此，供应单位开列的账单里用两种不同价格进行计价。

4. 外购动力费用分配表的编制

对于有仪器仪表记录的，外购动力费用按耗用数量和外购动力单价计算；对于没有仪器仪表记录的产品、车间或部门，按一定的分配标准计算分配。外购动力费用分配，是通过编制“外购动力费用分配表”进行的。

【工作实例2-3-4】某机械制造有限公司6月份外购电费共计5 600元，其中：生产车间为生产A、B两种产品共同耗用4 000元，机修车间耗用600元，供水车间耗用200元，生产车间和行政管理部门一般照明等用电分别为300元和500元。A产品的生产工时为7 000小时，B产品的生产工时为9 000小时。电费以银行存款支付。

要求：根据以上资料进行账务处理。

操作步骤：

第一步，编制动力费用分配表（见表2-3-21）。

表2-3-21 动力费用分配表

应借账户		分配标准（生产工时）（小时）	分配率	分配金额（元）
基本生产成本	A产品成本	7 000		1 750
	B产品成本	9 000		2 250
	小　计	16 000	0.25	4 000
辅助生产成本	机修车间	—		600
	供水车间	—		200
	小　计			800
制造费用		—		300
管理费用		—		500
合　计		—		5 600

第二步，编制会计分录。

借：基本生产成本——A产品成本（燃料及动力）　1 750
　　　　　　　　——B产品成本（燃料及动力）　2 250
　　辅助生产成本——机修车间（水电费）　600
　　　　　　　　——供水车间（水电费）　200
　　制造费用——水电费　300
　　管理费用——水电费　500
　　贷：应付账款　5 600

第三步，编制记账凭证（见表2-3-22）。

表2-3-22 记账凭证

2022年6月30日　　　记字第002号

摘要	总账科目	明细科目	借方金额	贷方金额	记账
耗用动力	基本生产成本	A产品	1 750		
	基本生产成本	B产品	2 250		
	制造费用	基本生产车间	300		
	辅助生产成本	机修车间	600		
	辅助生产成本	供水车间	200		
	管理费用	水电费	500		
	应付账款	水电费		5 600	
合计			5 600	5 600	

财务主管：王明　记账：陈静　出纳：　审核：张扬　制单：刘明

三、归集和分配折旧费用和其他费用

（一）折旧计算方法

计算折旧的方法多种多样，采用不同方法，可能出现计算的某一会计期间的折旧费是不相等的，从而影响到该会计期间的产品成本，同时还会影响到固定资产的账面净值，因此必须根据具体情况慎重地选择应用折旧方法。在同一家企业里，由于固定资产用途不同、性能不同，可以选用不同的折旧方法。

例如，电子工业企业的房屋和其他企业房屋一样，可采用平均年限法（直线法），而电子机械、电子仪器、仪表以及配套的计算机等机器设备，则因科学技术发展迅速，为避免其陈旧过时，提前报废不能收回原值而遭受损失，可考虑采用加速折旧法对它们计提折旧。即使是同一种固定资产，由于使用情况不同，也可以考虑选用不同的折旧方法。例如，企业经常使用的机械设备，采用平均年限法计提折旧，而对于某些不经常使用的机械设备（如大型的刨床），可以采用工作量法或产量法等。

1. 平均年限法

平均年限法又称直线法，是指按固定资产使用年限平均计算折旧的一种方法。按照这种方法计算提取的折旧额，在各个使用年份或月份都是相等的，折旧的积累额呈直线上升趋势。其计算公式如下：

$$\text{固定资产年折旧额}=\left[\text{固定资产原价}-\left(\text{预计残值收入}-\text{预计清理费用}\right)\right]\div\text{固定资产预计使用年限}$$

$$\text{固定资产月折旧额}=\text{固定资产年折旧额}\div 12$$

【做中学2-3-8】某机械制造有限公司某项固定资产原价为50 000元，预计使用年限为10年，预计残值收入为3 000元，预计清理费用为1 000元。

固定资产月折旧额计算如下：

固定资产年折旧额＝［50 000－（3 000－1 000）］÷10＝4 800（元）

固定资产月折旧额＝4 800÷12＝400（元）

2. 工作量法

工作量法是根据实际工作量计提折旧额的一种方法。其计算公式如下：

$$\text{每一工作量折旧额}=\left[\text{固定资产原价}\times(1-\text{净残值率})\right]\div\text{预计总工作量}$$

$$\text{某项固定资产月折旧额}=\text{该项固定资产当月的工作量}\times\text{每一工作量折旧额}$$

【做中学2-3-9】某机械制造有限公司有货运卡车一辆，原价为150 000元，预计净残值率为5%，预计总行驶里程为300 000千米，当月行驶里程为5 000千米。

该项固定资产的月折旧额计算如下：

单位里程折旧额＝150 000×（1－5%）÷300 000＝0.475（元）

本月折旧额＝5 000×0.475＝2 375（元）

工作量法也是直线法的一种，只不过它是按照固定资产所完成的工作量来计算每期的折旧额。

3. 双倍余额递减法

双倍余额递减法是按双倍直线法折旧率来计算固定资产折旧的一种方法。它是在不考虑固定资产净残值的情况下，根据每期期初固定资产账面余额和双倍的直线法折旧率来计算固定资产折旧。其计算公式如下：

年折旧率 =（2 ÷ 预计使用年限）× 100%

月折旧率 = 年折旧率 ÷ 12

月折旧额 = 固定资产账面净值 × 月折旧率

由于双倍余额递减法不考虑固定资产的残值收入，因此在使用这种方法时，必须注意：不能使固定资产的账面折余价值降低到它的预计净残值以下。按照现行制度的规定，实行双倍余额递减法计提折旧的固定资产，应当在其固定资产折旧年限到期的前两年，将固定资产净值平均摊销。

【做中学2-3-10】某电子生产企业进口一条生产线，安装完毕后固定资产原价为300 000元，预计净残值为8 000元，预计使用年限5年。

该生产线按双倍余额递减法计算的各年折旧额如下：

双倍直线法折旧率 =（2 ÷ 5）× 100% = 40%

第一年应提折旧 = 300 000 × 40% = 120 000（元）

第二年应提折旧 =（300 000 − 120 000）× 40% = 72 000（元）

第三年应提折旧 =（300 000 − 120 000 − 72 000）× 40% = 43 200（元）

第四年固定资产账面价值 = 300 000 − 120 000 − 72 000 − 43 200 = 64 800（元）

第四、五年应提折旧 =（64 800 − 8 000）÷ 2 = 28 400（元）

每年各月折旧额根据年折旧额除以12来计算。

4. 年数总和法

年数总和法，是将固定资产的原价减去净残值后的净额乘以一个逐年递减的分数来计算每年折旧额的一种方法。这个分数的分子代表固定资产尚可使用的年数，分母代表使用年数的逐年数字总和。其计算公式如下：

年折旧率 = 尚可使用年数 ÷ 预计使用年限的年数总和

年折旧率 =（预计使用年限 − 已使用年限）÷［预计使用年限 ×（预计使用年限 + 1）÷ 2］

月折旧率 = 年折旧率 ÷ 12

月折旧额 =（固定资产原价 − 预计净残值）× 月折旧率

【做中学2-3-11】某电子生产企业进口一条生产线，安装完毕后固定资产原价为100 000元，预计净残值为2 000元，预计使用年限5年。

该生产线按年数总和法计算的各年折旧额如下：

年数总和 = 1 + 2 + 3 + 4 + 5 = 15（年）

固定资产计提折旧基数 = 100 000 − 2 000 = 98 000（元）

第一年折旧率 = 5/15 × 100% = 33%

第一年折旧额 = 98 000 × 33% = 32 340（元）

第二年折旧率 = 4/15 × 100% = 27%

第二年折旧额 = 98 000 × 27% = 26 460（元）

第三年折旧率 = 3/15 × 100% = 20%

第三年折旧额 = 98 000 × 20% = 19 600（元）

第四年折旧率 = 2/15 × 100% = 13%

第四年折旧额 = 98 000 × 13% = 12 740（元）

第五年折旧率 = 1/15 × 100% = 7%

第五年折旧额 = 98 000 × 7% = 6 860（元）

以上几种固定资产的折旧方法中，双倍余额递减法和年数总和法属于加速折旧法。采用加速折旧法后，在固定资产使用的早期多提折旧，后期少提折旧，其递减的速度逐年加快。

（二）折旧费用的确定与归集

折旧费用的确定与归集是准确计算产品成本的条件之一。要做好这项工作，除了选择适当的折旧方法外，还必须搞好以下几项工作：

1. 正确确定应计折旧固定资产的范围和价值

从计提范围看，企业在用的固定资产，包括经营用固定资产、非经营用固定资产、租出固定资产等，一般均应计提折旧，具体范围包括：房屋和建筑物；在用的机器设备、仪器仪表、运输工具；季节性停用、大修理停用的设备；融资租入和以经营租赁方式租出的固定资产。不计提折旧的固定资产包括：未使用、不需用的机器设备；以经营租赁方式租入的固定资产；在建工程项目交付使用以前的固定资产；已提足折旧继续使用的固定资产；未提足折旧提前报废的固定资产；国家规定不提折旧的其他固定资产如土地等。

企业有多种多样的固定资产，但并非所有固定资产都要计提折旧。正确确定应计折旧固定资产的范围及其价值，是正确计算折旧费用的前提。

2. 合理估计固定资产使用年限和净残值

为了正确计算折旧，除了正确地确定固定资产原值外，固定资产使用年限的确定也是一个重要的因素，估计使用年限的长短，直接影响到折旧额的大小，从而影响到产品成本的高低。

由于企业固定资产种类多，使用情况不同，如果由企业、车间组织人员评估使用年限，可能出现同一种类、同一性能的固定资产其评定的使用年限差距很大。为了使企业成本具有可比性，我们国家对主要固定资产的折旧年限即使用年限有统一规定，这是企业计算折旧的依据。此外，计算折旧时，还有两个因素，即残值和清理费用，这两个因素也是估计数，一般净残值（即预计残值-预计清理费用）率按规定可以掌握在3% ~ 5%之间。这些因素的合理确定对于正确计算折旧都是重要的前提条件。

3. 采用适合的折旧率计算折旧

企业的固定资产，从理论上讲，可以用个别折旧率、分类折旧率和综合折旧率计提折旧。但在实际工作中就必须附有条件地，从实际出发，合理选择其中的一些方法予以应用。这对准确计算产品成本费用，也是一个重要的因素。

个别折旧率是指对每一项固定资产确定的折旧率。采用这种折旧率计算折旧费用时，要分别按每一项固定资产的原始价值与折旧率相乘，单独计算其折旧费用，然后按一定类别以及全企业固定资产汇总出某一时期的折旧费用。采用个别折旧率，计算汇总的折旧费用比较准确，但工作量大。为了简化核算手续，有的企业就采用分类折旧率进行计算。

分类折旧率是指按固定资产类别来确定折旧率的一种方法。采用分类折旧率是将固定资产的条件和使用情况（如可使用年数、估计净残值、清理费用以及工作班次等）大体相同或相似的归为一类，按类确定折旧率。这与个别折旧率差别不大，但可以减少工作量。我国目前大多数企业都采用这种折旧率计提折旧。

综合折旧率是指全企业或全部门所有固定资产使用同一个折旧率。这种折旧率，一般是根据历史资料，将企业或部门历史上全部固定资产的折旧费用总额除以相应的全部固定资产原价总额而计算求得的。计算各期折旧费用时，就以应计提折旧的固定资产原价总额（总和）乘以综合折旧率，求得各期的折旧费用。采用这种折旧率计算方便，工作量小，但在固定资产结构复杂、使用状况多变的情况下，折旧费的计算相对不够准确。过去我国曾在某一行业企业统一使用这种折旧率。

4. 其他费用的归集和分配

广义的其他费用是指上述各项费用以外的费用，主要包括修理费、差旅费、邮电费、保险费、劳动保护费、运输费、水电费、技术转让费、业务招待费。这些费用有些构成产品成本，有些则作为期间费用核算。

在核算原理上，这些费用发生时，根据有关付款凭证，按照费用的用途进行归类，分别记入“辅助生产成本”“制造费用”“管理费用”“销售费用”等科目。

【做中学2-3-12】甲公司本月以存款支付各部门费用如下：供电车间210元，基本生产车间360元，企业管理部门1 560元，销售部门300元，应由以后月份负担的费用3 000元。

甲公司账务处理如下：

借：辅助生产成本——供电车间	210	
制造费用	360	
销售费用	300	
管理费用	1 560	
长期待摊费用	3 000	
贷：银行存款		5 430

（三）折旧费用分配表的编制

1. 岗位简介

固定资产核算岗位在成本核算岗位中是比较重要的，负责进行固定资产的取得、持有、处置等日常核算，并按使用情况编制固定资产折旧计算表，月末将固定资产折旧计算表传递至成本核算岗位，进行成本核算。

2. 工作流程

固定资产核算岗位工作流程如图2-3-4所示。

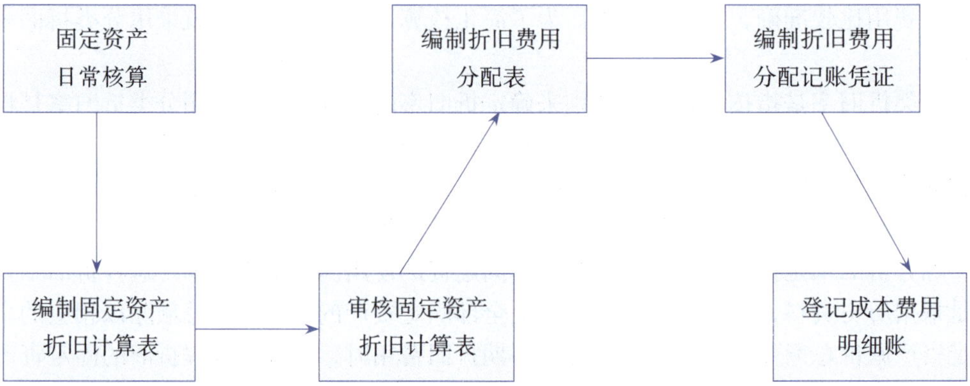

图2-3-4 固定资产核算岗位工作流程

3. 说明

固定资产核算岗位首先对固定资产折旧计算表进行审核，监督固定资产使用的合法性、合理性，按固定资产的使用部门结合用途进行汇总后，编制折旧费用分配表，分配计入产品成本和期间费用。根据折旧费用分配表编制记账凭证，经审核后登记成本费用明细账。

4. 折旧费用的分配去向

企业的各个车间生产的零部件或产品不同，各部门服务的对象和职责不同，其配备的机器设备等也不相同，折旧费用必须按车间、部门进行归集，以便分别计算车间、部门的有关产品成本费用。

由于折旧费用在产品成本中所占的比重不大，一般都把它作为间接费用处理，按它的经济用途和使用地点计入有关综合费用。比如基本生产车间所使用固定资产的折旧费用，应计入制造费用明细账中的折旧费项目；辅助生产车间所使用固定资产的折旧费用，应计入辅助生产成本明细账中的有关项目；企业行政部门所使用固定资产的折旧费，应计入管理费用明细账中的折旧费项目；销售部门所使用固定资产的折旧费，应计入产品销售费用明细账中的有关项目。

5. 注意事项

固定资产月折旧额按月初固定资产的原值和规定的折旧率计算，即月份内开始使用的固定资产，当月不提折旧，从下月起计提折旧；月份内减少或停用的固定资产，当月仍计提折旧，从下月起停止计提折旧。本月应计提的折旧费通常是以上月计提的折旧费为基础，加上或减去上月增、减变动的固定资产对本月折旧费的影响后计算的。

【工作实例2-3-5】车间、部门折旧费用的归集，通常是采用折旧计提表的形式进行的。某机械制造有限公司6月折旧费用分配表见表2-3-23。

要求：根据上述资料进行账务处理。

操作步骤：

第一步，根据折旧费用分配表，编制会计分录。

表2-3-23　　6月折旧费用分配表　　单位：元

应借账户	使用单位	月初固定资产原值	折旧额
辅助生产成本	锅炉车间	2 400 000	60 000
	机修车间	3 600 000	90 000
	小　计	6 000 000	150 000
制造费用	基本生产车间	9 000 000	390 000
管理费用	行政管理部门	4 500 000	112 500
销售费用	销售部门	1 200 000	30 000
合　计		2 070 000	682 500

借：辅助生产成本——锅炉车间　60 000
　　　　　　　——机修车间　90 000
　　制造费用——基本生产车间　390 000
　　管理费用　112 500
　　销售费用　30 000
　　贷：累计折旧　682 500

第二步，编制记账凭证（见表2-3-24）。

表2-3-24　　记 账 凭 证

2022年6月30日　　记字第005号

摘要	总账科目	明细科目	借方金额	贷方金额	记账
折旧费用	辅助生产成本	锅炉车间	60 000		
		机修车间	90 000		
	制造费用	基本车间	390 000		
	管理费用		112 500		
	销售费用		30 000		
	累计折旧			682 500	
合计			682 500	682 500	

财务主管：王明　　记账：陈静　　出纳：　　审核：王海　　制单：张杰

知识巩固

一、单项选择题

1.在企业未设置“燃料及动力”成本项目的情况下，生产车间发生的直接用于产品生产的动力费用，应借记的账户是（　　）。

A.“管理费用”　　B.“基本生产成本”

C.“生产费用”　　D.“制造费用”

2.企业支付外购动力费用时，一般应借记（　　）账户，贷记“银行存款”账户。

A.“应付账款”　　B.“生产成本”和“制造费用”等

C.“预付账款”　　D.“应收账款”

3.基本生产车间本期应负担照明电费1 800元，应记入（　　）账户。

A.“基本生产成本”（燃料动力）　　B.“制造费用”（水电费）

C.“辅助生产成本”（水电费）　　D.“管理费用”（水电费）

4.某固定资产使用年限为5年，在采用年数总和法计提折旧的情况下，第一年的年折旧率为（　　）。

A.20%　　B.33%　　C.40%　　D.50%

5.某固定资产原值为250 000元，预计净残值为6 000元，预计可使用8年，按照双倍余额递减法计算，第二年应提取的折旧为（　　）元

A.46 875　　B.45 750　　C.61 000　　D.30 500

6.某项固定资产原值为40 000元，预计净残值为2 000元，折旧年限为4年，采用年数总和法计提折旧，则第三年折旧额为（　　）元。

A.7 600　　B.8 000　　C.3 800　　D.12 000

7.一台机器设备原值为80 000元，估计净残值为8 000元，预计可使用12年，按直线法计提折旧，则第二年应计提的折旧为（　　）元。

A.6 600　　B.6 000　　C.7 000　　D.8 000

8.下列各项，计提固定资产折旧时通常不考虑的是（　　）。

A.固定资产原值　　B.固定资产预计净残值

C.固定资产使用年限　　D.固定资产实际净残值

9.某企业2021年5月期初固定资产原值为100 000万元，5月增加了一项固定资产，入账价值为500万元；同时5月份减少了固定资产原值600万元。则5月份该企业应提折旧的固定资产原值为（　　）万元。

A.100 000　　B.100 500　　C.99 900　　D.99 400

10.下列各项初期不需要考虑固定资产净残值的方法是（　　）。

A.工作量法　　B.平均年限法　　C.双倍余额递减法　　D.年数总和法

二、多项选择题

1.下列各项属于加速折旧法的有（　　）。

A.平均年限法　　B.工作量法　　C.双倍余额递减法　　D.年数总和法

2.下列各项应计提折旧的有（　　）。

A.融资租赁方式租入的固定资产

B.按规定单独估价作为固定资产入账的土地

C.以经营租赁方式租出的固定资产

D.以经营租赁方式租入的固定资产

3.企业计算固定资产折旧的主要依据有（　　）。

A.固定资产的使用年限　　B.固定资产的原值

C.固定资产的净残值　　D.固定资产的使用部门

4.按照现行会计制度的规定，企业可以采用的固定资产折旧方法有（　　）。

A.工作量法　　B.平均年限法　　C.年数总和法　　D.双倍余额递减法

三、判断题

1.对于直接用于产品生产的燃料费用和动力费用，既可以单独计入产品成本的“燃料和动力”成本项目，也可以分配计入“原材料”成本项目和“制造费用”成本项目。（　　）

2.当燃料费用在产品成本中所占比重较大时，应与动力费用合并设立“燃料及动力”成本项目。（　　）

3.实行双倍余额递减法计提折旧的固定资产，应当在该固定资产折旧年限到期前两年内，将该固定资产净值（扣除净残值）平均摊销。（　　）

4.加速折旧法与平均年限法相比，并非缩短使用寿命，只是前期计提的折旧多，后期计提的折旧少，体现了谨慎性原则。（　　）

5.固定资产折旧方法的选用应当遵循一贯性原则。（　　）

6.某设备原价为90 000元，预计净残值为2 700元，预计可以使用15 000小时，实际使用12 000小时，其中第五年实际使用3 000小时，采用工作量法第五年应提折旧为17 460元。（　　）

7.已达到预定可使用状态尚未办理竣工决算的固定资产，应当按照估计价值确定其成本，并计提折旧；待办理竣工决算后，再按实际成本调整原来的暂估价值，同时需要调整原已计提的折旧额。（　　）

技能训练

【实训目的】

通过实训使学生掌握固定资产增减及折旧核算的方法与操作技能；了解固定资产折旧的有关规定。

【实训内容】

（1）掌握固定资产增减的核算；

（2）掌握固定资产折旧核算的方法与操作技能；

（3）进行固定资产折旧账务处理。

【实训资料】

（1）华盛有限责任公司2022年6月份发生的各项经济业务如图2-3-5、图2-3-6和表2-3-25所示。

中国工商银行
转账支票存根

支票号码 X Ⅱ 11494775
科　　目
对方科目
出票日期 2022年6月2日

收款人：	东海市东宁有限责任公司
金　额：	¥5 650.00
用　途：	购买传感器

单位主管 张玉　会计 李成

图2-3-5　转账支票存根

东海市增值税专用发票　NO00626557

开票日期：2022年6月2日

购买方	名　　称：东海市华盛有限责任公司 纳税人识别号：350603001112228 地 址 、 电 话：东海市香港路388号 开户行及账号：工行16030058363803366	密码区	

货物或应税劳务、服务名称	规格型号	单位	数量	单价	金额	税率	税额
*工程机械*传感器*	A型	台	1	5 000.00	5 000.00	13%	650.00
合计					¥5 000.00		¥650.00
价税合计（大写）	⊗伍仟陆佰伍拾元整				（小写）¥5 650.00		

销售方	名　　称：东海市东宁有限责任公司 纳税人识别号：350603001113336 地 址 、 电 话：东海市长江路251号 开户行及账号：工行16030058363807788	备注	

收款人：周静　复核：张斌　开票人：王强　销售方（章）

第二联：发票联　购买方记账凭证

图2-3-6　增值税专用发票

表2-3-25

新增财产验收单

单位名称：华盛有限责任公司　　　　　2022年6月2日

<table>
<tr><td>设备名称</td><td>型号</td><td colspan="2">供应商或厂家</td><td colspan="2">出厂日期</td><td>使用年月</td><td>使用单位</td></tr>
<tr><td>传感器</td><td>A型</td><td colspan="2">东海市东宁有限责任公司</td><td colspan="2">2022.06.01</td><td>2022.06.03</td><td>生产车间</td></tr>
<tr><td colspan="2">厂总负责人</td><td>安装部门</td><td colspan="3">验收部门负责人</td><td colspan="2">预计使用年限 10年</td></tr>
<tr><td colspan="2">张玉</td><td>王晓辉</td><td>周小波</td><td></td><td></td><td colspan="2">原值5 000元</td></tr>
</table>

（2）某项固定资产，原值为600 000元，预计使用年限为5年，预计净残值为24 000元。按双倍余额递减法计提折旧额。

【实训任务】

（1）编制固定资产增加记账凭证（见表2-3-26）。

表2-3-26

记 账 凭 证

2022年6月2日　　　　　　　　　　记字第　号

摘要	总账科目	明细科目	借方金额	贷方金额	记账
合计					

财务主管：　　　　记账：　　　　出纳：　　　　审核：　　　　制单：

（2）根据上述资料编制固定资产折旧计算表（见表2-3-27）。

表2-3-27

固定资产折旧计算表

年限	折旧基数（年初净值）	折旧率	年折旧额	累计折旧额	期末所余价值（年末净值）
0					
1					
2					
3					
4					
5					

项目四 辅助生产费用核算

知识目标

1. 掌握辅助生产费用的归集
2. 掌握辅助生产费用的分配方法

技能目标

1. 能根据工作实际业务运用直接分配法编制分配表并进行账务处理
2. 能根据工作实际业务运用交互分配法编制分配表并进行账务处理
3. 能根据工作实际业务运用顺序分配法编制分配表并进行账务处理
4. 能根据工作实际业务运用计划成本分配法编制分配表并进行账务处理
5. 能根据工作实际业务运用代数分配法编制分配表并进行账务处理

案例导入

辅助生产费用的归集与分配

张强2022年6月从东方财经大学会计学院毕业，在招聘会上被某机械制造公司录用为成本会计员。该公司新增加了一个辅助生产车间，即供气车间，该车间主要生产蒸汽，用的燃料是原煤。生产的蒸汽主要由机械加工、冲压、供电、修理等车间使用。其他部门使用的较少。该公司过去辅助生产车间主要是供电车间和修理车间。本月份供气车间共发生费用800 000元，供电车间发生费用1 200 000元，修理车间发生费用900 000元，各辅助生产车间提供的劳务及耗用单位情况见表2-4-1。

表2-4-1　各辅助生产车间提供的劳务及耗用单位情况

耗用劳务单位	供气车间（立方米）	供电车间（度）	修理车间（小时）
供气车间	—	10 000	12 000
供电车间	20 000	—	4 000
修理车间	5 000	25 000	—

续表

耗用劳务单位		供气车间（立方米）	供电车间（度）	修理车间（小时）
第一车间	产品耗用	30 000	50 000	68 000
	一般耗用	4 000	26 000	2 000
第二车间	产品耗用	1 000	60 000	13 000
	一般耗用	1 500	18 000	9 000
行政管理部门		2 000	17 000	7 000
设备自建工程		1 500	14 000	5 000
合计		65 000	220 000	120 000

财务部门领导向张强提出了如下几个方面的问题要求其解答：

（1）原来企业采用直接分配法分配辅助生产费用，这种分配方法是否合适？有什么优缺点？

（2）新增加了一个辅助生产车间是否需要对辅助生产费用分配方法进行改变？

（3）若需要改变辅助生产费用分配方法，采用什么方法比较合适？请提供几种方案供领导决策时选择。

上述问题主要涉及了工业企业的辅助生产，因此必须了解辅助生产和辅助生产费用，并熟练掌握辅助生产费用的归集，辅助生产费用的直接分配法、顺序分配法、交互分配法、代数分配法和计划成本分配法等方法才能得以解决。

知识讲解

子项目一　辅助生产费用的归集

一、辅助生产及其费用的概念

辅助生产是指主要为基本生产车间、企业行政管理部门等单位服务而进行的产品生产和劳务供应。有时也对外销售和服务。

辅助生产费用是指企业所属辅助生产部门为生产提供工业性产品和劳务所发生的各种辅助生产费用。辅助生产费用按费用发生时能否确定费用的实际数额可以分为以下两种情况：

（1）费用发生时能确定其实际数额的费用，这部分费用有：辅助生产耗用的各种要素费用，如原材料、燃料、外购动力、低值易耗品、折旧、工资、福利费、修理费等费用。这些费用能及时地根据各种费用分配表归集到“辅助生产成本”账户中。

（2）费用发生时不能确定其实际数额的费用，这部分费用主要是辅助生产车间耗用其他辅助生产车间的产品或劳务而应负担的费用。

二、辅助生产费用的归集

为了归集所发生的辅助生产费用，应设置“辅助生产成本”或“生产成本——辅助生产成本”科目，按辅助生产车间及其生产的产品、劳务的种类进行明细核算（即辅助生产成本明细账）。

辅助生产费用在发生的时候已经通过前面各节费用要素分配归集到了“辅助生产成本”总账及其有关明细账户，这里仅对辅助生产费用归集的程序进行简单的归纳。辅助生产费用的归集程序取决于辅助生产部门的生产特点。

在只生产一种产品或提供单一劳务的辅助生产部门，其所发生的费用都属于直接费用，因而在发生时可直接计入该产品或劳务的有关成本项目，因此，其成本归集的程序比较简单。

在提供多品种产品或劳务的辅助生产部门，所发生的费用需由两个或两个以上的产品或劳务负担，需将共同费用在不同的受益对象间进行分配。

由于辅助生产车间所生产的产品和提供劳务的种类不同，归集费用转出和分配的程序方法也不一样。辅助生产车间所生产的工具、模具、修理备用件等产品的成本，应在完工入库时，计算并结转为存货成本，即从“辅助生产成本”科目的贷方转入“原材料”“低值易耗品”等科目的借方，或转入“制造费用”、“管理费用”和“销售费用”等有关科目的借方。辅助生产车间提供的不能入库的产品和劳务，如电、水、修理和运输等发生的费用，需在各受益对象之间按照受益数量或其他有关比例进行分配。分配时应从“辅助生产成本”科目和所属明细账的贷方，转入“基本生产成本”“制造费用”“管理费用”“销售费用”“在建工程”等科目的借方。

三、辅助生产费用的分配方法

制造企业辅助生产部门为生产部门提供劳务和产品而发生的费用，应当参照生产成本项目归集，并按照合理的分配标准分配计入各成本核算对象的生产成本。辅助生产部门之间互相提供的劳务、作业成本，应当采用合理的方法，进行交互分配。互相提供劳务、作业不多的，可以不进行交互分配，直接分配给辅助生产部门以外的受益单位。

由于辅助生产车间提供的可能是产品，也可能是劳务，所以核算的方法也不太一样。若提供的是产品，其核算类似于基本生产车间的产品；若提供的有劳务，则应根据辅助生产车间所提供的产品或劳务的数量及其受益单位和程序等情况的不同采用适当的方法进行分配。通常采用的方法包括直接分配法、交互分配法、计划成本分配法、顺序分配法和代数分配法等。

知识巩固

多项选择题

1.关于辅助生产成本的归集，下列说法正确的有（ ）。

A.可以直接通过“辅助生产成本”科目进行归集

B.应该通过“制造费用”科目进行归集，然后转入“辅助生产成本”科目，最后进行分配

C.辅助生产成本可以先记入“制造费用”科目及所属明细账的借方进行归集，然后从其贷方直接转入或分配转入“辅助生产成本”科目及所属明细账的借方

D.可以通过制造费用进行归集

2.下列各项属于对归集的辅助生产成本进行分配的方法有（ ）。

A.直接分配法 B.交互分配法 C.计划成本分配法 D.顺序分配法

子项目二 辅助生产费用的分配

一、直接分配法

（一）直接分配法的工作原理

直接分配法是指将各辅助生产车间发生（归集）的费用，直接分配给各辅助生产车间以外的各受益单位，而对于各辅助生产车间相互提供产品和劳务的费用则不进行分配。

（二）直接分配法计算公式

$$\text{某产品或劳务的分配率}=\text{该辅助生产车间待分配费用}\div\text{各受益单位耗用产品或劳务的总额}$$

$$\text{某受益单位应分配的费用}=\text{该单位耗用产品或劳务的总量}\times\text{某种产品或劳务的分配率}$$

（三）适用范围

在直接分配法下，各辅助生产车间只对辅助生产车间以外的受益单位分配一次费用，所以采用这种方法计算较为方便，但由于各辅助生产车间的分配费用不完整，因而分配结果不是很准确。该方法一般只在各辅助生产车间相互提供劳务不多，不进行交互分配对辅助生产成本和企业产品成本准确性影响不大时采用。

【做中学2-4-1】某机械制造有限公司有一个基本生产车间，生产丙产品，并设有供水和供电两个辅助生产车间，其中供水车间成本总额为20 650元，供电车间成本总额为47 400元。产品、劳务供应情况见表2-4-2。用直接分配法分配辅助生产费用。

表2-4-2 产品、劳务供应情况

供应对象		供水数量（立方米）	供电数量（度）
基本生产——丙产品			103 000
基本生产车间		205 000	80 000
辅助生产车间	供电车间	100 000	
	供水车间		30 000
行政管理部门		80 000	12 000
专设销售机构		28 000	5 000
合计		413 000	230 000

分配过程及结果如下：

（1）供水车间费用分配率＝20 650÷（413 000－100 000）＝0.066

供电车间费用分配率＝47 400÷（230 000－30 000）＝0.237

（2）基本生产车间应承担水费＝205 000×0.066＝13 530（元）

行政管理部门应承担水费＝80 000×0.066＝5 280（元）

专设销售机构应承担水费①＝28 000×0.066＝1 840（元）

基本生产丙产品应承担电费＝103 000×0.237＝24 411（元）

基本生产车间应承担电费＝80 000×0.237＝18 960（元）

行政管理部门应承担电费＝12 000×0.237＝2 844（元）

专设销售机构应承担电费＝5 000×0.237＝1 185（元）

（四）岗位分析

1.岗位简介

辅助生产费用分配岗位，主要从事辅助生产车间所归集费用的分配工作，辅助生产费用虽不是三个主要成本项目之一，但这部分费用在产品成本中同样占有很重要的地位，对它分配的正确性直接影响产品成本的准确性。

辅助生产车间成本费用的核算分两种情况：一种是直接对辅助生产车间以外的部门提供产品或劳务；一种是生产工具、模具等的辅助生产车间。

2.工作流程

（1）直接对外提供产品或劳务的辅助生产费用分配流程如图2-4-1所示。

分配流程如下：先根据材料费用分配表及职工薪酬分配表等填制记账凭证并将辅助生产车间的费用登记到辅助生产成本明细账上，然后根据辅助生产成本明细账归集的数据以及辅助生产车间提供劳务及工时等数据编制辅助生产费用分配表，并填制记账凭证，登记相关明细账。

（2）生产工具、模具的辅助生产车间费用分配流程如图2-4-2所示。

① 计算有尾差。

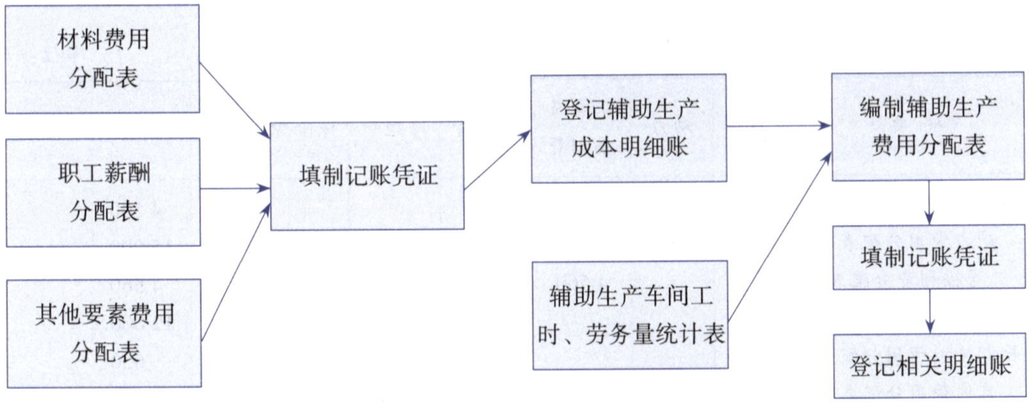

图2-4-1　辅助生产费用分配流程图

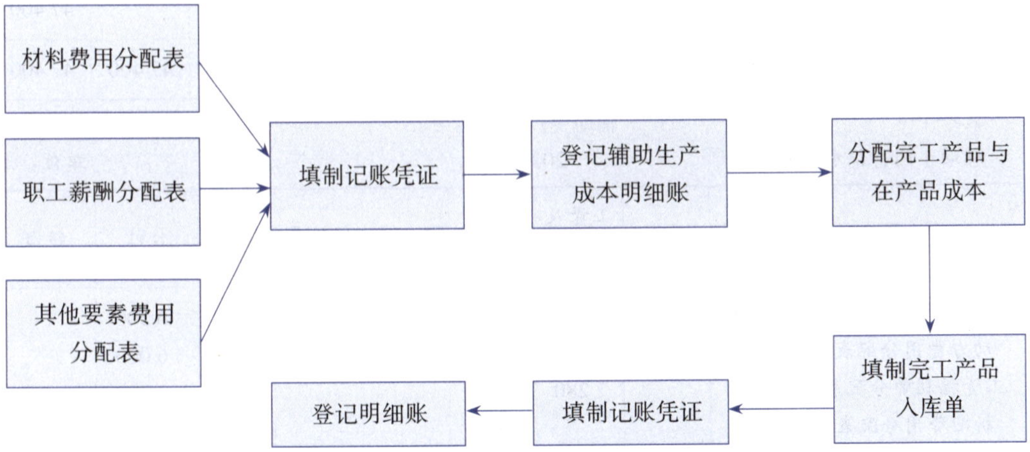

图2-4-2　辅助生产车间费用分配流程图

分配流程如下：先根据材料费用分配表及职工薪酬分配表等填制记账凭证并将辅助生产车间的费用登记到辅助生产成本明细账，月末根据辅助生产车间归集的费用及产品数量分配完工产品与在产品成本，填制完工产品入库单，并填制凭证，登记明细账。

【提示】后面所学的交互分配法、计划成本分配法、顺序分配法、代数分配法岗位设置相同。

（五）辅助生产费用的归集

辅助生产费用的归集（包括分配）是通过“辅助生产成本”科目进行的。

辅助生产发生的各项费用，经过前已述及的各项要素费用的分配，以及摊提费用的分配，已经全部归集在“辅助生产成本”总账科目的借方及所属明细科目的有关项目。

【做中学2-4-2】某机械制造有限公司月末对各项要素费用进行分配，已经全部归集在“辅助生产成本”总账科目的借方及所属明细科目的有关项目。供电和供水车间的辅助生产成本明细账见表2-4-3和表2-4-4。

表2-4-3 辅助生产成本明细账

辅助车间：供电车间　　2022年6月　　单位：元

摘要	原材料	动力	工资及福利费	折旧费	修理费	保险费	其他	合计	转出
原材料费用分配表	4 500							4 500	
动力费用分配表		15 000						15 000	
工资福利费分配表			4 560					4 560	
折旧费用分配表				12 000				12 000	
长期待摊费用分配表						650		650	
其他费用分配表					5 400		5 290	10 690	
辅助生产费用分配表									47 400
合计	4 500	15 000	4 560	12 000	5 400	650	5 290	47 400	47 400

表2-4-4 辅助生产成本明细账

辅助车间：供水车间　　2022年6月　　单位：元

摘要	原材料	动力	工资及福利费	折旧费	修理费	保险费	其他	合计	转出
原材料费用分配表	6 500							6 500	
动力费用分配表		6 000						6 000	
工资福利费分配表			2 280					2 280	
折旧费用分配表				2 000				2 000	
长期待摊费用分配表						600		600	
其他费用分配表					1 600		1 670	3 270	
辅助生产费用分配表									20 650
合计	6 500	6 000	2 280	2 000	1 600	600	1 670	20 650	20 650

（六）辅助生产费用分配表的编制及账务处理

微课

用直接分配法编制分配表

实际工作中，辅助生产费用分配是通过编制辅助生产费用分配表进行的。

【工作实例2-4-1】沿用【做中学2-4-1】的资料。

要求：采用直接分配法编制辅助生产费用分配表。

操作步骤：

第一步，编制辅助生产费用分配表（见表2-4-5）。

表2-4-5 辅助生产费用分配表（直接分配法）

2022年6月 金额单位：元

辅助生产车间名称			供水车间	供电车间	金额合计
待分配费用			20 650	47 400	68 050
辅助生产车间以外单位受益劳务量			313 000	200 000	—
费用分配率（单位成本）			0.066	0.237	—
基本生产丙产品耗用	应借“基本生产成本”	数量	—	103 000	—
		金额		24 411	24 411
基本生产车间耗用	应借“制造费用”	数量	205 000	80 000	—
		金额	13 530	18 960	32 490
行政管理部门耗用	应借“管理费用”	数量	80 000	12 000	—
		金额	5 280	2 844	8 124
专设销售机构耗用	应借“销售费用”	数量	28 000	5 000	—
		金额	1 840	1 185	3 025
分配金额合计			20 650	47 400	68 050

第二步，根据表2-4-5编制会计分录如下：

借：基本生产成本——丙产品 24 411
　　制造费用——基本生产车间 32 490
　　管理费用 8 124
　　销售费用 3 025
　　贷：辅助生产成本——供水车间 20 650
　　　　　　　　　——供电车间 47 400

第三步，编制记账凭证（见表2-4-6）。

表2-4-6 记账凭证

2022年6月30日 记字第0301号

摘要	总账科目	明细科目	借方金额	贷方金额	记账
辅助生产费用分配	基本生产成本	丙产品	24 411		
	制造费用	基本生产车间	32 490		
	管理费用		8 124		
	销售费用		3 025		
	辅助生产成本	供水车间		20 650	
		供电车间		47 400	
合计			68 050	68 050	

财务主管：王明　记账：陈静　出纳：　审核：王海　制单：张杰

二、交互分配法

（一）交互分配法的工作原理

交互分配法是指将辅助生产车间发生的费用分两步进行分配：第一步，在各辅助生产车间之间先进行交互分配；第二步，将各辅助生产车间发生的费用，加上交互分配转入的费用，减去交互分配转出的费用，然后对辅助生产车间以外的受益单位进行分配。

（二）交互分配法的计算公式

1.交互分配前某产品或劳务的分配率

交互分配前某产品或劳务的分配率 = 该辅助车间交互分配前的费用 ÷ 各受益单位耗用产品或劳务的总量

2.某辅助生产车间应分配的其他辅助生产费用

某辅助生产车间应分配的其他辅助生产费用 = 该辅助生产车间耗用的产品或劳务数量 × 交互分配前该产品或劳务的分配率

3.某辅助生产车间交互分配后的实际费用

某辅助生产车间交互分配后的实际费用 = 该辅助生产车间交互分配前的费用 + 该车间交互分配转入的费用 − 该车间交互分配转出的费用

4.交互分配后某产品或劳务的分配率

交互分配后某产品或劳务的分配率 = 该辅助生产车间交互分配后的实际费用 ÷ 辅助生产车间以外受益单位耗用产品或劳务的总量

【做中学2-4-3】沿用【做中学2-4-1】的资料，运用交互分配方法分配如下：

（1）对内交互分配。

①对内交互分配率的计算：

供水车间交互分配率 = 20 650 ÷ 413 000 = 0.05

供电车间交互分配率 = 47 400 ÷ 230 000 = 0.21

②对内交互分配额的计算：

供电车间向供水车间的交互分配额 = 30 000 × 0.21 = 6 300（元）

供水车间向供电车间的交互分配额 = 100 000 × 0.05 = 5 000（元）

③交互分配后各辅助生产车间费用额的计算：

供水车间交互分配后的费用额 = 20 650 + 6 300 − 5 000 = 21 950（元）

供电车间交互分配后的费用额 = 47 400 + 5 000 − 6 300 = 46 100（元）

（2）对外分配。

①对外分配率的计算：

供水车间对外分配率 = 21 950 ÷（413 000 − 100 000） = 0.0701

供电车间对外分配率 = 46 100 ÷（230 000 − 30 000） = 0.2305

②供水车间对外分配额的计算：

基本生产车间应承担水费 = 205 000 × 0.0701 = 14 370.50（元）

行政管理部门应承担水费 = 80 000 × 0.0701 = 5 608（元）

专设销售机构应承担水费 = 28 000 × 0.0701 = 1 971.50（元）

③供电车间对外分配额的计算：

基本生产丙产品应承担电费 = 103 000 × 0.2305 = 23 741.50（元）

基本生产车间应承担电费 = 80 000 × 0.2305 = 18 440（元）

行政管理部门应承担电费 = 12 000 × 0.2305 = 2 766（元）

专设销售机构应承担电费 = 5 000 × 0.2305 = 1 152.50（元）

（三）适用范围

采用交互分配法，由于在辅助生产车间内部先进行了交互分配，因而，弥补了直接分配法的不足，提高了辅助生产费用分配的准确性。但由于采用交互分配法需计算两次分配率，进行两次分配，从而使得分配计算的工作量有所增加。因此，交互分配法适用于各辅助生产车间之间相互提供产品或劳务较多的企业。

（四）编制辅助生产费用分配表

实际工作中，辅助生产费用分配是通过编制辅助生产费用分配表进行的。

微课

用交互分配法编制分配表

【工作实例2-4-2】沿用【做中学2-4-1】的资料。

要求：采用交互分配法编制辅助生产费用分配表。

操作步骤：

第一步，进行对内分配。

（1）编制对内辅助生产费用分配表（见表2-4-7）。

表 2-4-7　　对内辅助生产费用分配表（交互分配法）

2022年6月　　金额单位：元

项目			交互分配			对外分配		
辅助生产车间			供水车间	供电车间	合计	供水车间	供电车间	合计
待分配费用			20 650	47 400				
劳务数量			413 000	230 000				
费用分配率			0.05	0.21				
辅助生产费用	供水车间	数量		30 000				
		金额		6 300				
	供电车间	数量	100 000					
		金额	5 000					
	金额小计		21 950	46 100	68 050			
基本生产丙产品耗用	数量							
	金额							
基本生产车间耗用	数量							
	金额							
行政管理部门耗用	数量							
	金额							
专设销售机构耗用	数量							
	金额							
分配金额合计								

（2）编制对内交互分配会计分录。

借：辅助生产成本——供水车间　　6 300
　　　　　　　　——供电车间　　5 000
　贷：辅助生产成本——供电车间　　6 300
　　　　　　　　　——供水车间　　5 000

（3）编制对内分配记账凭证（见表2-4-8）。

表2-4-8　　记 账 凭 证

2022年6月30日　　记字第0302号

摘要	总账科目	明细科目	借方金额	贷方金额	记账
对内分配	辅助生产成本	供水车间	6 300		
		供电车间	5 000		
	辅助生产成本	供水车间		5 000	
		供电车间		6 300	
合计			11 300	11 300	

财务主管：王明　　记账：陈静　　出纳：　　审核：王海　　制单：张杰

第二步，进行对外分配。

（1）编制对外辅助生产费用分配表（见表2-4-9）。

表 2-4-9　　辅助生产费用分配表（交互分配法）

2022年6月　　金额单位：元

项目			交互分配			对外分配		
辅助生产车间			供水车间	供电车间	合计	供水车间	供电车间	合计
待分配费用			20 650	47 400	68 050	21 950	46 100	
劳务数量			413 000	230 000		313 000	200 000	
费用分配率			0.05	0.21		0.0701	0.2305	
辅助生产费用	供水车间	数量		30 000				
		金额		6 300				
	供电车间	数量	100 000					
		金额	5 000					
	金额小计		5 000	6 300	11 300			
基本生产丙产品耗用	数量						103 000	
	金额						23 741.50	23 741.50
基本生产车间耗用	数量					205 000	80 000	
	金额					14 370.50	18 440	32 810.50
行政管理部门耗用	数量					80 000	12 000	
	金额					5 608	2 766	8 374
专设销售机构耗用	数量					28 000	5 000	
	金额					1 971.50	1 152.50	3 124
分配金额合计								68 050

（2）编制对外分配会计分录。

借：基本生产成本——丙产品 23 741.50
　　制造费用——基本生产车间 32 810.50
　　管理费用 8 374
　　销售费用 3 124
　　贷：辅助生产成本——供水车间 21 950
　　　　　　　　　——供电车间 46 100

（3）编制对外分配记账凭证（见表2-4-10）。

表2-4-10 记账凭证

2022年6月30日 记字第3030号

摘要	总账科目	明细科目	借方金额	贷方金额	记账
对外分配	基本生产成本	丙产品	23 741.50		
	制造费用	基本生产车间	32 810.50		
	管理费用		8 374		
	销售费用		3 124		
	辅助生产成本	供水车间		21 950	
		供电车间		46 100	
合计			68 050	68 050	

财务主管：王明　记账：陈静　出纳：　审核：王海　制单：张杰

三、计划成本分配法

（一）计划成本分配法的工作原理

计划成本分配法是指企业按照事先确定的计划单位成本，以及辅助生产车间为所有受益单位提供产品或劳务的数量，计算分配辅助生产费用的一种方法。

（二）计划成本分配法的计算公式

采用计划成本分配法分配费用时，需要分两个步骤进行：

第一步，根据各单位接受产品或劳务的数量，分别乘以计划单位成本，计算分配各受益单位的分配金额。

$$\text{某受益单位应分配的辅助生产费用} = \text{该辅助生产计划单位成本} \times \text{该受益单位接受辅助生产的劳务数量}$$

第二步，将各单位实际发生的费用（在分配之前已归集的费用和交互分配转入的费用），与按计划成本分配转出的费用之间的差额，追加分配给辅助生产以外的各受益单位（差额较大时）或全部计入管理费用（差额较小时）。

某辅助生产车间按计划单位成本分配的费用总额 = 该辅助生产车间提供的劳务总量 × 该辅助生产车间提供的劳务的计划单位成本

某辅助生产车间实际发生的费用总额 = 该辅助生产车间待分配费用 + 从其他辅助生产车间按计划成本转入的费用

某辅助生产车间提供劳务的成本差异 = 该辅助生产车间实际发生的费用总额 − 该辅助生产车间按计划成本分配的费用额

【做中学2-4-4】沿用【做中学2-4-1】的资料。假设每度电的计划单位成本为0.21元，每立方米水的计划单位成本0.07元。

运用计划成本分配法进行分配计算如下：

第一步，按计划单位成本，计算分配各受益单位的分配金额。

（1）丙产品应分配的电费 = 103 000 × 0.21 = 21 630（元）

基本生产车间应分配的电费 = 80 000 × 0.21 = 16 800（元）

供水车间应分配的电费 = 30 000 × 0.21 = 6 300（元）

行政管理部门应分配的电费 = 12 000 × 0.21 = 2 520（元）

专设销售机构应分配的电费 = 5 000 × 0.21 = 1 050（元）

（2）基本生产车间应分配的水费 = 205 000 × 0.07 = 14 350（元）

供电车间应分配的水费 = 100 000 × 0.07 = 7 000（元）

行政管理部门应分配的水费 = 80 000 × 0.07 = 5 600（元）

专设销售机构应分配的水费 = 28 000 × 0.07 = 1 960（元）

第二步，计算辅助成本差异。

（1）辅助生产实际成本计算如下：

供电车间实际成本 = 47 400 + 7 000 = 54 400（元）

供水车间实际成本 = 20 650 + 6 300 = 26 950（元）

（2）辅助生产成本差异计算如下：

供电车间成本差异 = 54 400 − 48 300 = 6 100（元）

供水车间成本差异 = 26 950 − 28 910 = −1 960（元）

（三）适用范围

采用本方法对辅助生产费用进行分配，因为是按照事先确定的计划单位成本进行，不需要再单独去计算费用分配率，所以大大简化了计算分配工作。但是采用计划成本分配法时，必须注意计划单位成本的准确性。其结果是否准确，主要取决于计划单位成本的准确程度。一般只适用于制定的计划单位成本比较准确的企业。

（四）编制辅助生产费用分配表

在实际工作中，辅助生产费用分配是通过编制辅助生产费用分配表进行的。

【工作实例2-4-3】沿用【做中学2-4-1】的资料，采用计划成本分配法进行费用的分配。

要求：编制辅助生产费用分配表。

操作步骤：

第一步，编制辅助生产费用分配表（见表2-4-11）。

表2-4-11 辅助生产费用分配表（计划成本分配法）

2022年6月 金额单位：元

辅助生产车间名称				供电	供水	合计
待分配辅助生产费用				47 400	20 650	68 050
劳务供应数量				230 000	413 000	
计划单位成本				0.21	0.07	
辅助生产车间耗用	借记“辅助生产成本”	供电	耗用数量		100 000	
			分配金额		7 000	7 000
		供水	耗用数量	30 000		
			分配金额	6 300		6 300
基本生产丙产品耗用	借记“基本生产成本”	耗用数量		103 000		
		分配金额		21 630		21 630
基本生产车间耗用	借记“制造费用”	耗用数量		80 000	205 000	
		分配金额		16 800	14 350	31 150
行政管理部门耗用	借记“管理费用”	耗用数量		12 000	80 000	
		分配金额		2 520	5 600	8 120
专设销售机构耗用	借记“销售费用”	耗用数量		5 000	28 000	
		分配金额		1 050	1 960	3 010
按计划成本分配金额合计				48 300	28 910	77 210
辅助生产实际成本				54 400	26 950	81 350
辅助生产成本差异				6 100	-1 960	4 140

第二步，编制会计分录。

（1）按计划成本分配的会计分录。

借：辅助生产成本——供电车间 7 000
　　　　　　　——供水车间 6 300
　　基本生产成本——丙产品 21 630
　　制造费用——基本生产车间 31 150
　　管理费用 8 120
　　销售费用 3 010
　　贷：辅助生产成本——供电车间 48 300
　　　　　　　　　——供水车间 28 910

（2）调整辅助生产成本差异的会计分录。

借：管理费用　　4 140
　　贷：辅助生产成本——供电车间　　6 100
　　　　　　　　　　——供水车间　　1 960（红字）

【提示】上述分录的差异，若超支用蓝字补加，若节约用红字冲减。

第三步，编制记账凭证（见表2-4-12和表2-4-13）。

表2-4-12　　记 账 凭 证

2022年6月30日　　记字第0304号

摘要	总账科目	明细科目	借方金额	贷方金额	记账
对外分配	辅助生产成本	供电车间	7 000		
		供水车间	6 300		
	基本生产成本	丙产品	21 630		
	制造费用	基本生产车间	31 150		
	管理费用		8 120		
	销售费用		3 010		
	辅助生产成本	供电车间		48 300	
		供水车间		28 910	
合计			77 210	77 210	

财务主管：王明　记账：陈静　出纳：　审核：王海　制单：张杰

表2-4-13　　记 账 凭 证

2022年6月30日　　记字第0305号

摘要	总账科目	明细科目	借方金额	贷方金额	记账
对外分配	制造费用		4 140		
	辅助生产成本	供电车间		6 100	
		供水车间		-1 960	
合计			4 140	4 140	

财务主管：王明　记账：陈静　出纳：　审核：王海　制单：张杰

四、顺序分配法

（一）顺序分配法的基本原理

顺序分配法是指企业将辅助生产费用的分配，按照事先排列的顺序进行分配的一种方法。排序是按各辅助生产车间相互之间受益的多少确定的，受益少的排在前面，先将费用分配出去，受益多的排在后面，后将费用分配出去。每个辅助生产车间的费用只对排在其后的辅助生产车间及其他受益单位进行分配，而不考虑排列在前面的各辅助生产车间相互耗用劳务的因素，如供电、供水和供气车间中，供电车间耗用水和气都较少；供水车间耗气较少，耗电较高；供气车间耗电和水都比较高。这样就可以按照供电、供水、供气的顺序对辅助生产费用进行分配，所以，这种分配方法，应在各辅助生产车间相互之间耗用劳务的多少有明显顺序的情况下采用。但应注意，按受益多少进行排列顺序，并不是指受益数量的多少，而是指的受益金额的大小。

（二）编制辅助生产费用分配表

实际工作中，辅助生产费用分配是通过编制辅助生产费用分配表进行的。

【工作实例2-4-4】沿用【做中学2-4-1】的资料，运用顺序分配法分配如下：供电和供水两个辅助生产车间，供电车间耗水100 000立方米，供水车间耗电30 000度。

从耗用数量看，似乎供电车间受益多，供水车间受益少。但是水和电的计量单位不同，不能相比。由于水的单位成本大大低于电的单位成本，因而实际上供电车间受益少，供水车间受益多。供电车间应排列在前先分配，供水车间排列在后分配。

要求：进行辅助生产费用的分配。分配率保留三位小数，尾差计入管理费用。

操作步骤：

第一步，计算分配率。

供电车间分配率＝47 400÷（330 000－100 000）＝0.206

供水车间耗用费用=30 000×0.206=6 180（元）

供水车间分配率＝（20 650＋6 180）÷（413 000－100 000）＝0.086

第二步，按照顺序分配法进行辅助生产费用分配。

辅助生产费用分配表见表2-4-14。

表2-4-14 辅助生产费用分配表（顺序分配法）

2022年6月 金额单位：元

供应部门	待分配费用	劳务数量	分配率	受益部门												分配金额合计
				供电车间		供水车间		丙产品		基本生产车间		行政管理部门		专设销售机构		
				受益量	金额	受益量	金额	受益量	金额	受益量	金额	受益量	金额	受益量	金额	
供电车间	47 400	230 000	0.206			30 000	6 180	103 000	21 218	80 000	16 480	12 000	2 492①	5 000	1 030	47 400
供水车间	26 830	313 000	0.086							205 000	17 630	80 000	6 792①	28 000	2 408	26 830
合计																74 230

第三步，编制会计分录。

（1）分配电费：

借：辅助生产成本——供水车间 6 180

　　基本生产成本——丙产品 21 218

　　制造费用 16 480

　　管理费用 2 492

　　销售费用 1 030

　　贷：辅助生产成本——供电车间 47 400

（2）分配水费：

借：制造费用 17 630

　　管理费用 6 792

　　销售费用 2 408

　　贷：辅助生产成本——供水车间 26 830

① 计算有尾差。

五、代数分配法

代数分配法，是按照数学中解联立方程组的方法，计算辅助生产劳务的单位成本，然后根据各受益单位（包括辅助生产车间）耗用的数量和单位成本计算分配辅助生产费用的一种方法。代数分配法的计算程序如下：（1）将辅助生产车间产品或劳务的单位成本设为未知数，并根据各辅助生产车间相互提供的劳务数量，求解联立方程组，计算出辅助生产车间产品或劳务的单位成本；（2）根据各受益单位（包括辅助生产车间）耗用的数量和单位成本进行分配。

【工作实例2-4-5】沿用【做中学2-4-1】的资料，运用代数分配法进行分配。

要求：进行辅助生产费用的分配。

操作步骤：

第一步，建立联立方程组。

$$\begin{cases} 20\,650 + 30\,000Y = 413\,000X \quad ① \\ 47\,400 + 100\,000X = 230\,000Y \quad ② \end{cases}$$

（上列方程中，左方为各辅助生产成本明细账的借方发生额，右方为贷方发生额）

将①式移项：

$Y = (413\,000X - 20\,650) \div 30\,000$ ③

将Y代入②式：

$47\,400 + 100\,000X = 230\,000 \times [(413\,000X - 20\,650) \div 30\,000]$

解得：$X = 0.0671$（元）

将X代入③式：

$Y = (413\,000 \times 0.0671 - 20\,650) \div 30\,000 = 0.23526$（元）

第二步，编制代数分配法的辅助生产费用分配表（见表2-4-15）。

表2-4-15 辅助生产费用分配表（代数分配法）

2022年6月　　金额单位：元

<table>
<tr><th colspan="4">辅助生产车间耗用</th><th>供水车间</th><th>供电车间</th><th>金额合计</th></tr>
<tr><td colspan="4">待分配费用</td><td>20 650</td><td>47 400</td><td>68 050</td></tr>
<tr><td colspan="4">劳务供应总量</td><td>413 000</td><td>230 000</td><td></td></tr>
<tr><td colspan="4">用代数分配法算出的实际单位成本</td><td>0.0671</td><td>0.23526</td><td></td></tr>
<tr><td rowspan="5">辅助生产车间耗用</td><td rowspan="5">应借“辅助生产成本”</td><td rowspan="2">供水车间</td><td>耗用数量</td><td></td><td>30 000</td><td></td></tr>
<tr><td>分配金额</td><td></td><td>7 057.80</td><td>7 057.80</td></tr>
<tr><td rowspan="2">供电车间</td><td>耗用数量</td><td>100 000</td><td></td><td></td></tr>
<tr><td>分配金额</td><td>6 710</td><td></td><td>6 710</td></tr>
<tr><td colspan="2">分配金额小计</td><td>6 710</td><td>7 057.80</td><td></td></tr>
</table>

续表

辅助生产车间耗用			供水	供电	金额合计
基本生产丙产品耗用	应借“基本生产成本”	耗用数量		103 000	
		分配金额		24 231.80	24 231.80
基本生产车间耗用	应借“制造费用”	耗用数量	205 000	80 000	
		分配金额	13 755.50	18 820.80	32 576.30
行政管理部门耗用	应借“管理费用”	耗用数量	80 000	12 000	
		分配金额	5 368	2 823.10	8 191.10
专设销售机构耗用	应借“销售费用”	耗用数量	28 000	5 000	
		分配金额	1 878.80	1 176.30	3 055.10
分配金额合计			27 712.30	54 109.80	81 822.10

第三步：编制会计分录。

借：辅助生产成本——供电车间　　6 710
　　　　　　　　——供水车间　　7 057.80
　　基本生产成本——丙产品　　24 231.80
　　制造费用——基本生产车间　　32 576.30
　　管理费用　　8 191.10
　　销售费用　　3 055.10
　　贷：辅助生产成本——供水车间　　27 712.30
　　　　　　　　　　——供电车间　　54 109.80

知识巩固

一、单项选择题

1.辅助生产车间完工入库的工具模具应借记（　　）科目，贷记“辅助生产成本”科目。

A.“低值易耗品”　　B.“修理用配件”

C.“原材料”　　D.“自制半成品”

2.下列各项辅助生产费用分配法中，最准确的方法是（　　）。

A.计划成本分配法　　B.交互分配法

C.代数分配法　　D.直接分配法

3.提供水电气的辅助生产单位，在各受益对象之间分配的辅助生产费用，是指该生产单位（　　）。

A.本期发生的费用　　B.期初在产品成本

C.期末在产品成本　　D.生产费用合计数

4.下列各项辅助生产成本明细账中，可能有期末余额的是（　　）。

A.自制材料、自制工具和模具成本明细账

B.供水、供电车间成本明细账

C.运输车间成本明细账

D.修理车间成本明细账

5.辅助生产车间完工的修理用备件，应借记的科目是（　　）。

A.“低值易耗品”　B.“原材料”　C.“修理用备件”　D.“自制半成品”

6.下列各项分配方法中，属于辅助生产费用分配方法的是（　　）。

A.约当产量法　　B.计划成本分配法

C.定额成本分配法　　D.生产工时比例分配法

7.采用直接分配法分配辅助生产费用时，各辅助生产车间费用分配率计算公式中的分母应是（　　）。

A.该辅助生产车间向基本生产车间提供的劳务总量

B.该辅助生产车间向行政管理部门提供的劳务总量

C.该辅助生产车间提供的劳务总量

D.该辅助生产车间向基本生产车间和行政管理部门提供的劳务总量

8.采用交互分配法分配辅助生产费用时，计算第二阶段直接分配率的分子是（　　）。

A.该辅助生产车间直接发生的费用

B.该辅助生产车间直接发生的费用加上分配转入的费用

C.该辅助生产车间直接发生的费用加上分配转入的费用减去分配转出的费用

D.该辅助生产车间直接发生的费用减去分配转出的费用

9.采用顺序分配法分配辅助生产费用时，计算辅助生产车间费用分配率的分子是（　　）。

A.该辅助生产车间直接发生的费用

B.该辅助生产车间直接发生的费用加上分配转入的费用

C.该辅助生产车间直接发生的费用加上分配转入的费用减去分配转出的费用

D.该辅助生产车间直接发生的费用减去分配转出的费用

10.采用计划成本分配法分配辅助生产费用时，实际成本与按计划成本计算的分配额的差额应于期末列入（　　）。

A.制造费用　B.管理费用　C.财务费用　D.生产成本

二、多项选择题

1.辅助生产车间的费用分配法有（　　）。

A.直接分配法

B.顺序分配法

C.代数分配法和交互分配法

D.计划成本分配法

2.直接分配法适用于（　　）。

A.辅助生产车间相互提供劳务很少的企业

B.交互分配的辅助生产车间受益程度有明显顺序的企业

C.交互分配费用相差不大的企业

D.计划成本基础较好的企业

3.分配辅助生产费用的各种方法中，有交互分配性质的有（　　）。

A.交互分配法　　B.代数分配法

C.计划成本分配法　　D.直接分配法

4.采用代数分配法分配辅助生产费用时，分配结转辅助生产费用的会计分录中对应的借方科目主要有（　　）。

A.“辅助生产成本”　　B.“基本生产成本”

C.“制造费用”　　D.“管理费用”

5.采用交互分配法分配辅助生产费用时，计算第二阶段的直接分配率的分子有（　　）。

A.该辅助生产车间直接发生的费用　　B.加上分配转入的费用

C.减去分配转出的费用　　D.加上分配转出的费用

三、判断题

1.辅助生产费用的归集与分配是通过“辅助生产成本”科目进行的。（　　）

2.采用顺序分配法分配辅助生产费用时，其顺序应该是受益额多的排列在先，受益额少的排列在后。（　　）

3.辅助生产车间提供的产品或劳务，都是为基本生产车间和行政管理部门服务的。（　　）

4.辅助生产单位发生的制造费用，都应当直接记入辅助生产成本明细账。（　　）

5.采用交互分配法，交互分配以后各项辅助生产单位的待分配费用，应分配给全部受益对象。（　　）

技能训练

（一）

【实训目的】

通过实训使学生熟悉辅助生产费用归集的程序，熟练掌握辅助生产费用的分配方法。

【实训内容】

辅助生产费用分配表的编制。

【实训资料】

某机械制造公司设有供水、供电两个辅助生产车间，主要为基本生产车间和行政管理部门服务。根据辅助生产成本明细账，供水车间本月发生费用为7 380元，供电车间本月发生费用为10 519.20元。该制造公司辅助生产车间的制造费用不通过“制造费用”科目核算。辅助生产车间劳务供应通知单见表2-4-16。

表2-4-16 辅助生产车间劳务供应通知单

受益单位	用水数量（吨）	用电度数（度）
辅助生产车间		
供水车间		2 922
供电车间	559	
基本生产车间		
甲产品		12 000
乙产品		8 000
一般耗用	5 100	2 000
行政管理部门	1 050	4 298
合计	6 709	29 220

【实训任务】

根据上述资料，采用直接分配法、交互分配法、计划成本分配法分配辅助生产费用，并将计算结果分别填入表2-4-17至表2-4-19中。

表2-4-17 辅助生产费用分配表（直接分配法） 金额单位：元

<table>
<tr><th colspan="3">辅助生产车间名称</th><th>供水车间</th><th>供电车间</th><th>合计</th></tr>
<tr><td colspan="3">待分配辅助生产费用</td><td></td><td></td><td></td></tr>
<tr><td colspan="3">辅助生产车间以外单位受益劳务量</td><td></td><td></td><td></td></tr>
<tr><td colspan="3">费用分配率</td><td></td><td></td><td></td></tr>
<tr><td rowspan="5">基本生产成本</td><td rowspan="2">甲产品</td><td>耗用数量</td><td></td><td></td><td></td></tr>
<tr><td>分配金额</td><td></td><td></td><td></td></tr>
<tr><td rowspan="2">乙产品</td><td>耗用数量</td><td></td><td></td><td></td></tr>
<tr><td>分配金额</td><td></td><td></td><td></td></tr>
<tr><td colspan="2">小计</td><td></td><td></td><td></td></tr>
<tr><td colspan="2" rowspan="2">制造费用</td><td>耗用数量</td><td></td><td></td><td></td></tr>
<tr><td>分配金额</td><td></td><td></td><td></td></tr>
<tr><td colspan="2" rowspan="2">管理费用</td><td>耗用数量</td><td></td><td></td><td></td></tr>
<tr><td>分配金额</td><td></td><td></td><td></td></tr>
<tr><td colspan="3">分配金额合计</td><td></td><td></td><td></td></tr>
</table>

表2-4-18　　辅助生产费用分配表（交互分配法）　　金额单位：元

项目				交互分配			对外分配		
辅助生产车间名称				供水	供电	合计	供水	供电	合计
待分配辅助生产费用									
供应劳务数量									
费用分配率									
辅助生产车间内部分配	供水车间		耗用数量						
			分配金额						
	供电车间		耗用数量						
			分配金额						
	分配金额小计								
辅助生产车间以外的分配	基本生产成本	甲产品	耗用数量						
			分配金额						
		乙产品	耗用数量						
			分配金额						
		分配金额小计							
	制造费用		耗用数量						
			分配金额						
	管理费用		耗用数量						
			分配金额						
合计									

表2-4-19　　辅助生产费用分配表（计划成本分配法）　　金额单位：元

项目		供水车间（计划单位成本：1.20元）		供电车间（计划单位成本：0.38元）		按计划成本分配转入合计
		供水数量	分配金额	供电数量	分配金额	
辅助生产成本	供水车间					
	供电车间					
	小计					
基本生产成本	甲产品					
	乙产品					
	小计					
制造费用						
管理费用						
按计划成本分配转出合计						
待分配费用						
分配转入费用						
实际成本						
成本差异						

（二）

【实训目的】

通过实训使学生熟悉辅助生产费用归集的程序，熟练掌握辅助生产费用的分配方法及账务处理。

【实训内容】

（1）辅助生产费用分配表的编制；

（2）辅助生产费用分配的账务处理。

【实训资料】

某机械制造公司设有供电车间、修理车间、运输车间三个辅助生产车间，第一、第二两个基本生产车间。第一基本生产车间生产甲产品，第二基本生产车间生产乙产品。该企业月底分配辅助生产费用。辅助生产车间的制造费用不通过“制造费用”科目核算。

2022年6月份，辅助生产成本明细账上记载的本月各辅助生产车间发生的辅助生产成本分别为：供电车间68 250元；修理车间13 500元；运输车间21 900元。

辅助生产车间提供劳务明细表见表2-4-20。（注：以下直接分配法、顺序分配法、代数分配法、计划成本分配法、交互分配法均参照此表进行编制）

表2-4-20 辅助生产车间提供劳务明细表

2022年6月

辅助生产车间 受益车间或部门	供电车间（度）	修理车间（工时）	运输车间（千米）
供电车间	—	300	4 500
修理车间	4 250	—	100
运输车间	750	200	—
第一生产车间	35 000	1 300	4 000
第二生产车间	30 000	900	2 500
管理部门	25 000	50	1 500
销售部门	10 000	250	2 000
合计	105 000	3 000	14 600

【实训任务】

1. 直接分配法

（1）编制辅助生产费用分配表。

该机械制造公司采用直接分配法分配辅助生产费用，根据2022年6月的辅助生产车间提供劳务明细表，编制当月辅助生产费用分配表（填入表2-4-21）。（分配率保留四位小数。金额无小数位的保留整数，有小数位的保留两位小数）

表2-4-21　　辅助生产费用分配表（直接分配法）

2022年6月　　金额单位：元

辅助生产车间名称			供电车间	修理车间	运输车间	金额合计
待分配费用						
辅助生产车间以外单位受益劳务量						
费用分配率（单位成本）						
第一生产车间耗用	应借“基本生产成本”	数量				
		金额				
第二生产车间耗用	应借“基本生产成本”	数量				
		金额				
管理部门耗用	应借“管理费用”	数量				
		金额				
销售部门耗用	应借“销售费用”	数量				
		金额				
分配金额合计						

（2）编制辅助生产费用分配记账凭证（见表2-4-22和表2-4-23）。

表2-4-22

通用记账凭证　　记　　字第　　　号

2022年6月30日

摘要	总账科目	明细科目	借方金额											贷方金额											√
			亿	千	百	十	万	千	百	十	元	角	分	亿	千	百	十	万	千	百	十	元	角	分	
																									□
																									□
																									□
																									□
																									□
																									□
合计																									□

附单据　张

会计主管：　　记账：　　出纳：　　复核：　　制单：

表2-4-23

通用记账凭证

记　字第　　号

2022年6月30日

摘　要	总账科目	明细科目	借　方　金　额											贷　方　金　额											√
			亿	千	百	十	万	千	百	十	元	角	分	亿	千	百	十	万	千	百	十	元	角	分	
																									□
																									□
																									□
																									□
																									□
																									□
合　计																									□

附单据　张

会计主管：　　　记账：　　　出纳：　　　复核：　　　制单：

2.顺序分配法

（1）编制辅助生产费用分配表。

若该企业采用顺序分配法分配辅助生产费用，根据以上资料编制辅助生产费用分配表填入表2-4-24。（分配率保留四位小数，尾差在销售费用处调整，金额无小数位的保留整数，有小数位的保留两位小数）

【提示】按受益多少和提供劳务的多少排序为运输车间、修理车间、供电车间。

表2-4-24　辅助生产费用分配表（顺序分配法）

2022年6月　　　　金额单位：元

辅助生产车间	待分配费用	劳务供应量	分配率	交互分配						对外分配							
										基本生产车间				管理部门		销售部门	
				供电车间		修理车间		运输车间		一车间		二车间					
				数量	金额	数量	金额	数量	金额	数量	金额	数量	金额	数量	金额	数量	金额
供电																	
修理																	
运输																	
合计																	

（2）编制辅助生产费用分配记账凭证（见表2-4-25和表2-4-26）。

表2-4-25

通用记账凭证　　记　　字第　　　号

2022年6月30日

摘　要	总账科目	明细科目	借方金额											贷方金额											√
			亿	千	百	十	万	千	百	十	元	角	分	亿	千	百	十	万	千	百	十	元	角	分	
																									□
																									□
																									□
																									□
																									□
																									□
合　计																									□

附单据　张

会计主管：　　记账：　　出纳：　　复核：　　制单：

表2-4-26

通用记账凭证　　记　　字第　　　号

2022年6月30日

摘　要	总账科目	明细科目	借方金额											贷方金额											√
			亿	千	百	十	万	千	百	十	元	角	分	亿	千	百	十	万	千	百	十	元	角	分	
																									□
																									□
																									□
																									□
																									□
																									□
合　计																									□

附单据　张

会计主管：　　记账：　　出纳：　　复核：　　制单：

3.代数分配法

（1）编制辅助生产费用分配表。

若该企业采用代数分配法分配辅助生产费用，根据以上资料编制辅助生产费用分配表填入表2-4-27。已知根据方程组求出的分配率如下：①供电车间为0.735676；②修理车间为5.595312；③运输车间为1.614414。（金额无小数位的保留整数，有小数位的保留两位小数）

表2-4-27 辅助生产费用分配表（代数分配法）

2022年6月 金额单位：元

供应单位／受益单位		供电车间		修理车间		运输车间		费用合计
		数量（度）	金额	数量（工时）	金额	数量（千米）	金额	
辅助生产车间	供电车间							
	修理车间							
	运输车间							
基本生产车间	一车间							
	二车间							
管理部门								
销售部门								
合计								

（2）编制辅助生产费用分配记账凭证（见表2-4-28和表2-4-29）。

表2-4-28

通用记账凭证

记 字第 号

2022年6月30日

摘 要	总账科目	明细科目	借 方 金 额											贷 方 金 额											√
			亿	千	百	十	万	千	百	十	元	角	分	亿	千	百	十	万	千	百	十	元	角	分	
																									□
																									□
																									□
																									□
																									□
																									□
合 计																									□

附单据 张

会计主管： 记账： 出纳： 复核： 制单：

表2-4-29

通用记账凭证　　记　　字第　　　号

2022年6月30日

摘　要	总账科目	明细科目	借　方　金　额											贷　方　金　额											√
			亿	千	百	十	万	千	百	十	元	角	分	亿	千	百	十	万	千	百	十	元	角	分	
																									□
																									□
																									□
																									□
																									□
																									□
合　计																									□

附单据　张

会计主管：　　记账：　　出纳：　　复核：　　制单：

4.计划成本分配法

（1）编制辅助生产费用分配表。

若该公司采用计划成本分配法分配辅助生产费用。计划单位成本：供电车间每度电0.80元；修理车间每工时5元；运输车间每千米1.70元。

根据以上资料编制当月辅助生产费用分配表（见表2-4-30）。（分配率保留三位小数，金额无小数位的保留整数，有小数位的保留两位小数）

表2-4-30　　辅助生产费用分配表（计划成本分配法）

2022年6月　　金额单位：元

供应单位 / 受益单位		供电车间		修理车间		运输车间		费用合计
		数量（度）	金额	数量（工时）	金额	数量（千米）	金额	
待分配数量和费用								
计划单位成本								
辅助生产车间	供电车间							
	修理车间							
	运输车间							
	小计							
基本生产车间	一车间							
	二车间							
	小计							
管理部门								
销售部门								
按计划成本分配金额								
辅助生产实际成本								
辅助生产成本差异								

（2）编制记账凭证（见表2-4-31和表2-4-32）。

表2-4-31

通用记账凭证

记　字第　号

2022年6月30日

摘　要	总账科目	明细科目	借方金额											贷方金额											√
			亿	千	百	十	万	千	百	十	元	角	分	亿	千	百	十	万	千	百	十	元	角	分	
																									□
																									□
																									□
																									□
																									□
																									□
合　计																									□

附单据　张

会计主管：　记账：　出纳：　复核：　制单：

表2-4-32

通用记账凭证

记　字第　号

2022年6月30日

摘　要	总账科目	明细科目	借方金额											贷方金额											√
			亿	千	百	十	万	千	百	十	元	角	分	亿	千	百	十	万	千	百	十	元	角	分	
																									□
																									□
																									□
																									□
																									□
																									□
合　计																									□

附单据　张

会计主管：　记账：　出纳：　复核：　制单：

（3）编制辅助生产成本差异分配的记账凭证（见表2-4-33和表2-4-34）。

表2-4-33

通用记账凭证　　　记　　字第　　　号

2022年6月30日

摘　要	总账科目	明细科目	借　方　金　额											贷　方　金　额											√
			亿	千	百	十	万	千	百	十	元	角	分	亿	千	百	十	万	千	百	十	元	角	分	
																									□
																									□
																									□
																									□
																									□
																									□
合　计																									□

附单据　张

会计主管：　　　记账：　　　出纳：　　　复核：　　　制单：

表2-4-34

通用记账凭证　　　记　　字第　　　号

2022年6月30日

摘　要	总账科目	明细科目	借　方　金　额											贷　方　金　额											√
			亿	千	百	十	万	千	百	十	元	角	分	亿	千	百	十	万	千	百	十	元	角	分	
																									□
																									□
																									□
																									□
																									□
																									□
合　计																									□

附单据　张

会计主管：　　　记账：　　　出纳：　　　复核：　　　制单：

5.交互分配法

（1）编制辅助生产费用分配表。

若该公司采用交互分配法分配辅助生产费用，编制当月辅助生产费用分配表（见表2-4-35）。(分配率保留五位小数，金额无小数位的保留整数，有小数位的保留两位小数)

表2-4-35　　辅助生产车间费用分配表（交互分配法）

2022年6月　　金额单位：元

辅助生产车间	应分配费用	劳务供应量	分配率	交互分配						对外分配							
										基本生产车间				管理部门耗用		销售部门耗用	
				供电车间		修理车间		运输车间		一车间		二车间					
				数量	金额	数量	金额	数量	金额	数量	金额	数量	金额	数量	金额	数量	金额
供电																	
修理																	
运输																	
小计																	
供电																	
修理																	
运输																	
小计																	

（2）编制辅助生产车间交互分配的记账凭证（见表2-4-36）。

表2-4-36

通用记账凭证　　记　字第　号

2022年6月30日

摘　要	总账科目	明细科目	借方金额											贷方金额											√
			亿	千	百	十	万	千	百	十	元	角	分	亿	千	百	十	万	千	百	十	元	角	分	
																									□
																									□
																									□
																									□
																									□
合　计																									□

附单据　张

会计主管：　　记账：　　出纳：　　复核：　　制单：

（3）编制辅助生产费用对外分配的记账凭证（见表2-4-37）。

表2-4-37

通用记账凭证

记　　字第　　　号

2022年6月30日

摘　要	总账科目	明细科目	借方金额											贷方金额											√
			亿	千	百	十	万	千	百	十	元	角	分	亿	千	百	十	万	千	百	十	元	角	分	
																									□
																									□
																									□
																									□
																									□
																									□
合　计																									□

附单据　张

会计主管：　　　记账：　　　出纳：　　　复核：　　　制单：

项目五 制造费用、生产损失核算

知识目标

1. 掌握制造费用的归集与分配
2. 掌握废品损失的归集与分配
3. 掌握停工损失的归集与分配

技能目标

1. 能编制制造费用分配表
2. 能编制不可修复废品损失计算表、可修复废品损失计算表

案例导入

制造费用核算

企业在生产产品的过程中，除了消耗原材料、燃料动力、人工费用、接受辅助生产车间提供的产品或劳务外，还会发生其他有关费用，如车间管理人员的工资，厂房、机器、设备的折旧，车间管理部门为管理产品生产而发生的其他管理费用等。在组织产品生产过程中发生的管理费用，以及在产品生产过程中发生而不能直接归属到所制造产品成本中的各种生产费用称为制造费用。随着整个社会科学技术的不断进步，企业生产自动化程度的不断提高，生产管理手段的不断更新，企业的制造费用在产品成本中所占的比重不断上升，从而对制造费用进行管理和核算显得越来越重要。企业应当根据制造费用的性质，合理地选择制造费用分配方法。

知识讲解

子项目一　制造费用核算

一、制造费用核算概述

制造费用包括产品生产成本中除直接材料和直接人工以外的其余一切生产成本，主要包括企业各个生产单位（车间、分厂）为组织和管理生产所发生的一切费用，以及各个生产单位所发生的固定资产使用费和维修费等。制造费用一般是间接计入成本，当制造费用发生时一般无法直接判定它所归属的成本计算对象，因而不能直接计入所生产的产品成本，而须按费用发生的地点先行归集，月终再采用一定的方法在各成本计算对象间进行分配，计入各成本计算对象的成本。

企业制造费用的范围广、内容多、情况比较复杂，通常包括三类：

（一）直接用于产品生产未单独设置成本项目的费用

这类制造费用主要有：未单独设置“燃料及动力”成本项目的企业所发生的，用于产品生产的动力费用；专门用于某产品生产的机器设备的折旧费、租赁费、保险费；生产车间的低值易耗品摊销费；图纸设计费和产品试验检验费用等。

（二）间接用于产品生产不能单设产品成本项目的费用

这是企业在生产过程中经常发生的费用，内容比较多，通常包括生产用的房屋、建筑物、机器、设备的折旧费用，保险费用及租赁费用；机物料消耗费用；车间的照明、取暖、降温、通风、除尘等费用；工人的劳动保护费用；发生的季节性停工或固定资产大修理期间停工所造成的损失等。

（三）为组织和管理产品生产而发生的费用

这是车间（分厂）管理机构及人员在日常生产管理过程中发生的费用，主要有生产管理人员的工资及按规定提取并交纳的社会保险费用；生产管理部门使用的固定资产折旧费用、保险费用及租赁费用；生产管理过程中使用低值易耗品的摊销费用；管理部门发生的照明、取暖、降温、通信、出差、办公费用等。

上述发生在生产过程中的费用，构成制造费用的核算范围。为了统一核算口径，便于资料对比，可以根据企业实际情况设置制造费用的费用项目，归类反映制造费用的构成。制造费用的明细项目一般设置为：职工薪酬、折旧费、保险费、租赁费、低值易耗品摊销、水电费、取暖费、运输费、差旅费、办公费、机物料消耗、劳动保护费、设计制图费、试验检验费、在产品损耗、停工损失等。

二、制造费用的归集

企业发生的各项制造费用，是按其用途和发生地点，通过“制造费用”科目进行归集和分配的。根据管理的需要，“制造费用”科目可以按生产车间开设明细账，账内按照费用项目开设专栏，进行明细核算。费用发生时，根据支出凭证借记“制造费用”科目及其所属有关明细账，但材料、工资、折旧以及跨期费用等，要在月末时，根据汇总编制的各种费用分配表记入。材料、产品等存货的盘盈、盘亏数，则应根据盘点报告表登记。归集在“制造费用”科目借方的各项费用，月末时应全部分配转入“基本生产成本”科目，计入产品成本。“制造费用”科目一般月末没有余额。

三、制造费用的分配

在生产一种产品的车间中，制造费用可直接计入其产品成本。在生产多种产品的车间中，就要采用既合理又简便的分配方法，将制造费用分配计入各种产品成本。

制造费用分配计入产品成本的方法，常用的有生产工时比例法、生产工人工资比例法、机器工时比例法、年度计划分配率分配法等。

（一）生产工时比例法

生产工时比例法是按照各种产品所用生产工时的比例分配制造费用的一种方法。在具有产品实用工时统计资料的车间里，可按生产工时的比例分配制造费用。其计算公式如下：

$$制造费用分配率=\frac{该生产单位本期归集的制造费用总额}{该生产单位产品实际(定额)工时总额}$$

$$\begin{matrix}某种（批类）产品\\应负担的制造费用\end{matrix}=\begin{matrix}该生产单位的\\制造费用分配率\end{matrix}\times\begin{matrix}该种（批类）产品耗用的\\实际（定额）工时\end{matrix}$$

会计分录如下：

借：基本生产成本

　　贷：制造费用

制造费用的大部分支出，属于产品生产的间接费用，因而不能按照产品制定定额，而只能按照车间、部门和费用项目编制制造费用计划加以控制。通过制造费用的归集和分配，反映和监督各项费用计划的执行情况，并将其正确及时地计入产品成本。

【做中学2-5-1】某机械制造有限公司基本生产车间发生的制造费用总额为2 100元，其中基本生产车间甲产品生产工时为1 200小时，乙产品生产工时为800小时，按生产工时比例法分配制造费用。

计算步骤如下：

基本生产车间的制造费用分配率 = 2 100 ÷ （1 200 + 800） = 1.05

甲产品应负担的制造费用 = 1 200 × 1.05 = 1 260（元）

乙产品应负担的制造费用 = 800 × 1.05 = 840（元）

编制会计分录如下：

借：基本生产成本——甲产品 1 260

——乙产品 840

贷：制造费用 2 100

（二）生产工人工资比例法

生产工人工资比例法又称生产工资比例法，是按照各种产品所用生产工人工资的比例分配制造费用的一种方法。其计算公式如下：

$$某产品的制造费用分配率=\frac{该产品归集的制造费用总额}{该产品生产工人工资总额}$$

$$\begin{matrix}某种（批类）产品\\应负担的制造费用\end{matrix}=\begin{matrix}该产品的\\制造费用分配率\end{matrix}\times\begin{matrix}该种（批类）产品\\生产工人工资\end{matrix}$$

【做中学2-5-2】某机械制造有限公司基本生产车间发生的制造费用总额为2 100元，其中基本生产车间甲产品生产工人工资为1 200元，乙产品生产工人工资为800元，按生产工人工资比例法分配制造费用。

分配制造费用的计算如下：

基本生产车间的制造费用分配率 = 2 100 ÷（1 200 + 800）= 1.05

甲产品应负担的制造费用 = 1 200 × 1.05 = 1 260（元）

乙产品应负担的制造费用 = 800 × 1.05 = 840（元）

（三）机器工时比例法

机器工时比例法是按照各种产品所用机器设备运转时间比例分配制造费用的一种方法。这种方法适用于机械化程度高的车间，因为折旧费、修理费的大小与机器运转的时间有密切的联系。其计算公式如下：

$$制造费用分配率=\frac{该生产单位本期归集的制造费用总额}{该生产单位产品机器工时总额}$$

$$\begin{matrix}某种（批类）产品\\应负担的制造费用\end{matrix}=\begin{matrix}该生产单位的\\制造费用分配率\end{matrix}\times\begin{matrix}该种（批类）产品\\耗用的机器工时\end{matrix}$$

【做中学2-5-3】某机械制造有限公司基本生产车间发生的制造费用总额为2 100元，其中基本生产车间甲产品机器工时为1 200小时，乙产品机器工时为800小时，按机器工时比例法分配制造费用，编制制造费用分配表。

分配制造费用的计算如下：

基本生产车间的制造费用分配率 = 2 100 ÷（1 200 + 800）= 1.05

甲产品应负担的制造费用 = 1 200 × 1.05 = 1 260（元）

乙产品应负担的制造费用 = 800 × 1.05 = 840（元）

（四）年度计划分配率分配法

年度计划分配率分配法是按照年度开始前确定的全年度适用的计划分配率分配制造费用的一种方法。采用这种方法，不论各月实际发生的制造费用是多少，每月各种产品成本中的制造费用都是按年度计划确定的计划分配率分配的。年度内如果发现全年制造费用的实际数和产品的实际产量与计划数发生较大的差额，应及时调整计划分配率。其计算公式如下：

$$某生产单位的制造费用计划分配率=\frac{该生产单位年度制造费用计划总额}{该生产单位计划产量的定额工时总额}$$

$$\begin{matrix}某种（批类）产品\\应负担的制造费用\end{matrix}=\begin{matrix}该生产单位的制造\\费用计划分配率\end{matrix}\times\begin{matrix}该种（批类）产品当月\\实际产量的定额工时\end{matrix}$$

【做中学2-5-4】某机械制造有限公司生产车间全年制造费用计划5 500元，全年各种产品的计划产量为：甲产品260件，乙产品225件；单件产品的工时定额为：甲产品5小时，乙产品4小时。6月份实际产量为：甲产品24件，乙产品15件；本月实际发生制造费用490元。

按年度计划分配率分配法分配制造费用如下：

（1）各种产品年度计划产量的定额工时：

甲产品年度计划产量的定额工时 = 260 × 5 = 1 300（小时）

乙产品年度计划产量的定额工时 = 225 × 4 = 900（小时）

（2）制造费用年度计划分配率：

制造费用年度计划分配率 = 5 500 ÷（1 300 + 900）= 2.5

（3）各种产品本月实际产量定额工时：

甲产品本月实际产量的定额工时 = 24 × 5 = 120（小时）

乙产品本月实际产量的定额工时 = 15 × 4 = 60（小时）

（4）各种产品应分配的制造费用：

该月甲产品分配的制造费用 = 120 × 2.5 = 300（元）

该月乙产品分配的制造费用 = 60 × 2.5 = 150（元）

该车间本月按年度计划分配率分配转出的制造费用 = 300 + 150 = 450（元）

四、编制制造费用分配表

（一）岗位简介

本岗位的工作涉及三项内容，由于废品损失与停工损失不是经常发生的情况，所以与制造费用并列核算。在组织产品生产过程中所发生的管理费用，以及在产品生产过程中发生而不能直接归属到所制造产品成本中的各种生产费用称为制造费用。废品是指不符合规定的技术标准、不能按原定用途进行使用或需要加工修理后才能正常使用的产品，包括在生产过程中发现的不合格的在产品，入库时发现的不合格的半成品或完工产品，但不包括可以降价销售的次品或等外品、合格品入库后因保管不善发生损坏变质的产品，以及在产品销售时发现的废品。停工损失是企业发生非季节性停工所造成的损失。造成停工的主要原因是停电、待料、机器故障或大修、灾害或事故、计划减产等。此岗位在成本计算中同样具有举足轻重的作用。废品损失与停工损失较简单，在此主要介绍制造费用岗位的工作情况。

（二）工作流程

制造费用核算工作流程图如图2-5-1所示。

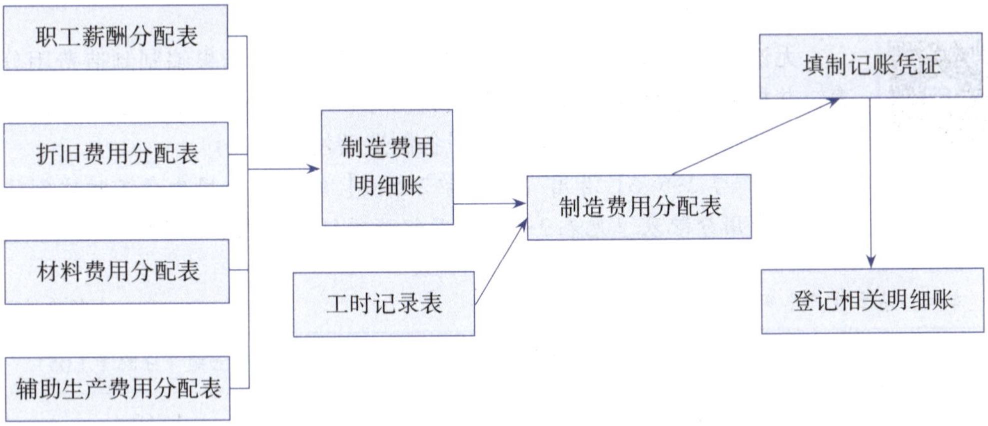

图2-5-1　制造费用核算工作流程图

（三）说明

本岗位首先根据各种要素费用分配表及辅助生产费用分配表登记制造费用明细账，然后根据制造费用明细账中归集的制造费用总额及生产工时统计表，编制制造费用分配表，根据制造费用分配表填制记账凭证并登记有关明细账。

（四）制造费用的归集

制造费用的归集和分配，应通过“制造费用”科目进行。该科目借方用于归集企业在一定时期内发生的全部制造费用，贷方反映制造费用的分配，月末一般无余额。制造费用发生时，根据有关的凭证和各种费用分配表，借记“制造费用”科目，贷记“原材料”“应付职工薪酬”“累计折旧”“银行存款”等科目。

【做中学2-5-5】实际工作中根据有关的凭证和各种费用分配表登记制造费用明细账（见表2-5-1）。

表2-5-1　制造费用明细账

辅助生产车间：修理车间　　2022年6月　　单位：元

摘　要	原材料	动力	直接人工	折旧费	办公费	保险费	其他	合计	转出
原材料费用分配表	500							500	
动力费用分配表		50						50	
直接人工分配表			450					450	
折旧费用分配表				200				200	
办公费（付款凭证×号）					180			180	
保险费（付款凭证×号）						100		100	
其他（付款凭证×号）							120	120	
制造费用分配表									1 600
合　计	500	50	450	200	180	100	120	1 600	1 600

微课

制造费用账务处理

（五）制造费用分配表的编制及账务处理

无论采用何种方法分配制造费用，都要将分配结果编制制造费用分配表，并根据制造费用分配表编制会计分录。根据会计分录（记账凭证）登记制造费用明细账后，一般会结平各制造费用明细账户。

【做中学2-5-6】沿用【做中学2-5-1】的资料。用生产工时比例法编制制造费用分配表（见表2-5-2）及记账凭证（见表2-5-3）。

表2-5-2　　制造费用分配表

车间：基本生产车间　　　　金额单位：元

应借科目	生产工时（小时）	分配金额（分配率1.05）
基本生产成本——甲产品	1 200	1 260
基本生产成本——乙产品	800	840
合计	2 000	2 100

表2-5-3　　记 账 凭 证

2022年6月30日　　　　记字第0401号

摘要	总账科目	明细科目	借方金额	贷方金额	记账
制造费用分配	基本生产成本	甲产品	1 260		
	基本生产成本	乙产品	840		
	制造费用			2 100	
合计			2 100	2 100	

财务主管：王明　　记账：陈静　　出纳：　　审核：王海　　制单：张杰

注：采用生产工人工资比例法、机器工时比例法进行制造费用的分配同上。

【做中学2-5-7】沿用【做中学2-5-4】的资料。用年度计划分配率分配法编制制造费用分配表（见表2-5-4）及记账凭证（见表2-5-5）。

表2-5-4　　制造费用分配表

应借科目	年度计划产量的定额工时（小时）	本月实际产量的定额工时（小时）	分配金额（元）（分配率2.5）
基本生产成本——甲产品	1 300	120	300
基本生产成本——乙产品	900	60	150
合计	2 200	180	450

表2-5-5　　　　记 账 凭 证

2022年6月30日　　　　记字第0402号

摘要	总账科目	明细科目	借方金额	贷方金额	记账
制造费用分配	基本生产成本	甲产品	300		
	基本生产成本	乙产品	150		
	制造费用			450	
合计			450	450	

财务主管：王明　　记账：陈静　　出纳：　　审核：王海　　制单：张杰

知识巩固

一、单项选择题

1. 制造费用分配以后，“制造费用”账户一般应无余额，如有余额，则是在（　　）。

A. 机械化程度较高的车间

B. 季节性生产的车间

C. 各种产品生产的机械化程度相差不多的车间

D. 生产工时定额比较准确的产品的车间

2. 按机器工时比例法分配制造费用适用于（　　）。

A. 各种产品生产的机械化程度相差不多的车间

B. 季节性生产的车间

C. 机械化程度较高的车间

D. 有较准确的产品生产工时的车间

3. 如果企业所生产的各种产品机械化水平大致相同，其制造费用的分配可选择（　　）

A. 年度计划分配率分配法　　B. 生产工人工时比例法

C. 机器工时比例法　　D. 制造费用固定比例法

4. 适用于季节性生产企业分配制造费用的方法是（　　）。

A. 生产工人工资比例法　　B. 生产工人工时比例法

C. 机器工时比例法　　D. 年度计划分配率分配法

5. 下列各项属于产品生产成本项目的是（　　）。

A. 外购动力费用　B. 制造费用　C. 工资费用　D. 折旧费用

二、多项选择题

1. 分配制造费用时，可能借记的账户有（　　）。

A. “财务费用”　　B. “辅助生产成本”

C.“管理费用” D.“基本生产成本”

2.制造费用大部分是企业为生产产品和提供劳务而发生的各项间接生产费用，包括（ ）。

A.生产车间的办公费 B.生产车间厂房的折旧费

C.生产车间的劳动保护费 D.生产车间使用的无形资产摊销费

3.制造费用分配计入产品成本的方法有（ ）。

A.生产工人工时比例法 B.生产工人工资比例法

C.机器工时比例法 D.年度计划分配率分配法

4.下列各项属于制造费用的有（ ）。

A.生产车间固定资产的折旧 B.生产车间管理人员的工资

C.生产车间的办公费 D.生产车间的水电费

5.下列各项属于工业企业成本项目的有（ ）。

A.燃料及动力 B.直接人工 C.制造费用 D.折旧费

三、判断题

1.基本生产车间耗用机物料，应借记的账户是“制造费用”。（ ）

2.在产品生产机械化程度相差悬殊的企业，应采用生产工人工时比例法分配制造费用。（ ）

3.生产车间不论是生产人员、技术人员、检验人员还是管理人员的工资及福利费，均应记入“制造费用”账户。（ ）

4.不论采用何种分配方法，制造费用分配后，“制造费用”账户期末都没有余额。（ ）

5.“制造费用”账户核算企业为生产产品和提供劳务而发生的各种直接生产费用和间接生产费用。（ ）

6.在产品生产的机械化程度较高的车间，宜采用机器工时比例法分配制造费用。（ ）

技能训练

【实训目的】

通过实训使学生熟悉制造费用的归集程序；熟练掌握制造费用的分配方法及账务处理。

【实训内容】

（1）制造费用的归集；

（2）制造费用分配表的编制；

（3）制造费用明细账的登记；

（4）制造费用分配的账务处理。

【实训资料】

厦门光华纸制品公司生产包装用纸，设有一个基本生产车间，生产白板纸和灰板纸两种产品。该公司为一般纳税人。假设该公司对制造费用的分配采用机器工时比例法。2022年6月份白板纸和灰板纸的机器工时分别为2 600小时和1 400小时。

【实训任务】

（1）2022年6月，生产车间用现金购置劳保用品1 000元（如图2-5-2所示），编制记账凭证（见表2-5-6）。

1100153130　　福建增值税专用发票

机器编号：61832293081

发票代码：35021600311
发票号码：76043212
开票日期：2022年06月12日
校 验 码：83554 79677 35571 68715

购买方	名　　称：厦门光华纸制品公司 纳税人识别号：913502006A3REMYP4H 地 址 、电 话：厦门市高新区新城街道8999号4号楼701室 13359237128 开户行及账号：厦门银行东方路支行23900306242050000010638				密码区	88/5*85/733*6+0-2+/><57<26< 38490<8902/-<<-5578395<5/ 60892847/9/8/20271-*0-5</55<+6 <396907<+24130*<333*503+	
货物或应税劳务、服务名称	规格型号	单位	数量	单价	金额	税率	税额
*劳保用品*手套		套	1 000	1.00	1 000.00	13%	130.00
合计					¥1 000.00		¥130.00
价税合计（大写）	⊗壹仟壹佰叁拾元整				（小写）¥1 130.00		
销售方	名　　称：厦门市开发区坤雪五金建材经销公司 纳税人识别号：350216198212211238O2 地 址 、电 话：厦门市经济开发区阳光商城2号商业街24号 0595-2063835 开户行及账号：兴业银行股份有限公司国贸支行786940501421013698				备注	厦门市开发区坤雪五金建材经销公司 35021619821221123802 发票专用章	

收款人：谭海　　复核：姜一凡　　开票人：王威　　销售方（章）

第三联：发票联　购买方记账凭证

图2-5-2　增值税专用发票

表2-5-6

通用记账凭证　　记字第　　号

2022年6月12日

摘　要	总账科目	明细科目	借方金额 亿	千	百	十	万	千	百	十	元	角	分	贷方金额 亿	千	百	十	万	千	百	十	元	角	分	√
合　计																									

附单据　　张

会计主管：　　记账：　　出纳：　　复核：　　制单：

（2）月末开出转账支票，支付本月电费共28 928元，收到增值税专用发票及银行转账支票存根（如图2-5-3和图2-5-4所示），其中生产车间用电30 000千瓦时，管理部门用电2 000千瓦时。编制电力分配的记账凭证（见表2-5-7）。

320053170　　增值税专用发票　　№

发票联

开票日期：2022年06月30日

购买方	名　　称：厦门光华纸制品公司 纳税人识别号：913502006A3REMYP4H 地 址 、电 话：厦门市高新区新城街道8999号4号楼701室 13359237128 开户行及账号：厦门银行东方路支行23900306242050000010638	密码区					
货物或应税劳务、服务名称	规格型号	单位	数量	单价	金额	税率	税额
*电力*电力*		千瓦时	32 000	0.80	25 600.00	13%	3 328.00
合计					¥25 600.00		¥3 328.00
价税合计（大写）	⊗贰万捌仟玖佰贰拾捌元整				（小写）¥28 928.00		
销售方	名　　称：厦门市供电局 纳税人识别号：2599632125468951 地 址 、电 话：思税区南山路52号 开户行及账号：厦门市工商银行南山路支行256150	备注	厦门市供电局 2599632125468951 发票专用章				

第三联：发票联 购买方记账凭证

收款人：　　复核：　　开票人：张惠　　销售方（章）

图2-5-3　增值税专用发票

中国工商银行　（国）
转账支票存根
56891001

附加信息

出票日期 2022年06月30日

收款人：	厦门市供电局
金　额：	¥28 928.00
用　途：	电费

单位主管　　会计

图2-5-4　转账支票存根

表2-5-7

通用记账凭证 记字第 号

2022年6月30日

摘要	总账科目	明细科目	借方金额											贷方金额											√
			亿	千	百	十	万	千	百	十	元	角	分	亿	千	百	十	万	千	百	十	元	角	分	
																									□
																									□
																									□
																									□
																									□
																									□
合计																									□

附单据 张

会计主管： 记账： 出纳： 复核： 制单：

（3）根据本月“领料凭证汇总表”（见表2-5-8）编制材料费用分配的记账凭证（见表2-5-9）。

表2-5-8

领料凭证汇总表

2022年6月

单位：元

金额/部门 材料名称	管理部门		生产车间					合计
	一般耗用		白板纸	灰板纸	一般耗用			
直接材料			250 000	150 000				400 000
机物料	500				1 000			1 500
修理用料					1 000			1 000
合计	500		250 000	150 000	2 000			402 500

（4）2022年6月以银行存款支付6—8月份的财产保险费，金额为3 500元，转账支票存根如图2-5-5所示。其中生产车间负担2 000元，管理部门负担1 500元。编制记账凭证填入表2-5-10。

表2-5-9

通用记账凭证

记　字第　号

2022年6月30日

摘　要	总账科目	明细科目	借方金额											贷方金额											√
			亿	千	百	十	万	千	百	十	元	角	分	亿	千	百	十	万	千	百	十	元	角	分	
																									□
																									□
																									□
																									□
																									□
																									□
合　计																									□

附单据　张

会计主管：　记账：　出纳：　复核：　制单：

中国工商银行　（国）

转账支票存根

56891002

附加信息

出票日期 2022年06月30日

收款人：	平安保险公司
金　额：	¥3 500.00
用　途：	保险费

单位主管　会计

图2-5-5　转账支票存根

表2-5-10

通用记账凭证

记　字第　号

2022年6月30日

摘　要	总账科目	明细科目	借方金额											贷方金额											√
			亿	千	百	十	万	千	百	十	元	角	分	亿	千	百	十	万	千	百	十	元	角	分	
																									□
																									□
																									□
																									□
																									□
																									□
合　计																									□

附单据　张

会计主管：　记账：　出纳：　复核：　制单：

（5）6月份折旧计算明细表见表2-5-11，编制分配折旧费用的记账凭证填入表2-5-12。

表2-5-11　　固定资产折旧计算明细表

2022年6月　　金额单位：元

部　门	固定资产名称	原　值	月折旧率（%）	月折旧额
生产车间	机器设备	400 000	0.8	3 200
	房屋及建筑物	500 000	0.2	1 000
	小计			4 200
管理部门	房屋建筑物	100 000	0.4	400
	设备	40 000	0.7	280
	小计			680
合　计		1 040 000		4 880

表2-5-12

通用记账凭证　　记　字第　　号

2022年6月30日

摘　要	总账科目	明细科目	借方金额											贷方金额											√
			亿	千	百	十	万	千	百	十	元	角	分	亿	千	百	十	万	千	百	十	元	角	分	
合　计																									

附单据　张

会计主管：　　记账：　　出纳：　　复核：　　制单：

（6）本月工资费用分配表见表 2–5–13，编制工资费用分配的记账凭证填入表 2–5–14。

表2–5–13

工资费用分配表

2022年6月

单位：元

<table>
<tr><th colspan="2" rowspan="2">应借科目</th><th rowspan="2">成本或费用项目</th><th rowspan="2">直接计入</th><th colspan="2">分配计入</th><th rowspan="2">工资费用合计</th></tr>
<tr><th>分配标准</th><th>分配金额（分配率）</th></tr>
<tr><td rowspan="4">生产成本</td><td>白板纸</td><td>直接人工</td><td>30 000</td><td></td><td></td><td></td></tr>
<tr><td>灰板纸</td><td>直接人工</td><td>20 000</td><td></td><td></td><td></td></tr>
<tr><td></td><td></td><td></td><td></td><td></td><td></td></tr>
<tr><td></td><td></td><td></td><td></td><td></td><td></td></tr>
<tr><td>制造费用</td><td></td><td>工资</td><td>5 400</td><td></td><td></td><td></td></tr>
<tr><td>管理费用</td><td></td><td>工资</td><td>8 768</td><td></td><td></td><td></td></tr>
<tr><td>销售费用</td><td></td><td>工资</td><td>5 760</td><td></td><td></td><td></td></tr>
<tr><td></td><td></td><td></td><td></td><td></td><td></td><td></td></tr>
<tr><td></td><td></td><td></td><td></td><td></td><td></td><td></td></tr>
<tr><td></td><td></td><td></td><td></td><td></td><td></td><td></td></tr>
<tr><td></td><td></td><td></td><td></td><td></td><td></td><td></td></tr>
<tr><td>合　计</td><td></td><td></td><td>69 928</td><td></td><td></td><td></td></tr>
</table>

表2–5–14

通用记账凭证

记　　字第　　　号

2022年6月30日

<table>
<tr><th rowspan="2">摘　要</th><th rowspan="2">总账科目</th><th rowspan="2">明细科目</th><th colspan="11">借 方 金 额</th><th colspan="11">贷 方 金 额</th><th rowspan="2">√</th></tr>
<tr><th>亿</th><th>千</th><th>百</th><th>十</th><th>万</th><th>千</th><th>百</th><th>十</th><th>元</th><th>角</th><th>分</th><th>亿</th><th>千</th><th>百</th><th>十</th><th>万</th><th>千</th><th>百</th><th>十</th><th>元</th><th>角</th><th>分</th></tr>
<tr><td></td><td></td><td></td><td></td><td></td><td></td><td></td><td></td><td></td><td></td><td></td><td></td><td></td><td></td><td></td><td></td><td></td><td></td><td></td><td></td><td></td><td></td><td></td><td></td><td></td><td>□</td></tr>
<tr><td></td><td></td><td></td><td></td><td></td><td></td><td></td><td></td><td></td><td></td><td></td><td></td><td></td><td></td><td></td><td></td><td></td><td></td><td></td><td></td><td></td><td></td><td></td><td></td><td></td><td>□</td></tr>
<tr><td></td><td></td><td></td><td></td><td></td><td></td><td></td><td></td><td></td><td></td><td></td><td></td><td></td><td></td><td></td><td></td><td></td><td></td><td></td><td></td><td></td><td></td><td></td><td></td><td></td><td>□</td></tr>
<tr><td></td><td></td><td></td><td></td><td></td><td></td><td></td><td></td><td></td><td></td><td></td><td></td><td></td><td></td><td></td><td></td><td></td><td></td><td></td><td></td><td></td><td></td><td></td><td></td><td></td><td>□</td></tr>
<tr><td></td><td></td><td></td><td></td><td></td><td></td><td></td><td></td><td></td><td></td><td></td><td></td><td></td><td></td><td></td><td></td><td></td><td></td><td></td><td></td><td></td><td></td><td></td><td></td><td></td><td>□</td></tr>
<tr><td></td><td></td><td></td><td></td><td></td><td></td><td></td><td></td><td></td><td></td><td></td><td></td><td></td><td></td><td></td><td></td><td></td><td></td><td></td><td></td><td></td><td></td><td></td><td></td><td></td><td>□</td></tr>
<tr><td colspan="3">合　计</td><td></td><td></td><td></td><td></td><td></td><td></td><td></td><td></td><td></td><td></td><td></td><td></td><td></td><td></td><td></td><td></td><td></td><td></td><td></td><td></td><td></td><td></td><td>□</td></tr>
</table>

附单据　张

会计主管：　　　记账：　　　出纳：　　　复核：　　　制单：

（7）根据所在地政府规定，公司分别按照职工工资总额的8%、20%、2%、0.8%、1%和10%计提医疗保险费、养老保险费、失业保险费、工伤保险费、生育保险费和住房公积金，缴纳给当地社会保险经办机构和住房公积金管理机构。本月工资计提五险一金等费用分配表（见表2-5-15），编制计提相关费用的记账凭证填入表2-5-16。

表2-5-15 工资及相关费用分配表

2022年6月 金额单位：元

应借账户		直接计入	分配计入			工资合计	计提费用项目						合计
总账账户 二级账户	明细账户		生产工时	分配率	分配金额		医疗保险费（8%）	养老保险费（20%）	失业保险费（2%）	工伤保险费（0.8%）	生育保险费（1%）	住房公积金（10%）	
基本生产成本	甲产品												
	乙产品												
辅助生产成本	机修车间												
	供电车间												
	小计												
制造费用	基本生产车间												
管理费用													
合 计													

表2-5-16

通用记账凭证 记 字第 号

2022年6月30日

摘 要	总账科目	明细科目	借方金额											贷方金额											√
			亿	千	百	十	万	千	百	十	元	角	分	亿	千	百	十	万	千	百	十	元	角	分	
合 计																									

附单据 张

会计主管： 记账： 出纳： 复核： 制单：于丹丹

（8）根据以上记账凭证登记制造费用明细账（见表2-5-17）。

表2-5-17 制造费用明细账

分页：______总页：______

______级科目______

______级科目______

2022年		凭证	摘要	工资								福利费								劳动保护费								电力								机物料								修理费								保险费							
月	日	号数		十	万	千	百	十	元	角	分	十	万	千	百	十	元	角	分	十	万	千	百	十	元	角	分	十	万	千	百	十	元	角	分	十	万	千	百	十	元	角	分	十	万	千	百	十	元	角	分	十	万	千	百	十	元	角	分
6	12																																																									
	30																																																									
	30																																																									
	30																																																									
	30																																																									
	30																																																									
	30																																																									
	30																																																									

（9）编制制造费用分配表（见表2-5-18）。

表2-5-18 制造费用分配账

车间 2022年6月 金额单位：元

分配对象	分配标准（机器工时）	分配率（元/时）	分配金额
白板纸			
灰板纸			
合计			

（10）编制分配制造费用的记账凭证（见表2-5-19）。

表2-5-19

通用记账凭证

记 字第 号

2022年6月30日

摘要	总账科目	明细科目	借方金额											贷方金额											√
			亿	千	百	十	万	千	百	十	元	角	分	亿	千	百	十	万	千	百	十	元	角	分	
合计																									

附单据 张

会计主管： 记账： 出纳： 复核： 制单：

（11）结转制造费用并填入明细账（见表2-5-20）。

表2-5-20

制造费用明细账

分页：____ 总页：____

____级科目____

____级科目____

2022年		凭证号数	摘要	工资								福利费								劳动保护费								电力								机物料								修理费								保险费							
月	日			十	万	千	百	十	元	角	分	十	万	千	百	十	元	角	分	十	万	千	百	十	元	角	分	十	万	千	百	十	元	角	分	十	万	千	百	十	元	角	分	十	万	千	百	十	元	角	分	十	万	千	百	十	元	角	分
6	12		发劳保用品																																																								
	30		分配电力																																																								
	30		车间领用材料																																																								
	30		摊销保险费用																																																								
	30		计提折旧																																																								
	30		分配工资																																																								
	30		计算福利费																																																								
	30		本月合计																																																								
	30		结转制造费用																																																								

子项目二　废品损失核算

知识目标

1. 掌握废品损失的归集与分配
2. 掌握停工损失的归集与分配

技能目标

能编制不可修复废品损失计算表、可修复废品损失计算表

案例导入

不可修复废品损失核算

某工业企业某车间生产甲产品50件，生产过程中发现1件不可修复废品。甲产品成本明细账归集的生产费用为：直接材料62 500元，直接人工4 875元，制造费用24 375元，合计91 750元。原材料于生产开始时一次性投入。生产工时为：合格品1 505小时，废品120小时，合计1 625小时。废品回收的残料计价200元。另外，甲产品生产过程中发现2件可修复废品，当即进行修复，耗用原材料200元，工人工资40元，制造费用50元，此外，应向过失人索赔100元。

作为成本会计人员，如何编制不可修复废品成本计算表及编制记账分录？

资料来源：佚名. 废品损失的核算例题［EB/OL］.［2021-11-02］. https：//www.renrendoc.com/paper/160428318.html.

知识讲解

一、废品损失的确认

（一）废品的概念

生产中的废品是指那些质量不符合技术标准规定的，不能按照原定用途加以利用的，或是只有通过加工修复后才能利用的产成品和半成品，而不论它们是在生产中发现的，还是在入库后发现的。

废品按其不符合技术标准的程度，分为可修复废品和不可修复废品两种。

可修复废品指在技术上可修复，并且支付的修复费用在经济上是合算的。

不可修复废品指在技术上不能修复或者技术上虽然可以修复，但支付的修复费用在经济上是不合算的。

（二）废品损失的概念

废品损失是指由于废品的产生而形成的损失性费用，是指不可修复废品的生产成本扣除废品残值和应由过失人负担赔款后的净损失与可修复废品的修复费用之和。出售后发现的废品，由于退回废品而支付的运杂费也应包括在废品损失之内。

不可修复废品的生产成本和可修复废品的修复费用，在扣除回收的残料价值和应由过失单位或个人赔偿款以后的净损失，应由同种产品的产成品成本负担，所以废品损失的发生会使产成品成本升高。正确组织废品损失的核算，对于改进生产技术、提高产品质量、降低产品成本，都有着重要意义。

但以下各项发生的损失不属于废品损失：

（1）销售退回的废品，其发生的一切损失，计入销售费用；

（2）实行包修、包退、包换“三包”的企业，产品出售以后退回的废品，损失应计入销售费用；

（3）产品入库后，由于管理不善等原因而损坏或变质的废品，属于管理上的问题，其损失应作为“管理费用”处理。

二、废品损失的归集

发生的废品损失，原则上由本期的完工产品负担，月末在产品通常不承担废品损失。企业对废品损失的具体处理方法有两种：一是废品损失不大的企业，可在“制造费用”账户中核算。二是废品损失数额较大的企业，为了加强对废品损失的管理，可以增设“废品损失”账户，单独核算废品损失。“废品损失”账户的借方登记不可修复废品的生产成本和可修复废品的修复成本，贷方登记废品残料收回价值、责任人赔款及分配转出的废品损失，分配后该账户无余额。“废品损失”账户按生产车间分户设置明细账，进行明细分类核算。

（一）可修复废品损失的归集

可修复废品损失，是指废品在修复过程中所发生的各项修复费用。而可修复废品返修以前发生的生产费用，在“基本生产成本”及有关成本明细账中，不必转出，因为它不是废品损失。返修时发生的修复费用，应根据原材料、职工薪酬、辅助生产费用和制造费用等分配表记入“废品损失”科目的借方，以及有关科目的贷方。如有残值和应收赔款，根据废料交库凭证及其他有关结算凭证，从“废品损失”科目的贷方转入“原材料”“其他应收款”等科目的借方。将废品净损失从“废品损失”科目的贷方转入“基本生产成本”科目的借方及有关的产品成本明细账的废品损失成本项目。

不单独核算废品损失的企业，不设“废品损失”会计科目和废品损失成本项目，在回收废品残料时，记入“原材料”科目的借方和“基本生产成本”科目的贷方，并从所属有关产品成本明细账的“直接材料”成本项目中扣除残料价值。辅助生产一般不单独核算废品损失。

【做中学2-5-8】某机械制造有限公司在生产轴承过程中，产生5件可修复废品。在返修过程中共发生原材料费用300元，耗用工时20小时，单位小时工资率4元，单位小时费用率2元。应由责任人赔偿20元。

根据以上资料编制会计分录如下：

（1）发生修理费用：

应付职工薪酬 = 20 × 4 = 80（元）

制造费用 = 20 × 2 = 40（元）

借：废品损失	420	
贷：原材料		300
应付职工薪酬		80
制造费用		40

（2）应收过失人赔偿：

借：其他应收款	20	
贷：废品损失		20

（二）不可修复废品损失的归集

在废品损失的归集与分配过程中，不可修复废品成本的计算是关键。不可修复废品成本通常是从该种产品的实际生产费用中区分成本项目计算确定的。按成本项目分别计算不可修复废品的实际成本的公式如下：

$$\text{废品应负担的材料费用}=\text{某产品直接材料成本总额}\div(\text{合格品数量}+\text{废品约当量})\times\text{废品约当量}$$

$$\text{废品应负担的工资费用}=\text{某产品直接人工成本总额}\div(\text{合格品数量}+\text{废品约当量})\times\text{废品约当量}$$

$$\text{废品应负担的制造费用}=\text{某产品制造费用总额}\div(\text{合格品数量}+\text{废品约当量})\times\text{废品约当量}$$

在计算不可修复废品成本时，应注意到，不可修复废品是发生在制造过程的中途，还是最后阶段，对废品数量的确定及其费用分配都有直接的关系。

【做中学2-5-9】某机械制造有限公司生产甲产品1 000件，其中100件为不可修复废品，废品残值20元，无赔偿。这种产品的成本资料如下：直接材料（一次性投料）5 100元，直接人工2 280元，制造费用1 500元，合计8 880元。

（1）假设100件不可修复废品是在生产的最终阶段发生的，按成本项目分别计算应负担的废品成本为：

废品应负担的材料费用 = 5 100 ÷ 1 000 × 100 = 510（元）

废品应负担的工资费用 = 2 280 ÷ 1 000 × 100 = 228（元）

废品应负担的制造费用 = 1 500 ÷ 1 000 × 100 = 150（元）

废品应负担的成本 = 510 + 228 + 150 = 888（元）

废品损失 = 888-20（残值）= 868（元）

①归集废品所负担的费用：

借：废品损失 888
　　贷：原材料 510
　　　　应付职工薪酬 228
　　　　制造费用 150

②收回废品残料价值：

借：原材料 20
　　贷：废品损失 20

（2）假设100件不可修复废品是在加工60%时发生的，按成本项目分别计算应负担的废品成本为：

废品应负担的材料费用 = 5 100 ÷ 1 000 × 100 = 510（元）

废品应负担的工资费用 = 2 280 ÷（900 + 100 × 60%）× 100 × 60% = 142.50（元）

废品应负担的制造费用 = 1 500 ÷（900 + 100 × 60%）× 100 × 60% = 93.75（元）

废品应负担的成本 = 510 + 142.5 + 93.75 = 746.25（元）

废品损失 = 746.25−20（残值）= 726.25（元）

三、废品损失的分配

（一）可修复废品损失的分配

可修复废品的修复费用包括材料费用、人工费用和制造费用等，这些费用发生时应根据相关原始凭证归集到"废品损失"账户。月末将归集的修复费用转入同种产品的"基本生产成本"账户，加大了该种产品的完工产品总成本及单位成本。

【做中学2-5-10】某机械制造有限公司加工车间生产乙产品，验收入库时发现10件可修复废品，已修复入库。根据"材料费用分配汇总表"提供的资料，修复乙产品领用材料的实际成本为500元。根据"工资及福利费用分配汇总表"和"制造费用分配表"提供的资料，乙产品在修复过程中耗用工时80小时，根据计算，每小时工资率为10元，每小时制造费用7元。由此可知，废品应负担的工资费为800元，福利费为112元，制造费用为560元。

根据上述资料编制会计分录如下：

借：废品损失——乙产品 1 972
　　贷：原材料 500
　　　　应付职工薪酬——工资 800
　　　　　　　　　　——福利费 112
　　　　制造费用 560

借：基本生产成本——乙产品 1 972
　　贷：废品损失——乙产品 1 972

（二）不可修复废品损失的分配

为了归集和分配不可修复的废品损失，必须首先计算废品的成本。废品成本是指生产过程中截至报废时所耗费的一切费用，扣除废品的残值和应收赔款，算出废品净损失，计入该种产品成本的金额。对不可修复的废品损失进行核算需要解决两个问题：一是确定发生的废品损失，二是进行废品损失的核算。

计算不可修复的废品损失，就是要将废品应负担的生产费用从全部生产费用中分离出来。具体有两种方法：按实际成本计算和按定额成本计算。

1.按废品所耗实际费用计算和分配废品损失

在采用按废品所耗实际费用计算的方法时，由于废品报废以前发生的各项费用是与合格产品一起计算的，因而要将废品报废以前与合格品计算在一起的各项费用，采用适当的分配方法，在合格品与废品之间进行分配，计算出废品的实际成本，从“基本生产成本”账户的贷方转入“废品损失”账户的借方。

【做中学2-5-11】某机械制造有限公司第二车间共生产丙产品500件，完工80%时发现不可修复废品10件，并且材料已于生产开始时一次性投入，500件丙产品总成本为30 000元，其中直接材料成本12 570元，直接人工7 470元，制造费用9 960元。废品残值20元，应收责任人赔款100元，求10件不可修复废品的成本及废品净损失，并进行相关的账务处理。

根据有关凭证，编制会计分录：

借：废品损失——丙产品	531.40	
贷：基本生产成本——丙产品		531.40
借：原材料	20	
其他应收款	100	
贷：废品损失——丙产品		120
借：基本生产成本——丙产品	411.40	
贷：废品损失——丙产品		411.40

2.按废品所耗定额费用计算和分配废品损失

在按废品所耗定额费用计算不可修复废品的成本时，废品的生产成本不是按废品实际发生的费用计算的，而是按废品的数量和各项费用定额计算的，通过废品的定额成本扣除废品残料回收价值计算出废品损失。

【做中学2-5-12】某机械制造有限公司本月在齿轮生产过程中发现不可修复废品8件，按所耗定额费用计算不可修复废品的生产成本。单件原材料费用定额为50元，已完成的定额工时共计120小时，每小时的费用定额为：燃料和动力1.50元，工资和福利费2元，制造费用1.20元。不可修复废品的残料作价90元以辅助材料入库，应由过失人员赔偿30元。废品净损失由当月同种产品成本负担。

根据有关凭证，编制会计分录：

（1）结转废品成本：

借：废品损失	964	
贷：基本生产成本——齿轮（直接材料）		400
——齿轮（燃料和动力）		180
——齿轮（直接人工）		240
——齿轮（制造费用）		144

（2）收回废品残料价值：

借：原材料　　90
　　贷：废品损失　　90

（3）应收过失人赔偿：

借：其他应收款　　30
　　贷：废品损失　　30

（4）结转废品净损失：

借：基本生产成本——齿轮（废品损失）　　844
　　贷：废品损失　　844

四、废品损失计算表的编制

（一）废品通知单认知

废品通知单是计算废品损失的主要原始凭证。它由企业质检部门在发现废品时填制，也可由产生废品的单位（分厂、车间或班组）填制。“废品通知单”应包括的内容有：（1）废品的种类和数量；（2）产生废品的原因和过失人责任以及废品的生产工时；（3）可修复废品的修复费用；（4）不可修复废品的生产成本。

该单一式三联：一联由生产单位存查，一联交质检部门，一联交财会部门核算废品损失。只有审核无误的 “废品通知单”，才能作为核算废品损失的原始凭证。废品通知单的格式见表2-5-21。

表2-5-21　　废品通知单

<table>
<tr><td colspan="3">产品名称</td><td colspan="4"></td><td colspan="4">批次数量</td><td></td><td>来料批次</td><td></td></tr>
<tr><td colspan="3">产品图号</td><td colspan="4"></td><td colspan="4">废品数量</td><td></td><td>废品单号</td><td></td></tr>
<tr><td colspan="4">质量特性值</td><td colspan="3">实测值</td><td colspan="4">差值</td><td colspan="3">说明</td></tr>
<tr><td colspan="4"></td><td colspan="3"></td><td colspan="4"></td><td colspan="3"></td></tr>
<tr><td rowspan="2">产生废品原因</td><td>操作工粗心大意</td><td>图纸工艺不合理</td><td>原材料不合格</td><td>设备故障</td><td>版本更新</td><td colspan="2">调试报废</td><td></td><td></td><td colspan="2">其他</td><td colspan="2" rowspan="2">责任评定：

责任者签字：</td></tr>
<tr><td></td><td></td><td></td><td></td><td></td><td colspan="2"></td><td></td><td></td><td colspan="2"></td></tr>
<tr><td colspan="14"></td></tr>
<tr><td colspan="8">检验员</td><td colspan="4">质检部</td><td colspan="2">厂部</td></tr>
<tr><td colspan="8"></td><td colspan="4"></td><td colspan="2"></td></tr>
</table>

注：一式三联：质检部一联（白）；车间主任一联（红）；仓库一联（黄）。

（二）废品损失计算表的编制

【工作实例2-5-1】沿用【做中学2-5-11】的资料。

要求：根据资料进行账务处理。

操作步骤：

第一步，编制废品损失计算表（见表2-5-22）。

表2-5-22 废品损失计算表

车间：第二车间

产品名称：丙产品 2022年6月 单位：元

项目	直接材料	直接人工	制造费用	合计
合格品和废品生产费用合计	12 570	7 470	9 960	30 000
费用分配率	2%	1.6%	1.6%	
废品生产成本	251.40	120	160	531.40
减：残料价值	20			20
过失人赔款		100		100
废品净损失	231.40	20	160	411.40

注：*取整数，有误差。

第二步，编制记账凭证（见表2-5-23至表2-5-25）。

表2-5-23 记账凭证

2022年6月30日 记字第0401号

摘要	总账科目	明细科目	借方金额	贷方金额	记账
废品损失归集	废品损失	丙产品	531.40		
	基本生产成本	丙产品		531.40	
合计			531.40	531.40	

财务主管：王海 记账：陈静 出纳 审核：吴明 制单：于丹丹

表2-5-24 记账凭证

2022年 6月30日 记字第0402号

摘要	总账科目	明细科目	借方金额	贷方金额	记账
结转残料及赔偿	原材料		20		
	其他应收款		100		
	废品损失	丙产品		120	
合计			120	120	

财务主管：王海 记账：陈静 出纳 审核：吴明 制单：于丹丹

表2-5-25 记账凭证

2022年6月30日 记字第0403号

摘要	总账科目	明细科目	借方金额	贷方金额	记账
废品损失分配	基本生产成本	丙产品	411.40		
	废品损失	丙产品		411.40	
合计			411.40	411.40	

财务主管：王海 记账：陈静 出纳 审核：吴明 制单：于丹丹

第三步，登记有关明细账。

根据上述资料登记“废品损失明细账”（见表2-5-26），月末登记“基本生产成本——丙产品”明细账（见表2-5-27）。

表2-5-26 废品损失明细账

车间：第二车间

废品名称：丙产品 单位：元

2022年		凭证号	摘要	直接材料	直接人工	制造费用	合计
6月	日						
			分配可修复废品的修复费用	210	150	50	410
			转入不可修复废品的成本	251.40	120	160	531.40
			减：残值	20			20
			过失人赔款		100		100
			合计	441.40	170	210	821.40
			结转废品净损失	441.40	170	210	821.40

表2-5-27 基本生产成本明细账

产品名称：丙产品 单位：元

2022年		凭证号	摘要	直接材料	直接人工	制造费用	废品损失	合计
6月	日							
			合格品和废品生产费用合计	12 570	7 470	9 960		30 000
			转出不可修复废品的成本	251.40	120	160		531.40
			转入废品净损失				821.40	821.40
			合格品生产费用合计	12 318.60	7 350	9 800	821.40	30 290

知识巩固

一、单项选择题

1.计算出来的废品损失应（ ）。

A.分配计入当月同种合格品的成本 B.分配计入当月各种合格品的成本

C.直接计入当月的制造费用 D.直接计入当月的管理费用

2.计算出来的废品损失，应分配转由（ ）。

A.本月的制造费用负担 B.本月的管理费用负担

C.本月的同种产品成本负担 D.下月的同种产品成本负担

3.企业在核算废品损失时，一般是指（ ）。

A.辅助生产车间发生的废品损失
B.基本生产车间发生的废品损失
C.基本生产车间和辅助生产车间发生的废品损失
D.产品销售后发生的废品损失

4.产品的三包损失，应计入（　　）。
A.废品损失　B.管理费用　C.制造费用　D.销售费用

5.对于季节性停工企业在停工期间所发生的费用，应计入（　　）。
A.停工损失　B.管理费用　C.营业外支出　D.制造费用

6.下列各项属于废品损失项目的是（　　）。
A.入库后发现的生产中的废品损失
B.可以降价出售的不合格品降价的损失
C.产成品入库后由于保管不当发生的损失
D.产品出售后发现的废品由于包退、包换和包修形成的损失

7.不可修复废品损失的核算，应采用一定的方法，将废品的成本计算出来，然后，从“基本生产成本”科目的贷方转入（　　）会计科目的借方。
A.“制造费用”　B.“管理费用”
C.“废品损失”　D.“营业外支出”

8.工业企业的废品损失应计入（　　）。
A.管理费用　B.销售费用　C.生产成本　D.营业外支出

9.产成品入库后，由于管理不当等原因造成的损失，应计入（　　）。
A.管理费用　B.销售费用　C.生产成本　D.营业外支出

10.下列各项属于废品损失的是（　　）。
A.可修复废品的生产成本　B.不可修复废品的生产成本
C.不合格品的降价损失　D.自然灾害造成的产成品损失

二、多项选择题

1.废品按其产生的责任划分，可分为（　　）。
A.工废　B.料废　C.可修复废品　D.不可修复废品

2.废品按其是否可以和值得修复可分为（　　）。
A.工废　B.料废　C.可修复废品　D.不可修复废品

3.在计算废品损失时，一般包括的内容有（　　）。
A.可修复废品的修复费用　B.不可修复废品的修复费用
C.不可修复废品的成本　D.不可修复废品的残值

4.下列各项不属于废品损失的有（　　）。
A.产品入库后发现的生产中发生的废品的损失
B.产品入库后发现的由于保管不当发生的损失
C.出售后发现的由于包退发生的损失
D.出售后发现的由于包修发生的损失

5.“废品损失”科目贷方的对应科目可能有（　　）。

A.“基本生产成本” B.“其他应收款”
C.“制造费用” D.“原材料”

6.“废品损失”科目借方的对应科目可能有（ ）。
A.“基本生产成本” B.“其他应收款”
C.“制造费用” D.“原材料”

7.“停工损失”科目借方的对应科目可能有（ ）。
A.“原材料” B.“应付职工薪酬”
C.“制造费用” D.“管理费用”

8.“停工损失”科目贷方的对应科目可能有（ ）。
A.“其他应收款” B.“营业外支出”
C.“制造费用” D.“管理费用”

9.企业发生的不可修复废品损失会使企业（ ）。
A.产品总成本降低 B.产品总成本提高
C.产品单位成本提高 D.产品产量降低

10.生产损失一般包括（ ）。
A.废品损失 B.产品盘亏损失
C.停工损失 D.产品三包损失

三、判断题

1.不可修复的废品只是指不能修复的废品。（ ）

2.废品损失还包括不需要返修、可以降价出售的不合格品的降价损失。（ ）

3.废品损失包括产成品入库后由于保管不当造成的损失。（ ）

4.废品损失包括实行包退、包换、包修的企业在产品出售后发现废品时所发生的一切损失。（ ）

5.结转不可修复废品的成本时，应借记“基本生产成本”科目，贷记“废品损失”科目。不可修复废品的成本可以按其所耗实际费用计算，也可以按其所耗定额费用计算。（ ）

6.季节性和固定资产修理期间的停工损失，应记入“管理费用”科目。（ ）

7.废品的净损失，包括可修复废品的修复费用、不可修复废品的成本扣除残值，应于期末，直接计入当期损益，列入“本年利润”科目，不再计入该种产品的成本。（ ）

8.凡技术上能够修复的废品均为可修复废品。（ ）

技能训练

【实训目的】

通过实训使学生熟悉废品损失的归集程序；熟练掌握不可修复废品损失计算表的编制及账务处理。

【实训内容】

（1）不可修复废品损失计算表；

（2）不可修复废品损失的账务处理。

【实训资料】

某企业某月份投产丁产品180件，生产过程中发现不可修复废品30件；该产品成本明细账所计合格品与废品的全部费用为：直接材料4 500元，直接工资2 224元，制造费用5 560元。废品回收残料110元。直接材料于生产开始时一次性投入，因此直接材料费按合格品（数量150件）、废品（数量30件）的数量比例分配。其他费用按生产工时比例分配，生产工时为：合格品2 360小时，废品420小时。

【实训任务】

根据上述资料，编制不可修复废品损失计算表（见表2-5-28），并作相应的账务处理。

表2-5-28 不可修复废品损失计算表 金额单位：元

项目	数量	直接材料	生产工时	直接人工	制造费用	合计
费用总额						
费用分配率						
废品成本						
减：残值						
废品净损失						

子项目三　停工损失核算

知识目标

掌握停工损失核算的相关内容

技能目标

能进行停工损失的账务处理

案例导入

停工损失核算

畅捷开关厂生产微型开关，2020年3月因机器设备故障停工5天，停工期间支付生产工人工资9 000元，应负担制造费用3 000元。经检查机器设备故障是由于生产工人违规操作导致的，按规定应由责任人赔偿1 600元。根据有关凭证，成本会计人员应如何编制会计分录？

资料来源：xiemengxue.停工损失如何进行账务处理［EB/OL］.［2020-10-12］. https：//www.chinaacc.com/kuaijishiwu/zzjn/xi20201012100254.shtml.

知识讲解

一、停工损失的归集与分配

（一）停工损失的确认

停工损失是指生产车间或车间内某个班组在停工期间发生的各项费用，包括停工期间发生的原材料费用、工资及福利费和制造费用等。应由过失单位或保险公司负担的赔款，应从停工损失中扣除。

企业发生停工的原因很多，由于自然灾害等引起的非正常停工损失，应计入营业外支出，其余停工损失如固定资产修理期间的停工损失应计入产品成本，若停工损失能取得赔偿，则应该索赔，以冲减损失。季节性生产企业在停工期间的费用，不作为停工损失核算，而在“制造费用”账户中进行核算，由开工期内的生产成本负担。企业停工时间有长有短，短则几分钟，长则超过一个月，范围也有大有小，从某台机器设备、某个生产班组、车间到全厂。为了简化核算工作，对于停工不满一个工作日的，一般不计算停工损失。

辅助生产车间由于规模一般不大，为了简化核算，一般不单独核算停工损失。

（二）停工损失的归集

企业发生停工，由生产车间将停工范围、起止时间、停工原因、过失方等情况在“停工单”中加以记录，送财会部门审核后，作为计算停工损失的原始依据。

为了单独核算停工损失，可以专设“停工损失”账户，并在产品成本计算单中增设“停工损失”成本项目。“停工损失”账户的借方归集本月发生的停工损失，贷方登记分配结转的停工损失，分配后该账户一般无余额。该账户按生产车间分户进行明细分类核算。发生各种停工损失时：

借：停工损失——××车间

　　贷：基本生产成本（应付职工薪酬、制造费用等）

（三）停工损失的分配

不同原因产生的停工损失，采用不同的分配结转方法。由过失方或保险公司赔偿的停工损失，转作其他应收款；属于非常损失引起的停工损失，列为营业外支出；对于其他原因引起的停工损失，计入产品成本。停工损失分配的核算简述如下：

借：基本生产成本——××产品（其他应收款、营业外支出）

　　贷：停工损失——××车间

企业也可以不单设“停工损失”账户，而将发生的停工损失直接列入“制造费用”“其他应收款”“营业外支出”账户。

季节性生产企业发生在季节性停工期间的费用，不作为“停工损失”，可以采用处理跨期费用的方式处理，转由生产期间的产品成本负担。

知识巩固

一、单项选择题

1. 单独核算停工损失的企业，对于自然灾害导致的停工损失，应转入（　　）。

A. 基本生产成本　B. 其他应收款　C. 营业外支出　D. 制造费用

2. 下列各项关于因台风灾害而发生的停工损失会计处理的表述中，正确的是（　　）。

A. 作为管理费用计入当期损益　B. 作为制造费用计入产品成本

C. 作为非正常损失计入营业外支出　D. 作为当期已售产成品的销售成本

3. 下列各项关于停工损失的表述中，不正确的是（　　）。

A. 由过失单位或保险公司负担的赔款，应从停工损失中扣除

B. 属于自然灾害造成的停工净损失计入制造费用

C. 不满一个工作日的停工，一般不计算停工损失

D. 辅助生产车间一般不单独核算停工损失

二、判断题

1. 停工损失是指生产车间或车间内某个班组在停工期间发生的各项费用，包括停工期间发生的原材料费用、人工费用和制造费用。即使是不满一个工作日的停工，也需要计算停工损失。（　　）

2. 季节性生产企业发生在季节性停工期间的费用，不作为“停工损失”，可以采用处理跨期费用的方式处理，转由生产期间的产品成本负担。（　　）

3. “停工损失”账户的借方归集本月发生的停工损失，贷方登记分配结转的停工损失，分配后该账户一般无余额。（　　）

项目六　计算完工产品、在产品成本

知识目标

1. 掌握在产品的含义、在产品清查的核算
2. 生产费用在完工产品和在产品之间的分配方法

技能目标

1. 能编制产品成本计算单
2. 能编制完工产品成本汇总表并进行账务处理
3. 能根据审核无误的记账凭证登记基本生产成本明细账

案例导入

计算完工产品、在产品成本

某企业乙产品经过三道工序制成，原材料消耗定额为500千克，各道工序依次为：120千克、180千克、200千克。各道工序的月末在产品数量依次为50件、35件、40件，本月完工产品为27件。月初在产品和本月发生的原材料费用共计96 000元。

要求：

（1）原材料分工序在每道工序开始时一次性投入，填表求投料程度及在产品约当产量。

（2）按约当产量法计算完工产品和月末在产品的原材料费用。

资料来源：顺利的早晨．会计问答［EB/OL］．［2021-10-28］．https：//www.acc5.com/ask/question_5216765.html.

知识讲解

子项目一 在产品核算

一、认知在产品

（一）在产品的含义

在产品是指企业已经投入生产，但尚未最后完工不能作为商品销售的产品，有广义和狭义之分。

广义上，就整个企业而言，在产品指的是没有完成全部生产过程、不能作为商品销售的产品，包括：生产车间正在加工中的在产品；已经完成一个或几个加工步骤，但需进一步加工的半成品；未经验收入库的已完成全部生产过程的产品等。企业对外销售的自制半成品，不能列入在产品。

就一个车间或一个生产加工步骤而言，在产品则是狭义在产品，只包括某一生产加工步骤正在加工中的产品，该车间或该步骤已完工的半成品不包括在内。

（二）在产品收入、发出、结存的核算

在产品数量的核算，其主要内容包括两方面：一方面要做好在产品收发结存的日常核算工作；另一方面要做好在产品的定期和不定期的清查盘点，落实数量，查明盈亏的原因和责任。

1. 在产品数量核算的原始凭证

在产品的数量核算是通过“在产品台账”（也称“在产品收发结存表”）进行的。“在产品台账”一般由车间核算人员登记，也可由班组核算员登记，车间核算人员汇总。在产品台账的格式见表2-6-1。

表2-6-1 在产品台账

生产车间： 工序： 在产品名称： 计量单位：

日期	凭证号数	摘要	收入数量	转出数量		结存数量			备注
				合格品	废品	已完工	未完工	废品	

2. 在产品清查的核算

（1）编制“在产品盘存表”。清查时，应根据盘点结果和账面资料编制“在产品盘存表”，填制在产品的账面数、实存数和盘盈盘亏数，以及盈亏的原因和处理意见等；对于报废和毁损的在产品，还应登记其残值。成本核算人员应对在产品的清查结果进行审核，并进行账务处理。

（2）账务处理。

① 属于台账记录有误造成的，应由经办人员更正。

② 由于材料耗用定额与实际耗用差异过大，造成按定额耗用计算的投入产品生产量与实际产品产出量不一致造成的在产品盘盈、盘亏，除调整台账记录外还应及时调整耗用定额。

③ 因过失人责任、自然损耗或意外灾害造成的账实差异，应编制“在产品盘盈盘亏报告表”，会计人员根据审核无误的“在产品盘盈盘亏报告表”对盘盈、盘亏和毁损的在产品进行账务处理。

在产品清查时，通常采用实地盘点法，企业根据在产品清查结果填制“在产品盘盈盘亏报告表”，并说明在产品盘盈、盘亏的具体情况及产生的原因，及时按规定流程进行处理。

对于在产品清查的核算，企业应设置“待处理财产损溢——待处理流动资产损溢”科目，发生在产品盘盈时，应根据定额成本或计划成本，借记“基本生产成本”科目，贷记“待处理财产损溢——待处理流动资产损溢”科目。经批准进行转账处理时，应借记“待处理财产损溢——待处理流动资产损溢”科目，贷记“制造费用——基本生产车间”科目及有关明细账，以冲减企业的管理费用。发生在产品盘亏时，应根据定额成本或计划成本，借记“待处理财产损溢——待处理流动资产损溢”科目，贷记“基本生产成本”科目。经批准进行转账处理时，应根据发生盘亏的原因，分别借记“管理费用”“其他应收款”“营业外支出”等科目，贷记“待处理财产损溢——待处理流动资产损溢”科目。如果在产品发生毁损，其毁损的账务处理为：借记“待处理财产损溢——待处理流动资产损溢”科目（其金额应扣除残料价值）、“原材料”科目（金额为残料入库价值），贷记“基本生产成本”科目。经批准进行转账处理时，应根据具体情况，分别借记“营业外支出”科目（其金额为扣除保险公司赔款后的由于自然灾害造成的损失价值）、“其他应收款”科目（其金额为应由保险公司赔偿的金额，或责任者赔偿的金额）。

在产品清查结果的账务处理，应在月末产品成本计算之前进行，以保证产品成本计算的正确、及时。

（三）完工产品成本与在产品成本的关系

企业在生产过程中发生的生产费用，经过在各种产品之间进行分配和归集，应计入本月各种产品的生产成本，都已集中反映在“基本生产成本”账户和所属成本明细账中。月末，企业生产的产品有三种情况：

1. 产品已全部完工

产品已全部完工，产品成本明细账中归集的生产成本（如果有月初在产品，还包括月初在产品成本）之和，就是该完工产品的成本。

2.全部产品都没有完工

当月全部产品都没有完工，产品成本明细账中归集的生产成本之和，就是该种在产品的成本。

3.既有完工产品又有在产品

既有完工产品又有在产品的产品成本明细账中归集的生产成本之和，应在完工产品和月末在产品之间采用适当的分配方法，进行生产成本的归集和分配，以计算完工产品和月末在产品的成本。

各月末在产品的数量和成本的大小以及数量或成本变化的大小，对完工产品成本计算都有很大影响。欲计算完工产品的成本，需取得在产品增减动态和实际结存的数量资料，因而必须正确组织在产品收发结存的数量核算。

（四）登记基本生产成本明细账

通过前述各项目费用的归集和分配，月末基本生产成本各明细账已按照成本项目归集了各相应产品本月的生产费用，但不是本月完工产品的成本。企业要计算本月产成品成本，不仅要归集本月的产成品生产费用，还要加上月初在产品的生产费用。如果本月产品已经全部完工，则本月的生产费用与月初在产品的生产费用之和就是月末完工产品成本；如果本月有未完工产品，那么要在完工产品与在产品之间进行成本分配，以计算本月完工产品成本与月末在产品成本。

本月产成品生产费用、月初及月末在产品成本与本月完工产品成本四者之间的关系，可用下列公式表达：

月初在产品成本 + 本月生产成本 = 本月完工产品成本 + 月末在产品成本

式中：前两项的成本之和，在完工产品和月末在产品之间采用一定的方法进行分配。

（1）计算确定月末在产品成本，倒算出完工产品成本。

（2）将公式前两项之和按照一定比例在完工产品和月末在产品之间进行分配，同时求得完工产品成本和月末在产品成本。即：

本月完工产品成本 = 月初在产品成本 + 本月生产成本 − 月末在产品成本

从上述两个公式可见，无论哪一类分配方法，都需要取得在产品的资料。在产品数量和费用的多少，影响着完工产品的成本。

【工作实例2-6-1】兴达有限责任公司生产甲、乙两种产品，各项目分配表见表2-6-2至表2-6-5。

要求：根据各项目分配表登记产成品基本生产成本明细账。

【操作步骤】

第一步，根据各项目分配表进行分析。

在甲、乙两产品基本生产成本明细账中，月初在产品成本是根据上月末资料而得，本月各种产成品生产费用根据各项目费用分配表登记。从基本生产成本明细账可见，甲、乙两产品均有月末在产品，必须采用一定的方法，将所归集的生产费用在各产品的完工产品与在产品之间进行分配。

表2-6-2　　原材料费用分配表

2022年8月　　金额单位：元

应借科目		成本或费用明细项目	间接计入			直接计入	合计
			材料定额耗用量（元）	分配率	分配额		
基本生产成本	甲产品	直接材料	336		100 800	600 000	700 800
	乙产品	直接材料	384		115 200	640 000	755 200
	小计		720	300	216 000	1 240 000	1 456 000
辅助生产成本	机修车间	直接材料				1 800	1 800
	运输车间	直接材料				500	500
	小计					2 300	2 300
制造费用	基本生产车间	修理用					
		机物料消耗				200	200
		小计				200	200
管理费用		机物料消耗				150	150
合计					216 000	1 242 650	1 458 650

表2-6-3　　动力费用分配表

2022年8月　　水电费单价0.30元　　金额单位：元

应借科目		成本及费用项目	动力费用分配			电费分配	
			实际工时	分配率	分配金额	用电度数	金额
基本生产成本	甲产品	燃料及动力	4 000		13 440		
	乙产品	燃料及动力	3 000		10 080		
	小计		7 000	3.36	23 520	78 400	23 520
制造费用	基本生产车间	水电费				2 800	840
辅助生产成本	机修车间	水电费				1 600	480
	运输车间	水电费				200	60
管理费用		水电费				3 000	900
合计						86 000	25 800

表2-6-4 职工薪酬分配表

2022年8月 金额单位：元

应借科目		成本或费用项目	生产工时	分配率（元/小时）	应分配工资费用
基本生产成本	甲产品	直接人工	4 000		18 000
	乙产品	直接人工	3 000		13 500
	小计		7 000	4.5	31 500
辅助生产成本	机修车间	直接人工			6 800
	运输车间	直接人工			5 100
	小计				11 900
制造费用	基本生产车间	工资			3 300
管理费用	工资				9 160
合计					55 860

表2-6-5 制造费用分配表

2022年8月 金额单位：元

应借科目	生产工时	分配率	分配金额
基本生产成本——甲产品	4 000		10 206.40
基本生产成本——乙产品	3 000		7 654.95
合 计	7 000	2.5516	17 861.35

第二步，登记基本生产成本明细账（见表2-6-6和表2-6-7）。

表2-6-6 基本生产成本明细账

单位名称：兴达有限责任公司 产品名称：甲产品 单位：元

2022年		凭证号	摘要	成本项目				合计
月	日			直接材料	燃料及动力	直接人工	制造费用	
8	1		月初在产品成本	210 230	10 000	1 406.50	4 420.80	226 057.30
8	31	1	分配原材料费用表	700 800				700 800
		2	分配动力费用表		13 440			13 440
		3	分配职工薪酬表			18 000		18 000
		6	分配制造费用表				10 206.40	10 206.40
			本月生产费用合计	700 800	13 440	18 000	10 206.40	742 446.40
			生产费用累计	911 030	23 440	19 406.50	14 627.20	968 503.70

表2-6-7　　　　基本生产成本明细账

单位名称：兴达有限责任公司　　　　产品名称：乙产品　　　　单位：元

2022年		凭证号	摘要	成本项目				
月	日			直接材料	燃料及动力	直接人工	制造费用	合计
8	1		月初在产品成本	230 230	11 406	20 000	8 420.50	270 056.50
8	31	1	分配原材料费用表	755 200				755 200
		2	分配动力费用表		10 080			10 080
		3	分配职工薪酬表			13 500		13 500
		6	分配制造费用表				7 654.95	7 654.95
			本月生产费用合计	755 200	10 080	13 500	7 654.95	786 434.95
			生产费用累计	985 430	21 486	33 500	16 075.45	1 056 491.45

知识巩固

一、单项选择题

1.下列各项中，不应列入在产品的是（　　）。

A.已验收入库的对外销售的自制半成品

B.正在车间加工中的合格产品

C.已验收入库仍需加工的自制半成品

D.正在车间返修的废品

2.企业在产品发生毁损，应贷记的科目是（　　）。

A.“待处理财产损溢”　　B.“原材料”

C.“基本生产成本”　　D.“营业外支出”

3.企业在产品发生毁损经批准进行账务处理时，应借记的科目是（　　）。

A.“待处理财产损溢”　　B.“原材料”

C.“基本生产成本”　　D.“营业外支出”

4.企业在产品发生盘盈时，应贷记的科目是（　　）。

A.“待处理财产损溢”　　B.“原材料”

C.“基本生产成本”　　D.“营业外支出”

5.企业在产品发生盘盈时，应借记的科目是（　　）。

A.“待处理财产损溢”　　B.“原材料”

C.“基本生产成本”　　D.“营业外支出”

二、多项选择题

1.下列各项中，应列入在产品的有（　　）。

A.已验收入库的对外销售的自制半成品

B.正在车间加工中的产品

C.仍需加工的自制半成品

D.正在车间返修的废品

2.企业在产品发生毁损，应借记的科目有（　　）。

A.“待处理财产损溢”　　B.“原材料”

C.“基本生产成本”　　D.“营业外支出”

3.企业在产品发生毁损经批准进行账务处理时，应借记的科目有（　　）。

A.“待处理财产损溢”　　B.“原材料”

C.“其他应收款”　　D.“营业外支出”

4.企业在产品发生盘亏时经批准，应借记的科目有（　　）。

A.“待处理财产损溢”　　B.“其他应收款”

C.“管理费用”　　D.“营业外支出”

5.在产品清查盘点后，对于盘亏、毁损的在产品，可能借记的科目有（　　）。

A.“制造费用”　　B.“其他应收款”

C.“营业外支出”　　D.“基本生产成本”

三、判断题

1.狭义在产品是指正在某车间或某生产步骤中加工的在产品。（　　）

2.企业在对毁损的在产品进行处理时，在产品毁损的成本应记入“管理费用”科目。（　　）

3.在产品是指企业未完成全部生产过程，不能作为商品销售的产品。（　　）

4.狭义在产品只包括某一生产车间或某一个生产加工步骤正在加工中的产品，该车间或该步骤已完工的半成品不包括在内。（　　）

5.在产品清查盘亏时的账务处理为，借记“待处理财产损溢——待处理流动资产损溢”科目，贷记“基本生产成本”科目。（　　）

子项目二　计算完工产品、在产品成本

在完工产品和月末在产品之间分配费用，是成本计算工作中的一个重要而复杂的问题。在产品结构复杂、零部件种类和加工工序较多的情况下更是这样。

从上述分配程序中可见，确定本期完工产品成本的关键在于正确确定期末在产品成本。由于各个制造企业的生产规模、工艺流程、成本构成、管理水平、核算要求各不相同，月末在产品的数量也有多有少，因此，在产品成本的确定方法也比较多。目前常用的在产品成本计算方法有：不计算在产品成本法、固定计算在产品成本法、在产品按所耗直接材料费用计价法、按完工产品计算在产品成本法、按约当产量计算在产品成本

法、在产品按定额成本计价法和按定额比例计算在产品成本法。企业可以根据实际情况选择使用，在产品成本计算方法一经确定，不得随意变更，以保证产品成本资料的可比性。

一、不计算在产品成本法

这种方法是将当月发生的生产费用，全部由当月完工产品负担，虽然有月末在产品，但不计算其成本。

这种方法适用于月末在产品数量很少的企业，在产品成本的计算与否，对完工产品成本影响不大，为了简化核算，可以不计算在产品成本。

【做中学2-6-1】大兴公司2022年4月份的A产品完成情况见表2-6-8，采用不计算在产品成本法计算完工产品成本。

表2-6-8 A产品完成情况一览表

产品名称：A产品　　2022年4月　　单位：元

项目	直接材料	直接人工	制造费用	合计
月初在产品成本	0	0	0	0
本月生产成本	35 600	7 251	13 576	56 427
合计	35 600	7 251	13 576	56 427
完工产品（100件）成本				
月末在产品成本				

完工产品成本的计算如下：

月末完工产品成本＝0＋35 600＋7 251＋13 576－0＝56 427（元）

A产品单位成本＝56 427÷100＝564.27（元）

二、固定计算在产品成本法

这种方法是指年内各月都固定以上年年末计算确定的在产品成本作为在产品成本，并以此确定当月完工产品成本的方法。

这种方法适用于月末在产品数量很小，或者在产品数量虽大但各月之间在产品数量变动不大，月初、月末在产品成本的差额对完工产品成本影响不大的情况。为简化核算工作，各月在产品成本可以固定按年初数计算。采用这种方法，某种产品本月发生的生产费用就是本月完工产品的成本。年终时，根据实地盘点的在产品数量，重新调整计算在产品成本，以避免在产品成本与实际出入过大，影响成本计算的正确性。

微课

固定计算在产品成本法

【做中学2-6-2】东方公司2022年6月份的B产品完成情况见表2-6-9，采用固定计算在产品成本法编制产品成本计算单。

表2-6-9　　产品成本计算单

产品名称：B产品　　2022年6月　　单位：元

项目	直接材料	直接人工	制造费用	合计
月初在产品成本	12 000	7 600	4 800	24 400
本月生产成本	87 650	14 000	9 600	111 250
合计	99 650	21 600	14 400	135 650
完工产品（100件）成本				
单位成本				
月末在产品成本				

成本核算岗位会计编制B产品的产品成本计算单见表2-6-10。

表2-6-10　　产品成本计算单

产品名称：B产品　　2022年6月　　单位：元

项目	直接材料	直接人工	制造费用	合计
月初在产品成本	12 000	7 600	4 800	24 400
本月生产成本	87 650	14 000	9 600	111 250
合计	99 650	21 600	14 400	135 650
完工产品（100件）成本	87 650	14 000	9 600	111 250
单位成本	876.50	140	96	1 112.50
月末在产品成本	12 000	7 600	4 800	24 400

注意：其中月末在产品成本采用固定成本计价法，月末在产品成本应在年末重新计算，作为12月份的期末在产品成本，也作为明年1—12月的期初在产品成本。

三、在产品按所耗直接材料费用计价法

微课

按所耗原材料计算在产品成本法

这种方法是月末在产品只计算其所耗直接材料费用，不计算直接人工等加工费用的在产品计价方法。也就是说，产品的直接材料费用（月初在产品的直接材料费用与本月发生的直接材料费用之和）需要在完工产品与月末在产品之间进行分配，而生产产品本月发生的直接人工、制造费用等加工费用全部由当月完工产品承担。

这种方法适用于各月末在产品数量较多，各月末在产品数量变化也较大，且直接材料费用在成本中所占比例较大的产品。该方法适用于纺织、酿酒、造纸等企业的产品成本计算。

在一次投料方式下，在产品按所耗直接材料费用计价法的计算公式如下：

$$\text{单位产品直接材料费用}=\text{月初在产品成本及本期发生直接材料费用总额}\div(\text{完工产品数量}+\text{月末在产品数量})$$

月末在产品成本 = 月末在产品数量 × 单位产品直接材料费用

完工产品成本 = 月初在产品成本 + 本月发生生产费用 − 月末在产品成本

【做中学2-6-3】某公司2022年5月C产品完成情况及发生费用见表2-6-11。直接材料一次性投入，按所耗原材料计算在产品成本法计算在产品成本。

表2-6-11 C产品完成情况一览表

产品名称：C产品 2022年5月 单位：元

项目	直接材料	直接人工	制造费用	合计
月初在产品成本	55 600	0	0	55 600
本月生产成本	115 000	6 000	4 000	125 000
完工产品（1 100件）成本				
单位成本				
月末在产品（200件）成本				

C产品的在产品和完工产品成本计算如下：

单位产品直接材料成本 =（55 600 + 115 000）÷（1 100 + 200）= 131.23（元/件）

月末在产品成本 = 200 × 131.23 = 26 246（元）

本月完工产品成本 = 55 600 + 125 000−26 246 = 154 354（元）

四、约当产量法

（一）约当产量及约当产量法的含义

约当产量，是指将月末在产品数量按完工程度折合成完工产品的产量。约当产量法，就是将月末在产品数量按其完工程度折合成约当产量，然后按完工产品产量与月末在产品约当产量的比例分配计算完工产品成本和月末在产品成本。

（二）约当产量法的计算公式

月末在产品约当产量 = 月末在产品数量 × 完工（投料）程度

$$\text{单位成本（分配率）}=(\text{月初在产品成本}+\text{本月生产成本})\div(\text{完工产品数量}+\text{月末在产品约当产量})$$

完工产品成本 = 完工产品数量 × 单位成本

月末在产品成本 = 月末在产品约当产量 × 单位成本

【提示】首先是分配率不能整除应注意尾差的问题，在计算月末在产品成本时应采用倒减的方法。其次是在产品约当产量的确定。在很多加工生产企业中，原材料是在生产开始时一次性投入的，这时无论在产品完工程度如何，单件在产品和单件完工产品负担的材料成本都是相同的，因而分配原材料成本时的在产品的约当产量就是在产品的实际数量，在产品其他成本如直接人工成本、制造费用等则需要采用约当产量法计算。

（三）约当产量的确定

微课

约当产量投料程度的确定

由于在产品在生产加工过程中，加工程度和投料情况的不同，必须分成本项目计算在产品的约当产量。要正确计算在产品的约当产量，首先必须确定投料程度和完工程度。

1.投料程度的确定

直接材料费用项目约当产量的确定取决于产品生产过程中的投料程度。在产品投料程度是指在产品已投材料占完工产品应投材料的百分比。在生产过程中，材料投入形式通常有三种，即在生产开始时一次性投入、在生产过程中陆续投入或在生产过程中分阶段批量投入。由于投入形式不同，在产品投料程度也不同。

（1）当直接材料于生产开始一次性投入时，投料百分比为100%。这时不论在产品完工程度如何，其单位在产品耗用的材料与单位完工产品耗用的材料一样。因此，用以分配直接材料费用的在产品的约当产量即为在产品的实际数量。

【做中学2-6-4】兴达有限责任公司材料于生产开始时一次性投入，2022年3月甲、乙两种产品月末在产品生产数量分别为150件和450件。

投料程度和直接材料项目的在产品约当产量计算如下：

①因为直接材料于生产开始时一次性投入，所以投料程度为100%。

②甲产品直接材料项目在产品约当产量＝月末在产品的实际数量＝150件

乙产品直接材料项目在产品约当产量＝月末在产品的实际数量＝450件

（2）当直接材料随生产过程陆续投入时，在产品投料程度的计算方法与完工程度的计算方法相同（参考完工程度的计算）。此时，分配直接材料费用的在产品约当产量按完工程度折算。

（3）当直接材料分次在每道工序开始一次性投入时，月末在产品投料程度可按下列公式计算：

某工序投料程度＝到本工序为止的累计材料消耗定额÷完工产品材料消耗定额×100%

【做中学2-6-5】假设兴达有限责任公司乙产品经两道工序加工而成，原材料在每道工序开始时一次性投入，2022年3月，各工序原材料消耗定额和在产品数量见表2-6-12。

表2-6-12 各工序原材料消耗定额和在产品数量一览表

产品名称：乙产品 2022年3月

工序	原材料消耗定额（千克）	月末在产品数量（件）	在产品投料程度	在产品约当产量（件）
1	500	150		
2	500	300		
合计	1 000	450		

各工序在产品投料程度和约当产量计算如下：

第1道工序的在产品投料程度＝500÷1 000×100%＝50%

第1道工序的在产品约当产量 = 150 × 50% = 75（件）

第2道工序的在产品投料程度 =（500 + 500）÷ 1 000 × 100% = 100%

第2道工序的在产品约当产量 = 300 × 100% = 300（件）

在产品约当总产量 = 75 + 300 = 375（件）

编制多工序分次投料约当产量计算表（见表2-6-13）。

表2-6-13　　多工序分次投料约当产量计算表

产品名称：乙产品　　2022年3月

工序	原材料消耗定额（千克）	月末在产品数量（件）	在产品投料程度	在产品约当产量（件）
1	500	150	50%	75
2	500	300	100%	300
合计	1 000	450	—	375

（4）直接材料在产品生产过程中分次投料。在这种方式下，不是按产品完工程度投料，因此，在产品直接材料投料程度与产品完工程度也不一致，需要分工序计算直接材料完工率，然后以此为依据，计算在产品约当产量，进行费用分配。计算时，可以按各工序直接材料消耗定额计算。其有关计算公式如下：

$$\frac{\text{某道工序}}{\text{在产品投料程度}} = \left(\frac{\text{前面各道工序的累计}}{\text{直接材料费用消耗定额}} + \frac{\text{本道工序直接}}{\text{材料费用消耗定额}} \times 50\%\right) \div \frac{\text{单位产品直接}}{\text{材料费用消耗定额}} \times 100\%$$

【做中学2-6-6】假设兴达有限责任公司乙产品经两道工序加工而成，直接材料在产品生产过程中分次投入，投料程度与产品加工进度不一致。其两道工序直接材料费用消耗定额分别为：500千克、500千克，两道工序在产品数量分别为200件、300件。

各工序在产品投料程度和约当产量计算如下：

①各道工序在产品投料程度：

第一道工序在产品投料程度 =（500 × 50%）÷ 1 000 × 100% = 25%

第二道工序在产品投料程度 =（500 + 500 × 50%）÷ 1 000 × 100% = 75%

②各道工序在产品的约当产量：

第一道工序在产品约当产量 = 200 × 25% = 50（件）

第二道工序在产品约当产量 = 300 × 75% = 225（件）

③在产品的约当总产量：

约当总产量 = 50 + 225 = 275（件）

2.完工程度的确定

微课

约当产量完工程度的确定

对于直接材料以外的其他成本项目，通常按完工程度计算约当产量。当企业生产进度比较均衡，各道工序在产品数量相差不大时，全部在产品完工程度都可以按50%平均计算，否则，各道工序在产品的完工程度应按工序分别测定。在产品完工程度的计算公式如下：

$$\text{某道工序上的在产品完工率}=\left(\frac{\text{前面各道工序的}}{\text{累计定额工时}}+\frac{\text{本道工序}}{\text{定额工时}}\times 50\%\right)\div\frac{\text{完工产品}}{\text{定额工时}}\times 100\%$$

式中：对于“前面各道工序的累计定额工时”，由于在产品已经完工，所以前面各道工序的定额工时都以100%计入；对于公式中“本道工序定额工时”，由于对本道工序的完工程度一般不逐一测定，所以一般以本道工序定额工时的50%计入。

（四）编制产品成本计算单

【工作实例2-6-2】兴达有限责任公司2022年8月甲产品期初在产品数量为538件，本月投产甲产品112件，月末甲产品在产品数量为150件，完工程度为50%，原材料在生产开始时一次性投入。其他资料具体见表2-6-14。

表2-6-14 生产成本一览表

产品名称：甲产品 2022年8月 单位：元

项目	直接材料	燃料及动力	直接人工	制造费用	合计
月初在产品成本	210 230	10 000	1 406.50	4 420.80	226 057.30
本月生产费用	700 800	13 440	18 000	10 206.40	742 446.40
合计	911 030	23 440	19 406.50	14 627.20	968 503.70

要求：

（1）用约当产量法分配完工产品成本和月末在产品成本；

（2）编制产品成本计算单。

【操作步骤】

第一步，成本核算岗位会计分配完工产品成本和月末在产品成本。

甲产品期初在产品数量为538件，本月投产甲产品112件。月末，甲产品在产品数量为150件，所以，完工甲产品数量 = 538 + 112 − 150 = 500（件）。

（1）分配直接材料费用：

由于原材料在生产开始时一次性投入，所以投料程度为100%。

月末甲产品在产品的材料约当产量 = 月末在产品的实际数量 = 150件

单位成本 = 911 030 ÷（500 + 150）= 1 401.58（元）

完工产品负担的直接材料费 = 500 × 1 401.58 = 700 790（元）

月末在产品负担的直接材料费 = 911 030 − 700 790 = 210 240（元）

（2）分配燃料及动力费用：

在产品约当产量 = 150 × 50% = 75（件）

单位成本 = 23 440 ÷（500 + 75）= 40.77（元）

完工产品负担的燃料及动力费用 = 500 × 40.77 = 20 385（元）

月末在产品负担的燃料及动力费用 = 23 440 − 20 385 = 3 055（元）

（3）分配直接人工费用：

在产品约当产量 = 150 × 50% = 75（件）

单位成本 = 19 406.50 ÷（500 + 75）= 33.75（元）

完工产品负担的直接人工成本 = 500 × 33.75 = 16 875（元）

月末在产品负担的直接人工成本 = 19 406.50 − 16 875 = 2 531.50（元）

（4）分配制造费用：

在产品约当产量 = 150 × 50% = 75（件）

单位成本 = 14 627.20 ÷（500 + 75）= 25.44（元）

完工产品负担的制造费用 = 500 × 25.44 = 12 720（元）

月末在产品负担的制造费用 = 14 627.20 − 12 720 = 1 907.20（元）

完工产品总成本 = 700 790 + 16 875 + 20 385 + 12 720 = 750 770（元）

月末在产品成本 = 210 240 + 2 531.50 + 3 055 + 1 907.20 = 217 733.70（元）

第二步，编制产品成本计算单（见表2-6-15）。

表2-6-15 产品成本计算单

产品名称：甲产品　　2022年8月31日　　金额单位：元

项 目	直接材料	燃料及动力	直接人工	制造费用	合计
月初在产品成本	210 230	10 000	1 406.50	4 420.80	226 057.30
本月发生生产费用	700 800	13 440	18 000	10 206.40	742 446.40
生产费用合计	911 030	23 440	19 406.50	14 627.20	968 503.70
完工产品数量	500	500	500	500	—
在产品约当产量	150	75	75	75	—
分配率（单位成本）	1 401.58	40.77	33.75	25.44	1 501.54
完工产品总成本	700 790	20 385	16 875	12 720	750 770
月末在产品成本	210 240	3 055	2 531.50	1 907.20	217 733.70

【工作实例2-6-3】兴达有限责任公司2022年8月生产乙产品经过两道工序连续加工而成。直接材料在生产开始时一次性投入，每道工序完工程度平均50%，其各道工序工时、产量、在产品数量见表2-6-16，月初在产品成本及本月发生的生产费用见表2-6-17。

表2-6-16 乙产品各工序工时、产量、在产品数量表

名称：乙产品　　2022年8月　　实物单位：件

工序	工时定额（小时）	月初在产品数量	本月完工数量	月末在产品数量
1	30	150	550	150
2	20	250	400	300
合计	50	—	—	—

表2-6-17 生产成本一览表

产品名称：乙产品 2022年8月 单位：元

项目	直接材料	燃料及动力	直接人工	制造费用	合计
月初在产品成本	230 230	11 406	20 000	8 420.50	270 056.50
本月生产费用	755 200	10 080	13 500	7 654.95	786 434.95
合计	985 430	21 486	33 500	16 075.45	1 056 491.45

要求：

（1）用约当产量法分配完工产品成本和月末在产品成本（分配率保留2位小数）；

（2）编制产品成本计算单。

【操作步骤】

第一步，成本核算岗位会计分配完工产品成本和月末在产品成本。

第一道工序完工率 = 30 × 0.5 ÷ 50 × 100% = 30%

第二道工序完工率 = （30 + 20 × 0.5）÷ 50 × 100% = 80%

月末在产品约当产量 = 150 × 30% + 300 × 80% = 285（件）

直接材料费用分配率 = 985 430 ÷（400 + 150 + 300） = 1 159.33（元）

燃料及动力费用分配率 = 21 486 ÷（400 + 285） = 31.37（元）

直接人工费用分配率 = 33 500 ÷（400 + 285） = 48.91（元）

制造费用分配率 = 16 075.45 ÷（400 + 285） = 23.47（元）

完工产品成本 = （1 159.33 + 31.37 + 48.91 + 23.47）× 400 = 505 232（元）

月末在产品成本 = 1 056 491.45 − 505 232 = 551 259.45（元）（倒挤）

第二步，编制产品成本计算单（见表2-6-18）。

表2-6-18 产品成本计算单

产品名称：乙产品 2022年8月31日 金额单位：元

摘要	直接材料	燃料及动力	直接人工	制造费用	合计
月初在产品成本	230 230	11 406	20 000	8 420.50	270 056.50
本月发生生产费用	755 200	10 080	13 500	7 654.95	786 434.95
生产费用合计	985 430	21 486	33 500	16 075.45	1 056 491.45
完工产品数量（件）	400	400	400	400	—
在产品约当产量（件）	450	285	285	285	—
分配率（单位成本）	1 159.33	31.37	48.91	23.47	1 263.08
完工产品总成本	463 732	12 548	19 564	9 388	505 232
月末在产品成本	521 698	8 938	13 936	6 687.45	551 259.45

（五）编制完工产品成本汇总表并进行账务处理

【工作实例2-6-4】沿用【工作实例2-6-2】和【工作实例2-6-3】的资料。

微课

完工产品成本的结转

要求：编制完工产品成本汇总表并进行账务处理。

【操作步骤】

第一步，编制完工产品成本汇总表（见表2-6-19）。

表2-6-19　完工产品成本汇总表

2022年8月31日　　金额单位：元

产品名称	成本	成本项目				合计
		直接材料	燃料及动力	直接人工	制造费用	
甲产品（500件）	总成本	700 790	20 385	16 875	12 720	750 770
	单位成本	1 401.58	40.77	33.75	25.44	1 501.54
乙产品（400件）	总成本	463 732	12 548	19 564	9 388	505 232
	单位成本	1 159.33	31.37	48.91	23.47	1 263.08

第二步，成本核算员月末根据仓库转来的完工产品成本汇总表编制产成品入库单（见表2-6-20）。

表2-6-20　产成品入库单

入库部门：基本生产车间　　2022年8月31日　　金额单位：元

类别	编号	名称及规格	计量单位	实收数量	单位成本	总成本
		甲产品	件	500	1 501.54	750 770
		乙产品	件	400	1 263.08	505 232
合计			—	—	—	1 256 002

制表：张宇　　保管：王芳　　检验：李萍

（注：一式三联，一联产成品库存单，一联交基本生产车间，一联交财务部）

第三步，填制结转完工入库产品成本记账凭证（见表2-6-21）。

表2-6-21　记账凭证

2022年8月31日　　记字第0503号

摘要	总账科目	明细科目	借方金额	贷方金额	记账
结转完工入库产品成本	库存商品	甲产品	750 770		
		乙产品	505 232		
	基本生产成本	甲产品		750 770	
		乙产品		505 232	
合计			1 256 002	1 256 002	

财务主管：李红　　记账：王丽　　出纳：　　审核：吴天　　制单：王丹丹

五、按完工产品计算在产品成本法

这种方法是将月末在产品视同完工产品，将各项生产费用的累计数按完工产品和在产品数量的比例进行分配，以确定月末完工产品成本和在产品成本。

这种方法适用于月末在产品已基本加工完成或虽已完工，但尚未验收入库的产品。在这种情况下，在产品已接近完工，其所耗费的费用与完工产品所耗费的费用相差无几，为简化计算，将月末在产品的完工率按100%计算，视同完工产品分配生产费用。因此，单位产品应分配的费用可按如下公式计算（各成本项目计算方法相同）：

$$\frac{\text{某成本项目}}{\text{单位产品成本}}=\frac{\text{该项目月初及本月份}}{\text{发生费用合计}}\div\left(\frac{\text{完工产品}}{\text{数量}}+\frac{\text{月末在产品}}{\text{实际数量}}\right)$$

某成本项目完工产品成本 = 完工产品数量 × 该成本项目单位产品成本

某成本项目月末在产品成本 = 月末在产品实际数量 × 该成本项目单位产品成本

【做中学2-6-7】新华公司2022年11月份的D产品完成情况及发生费用见表2-6-22。采用按完工产品计算在产品成本法计算在产品成本。

表2-6-22 D产品完成情况一览表

产品名称：D产品 2022年11月 单位：元

项目	直接材料	直接人工	制造费用	合计
月初在产品成本	2 680	1 430	2 717	6 827
本月生产成本	10 820	4 870	7 183	22 873
合计	13 500	6 300	9 900	29 700
完工产品（80件）成本				
单位成本				
月末在产品（10件）成本				

成本核算岗位会计编制D产品的产品成本计算单见表2-6-23。

表2-6-23 产品成本计算单

产品名称：D产品 2022年11月 单位：元

项目	直接材料	直接人工	制造费用	合计
月初在产品成本	2 680	1 430	2 717	6 827
本月生产成本	10 820	4 870	7 183	22 873
合计	13 500	6 300	9 900	29 700
完工产品（80件）成本	12 000	5 600	8 800	26 400
单位成本	150	70	110	330
月末在产品（10件）成本	1 500	700	1 100	3 300

其中计算如下：

直接材料的单位成本 = 13 500 ÷ （80 + 10） = 13 500 ÷ 90 = 150（元）

完工产品的直接材料成本 = 150 × 80 = 12 000（元）

在产品的直接材料成本 = 150 × 10 = 1 500（元）

直接人工、制造费用的计算同上。

六、在产品按定额成本计价法

月末在产品按定额成本计价法是指根据定额资料确定在产品的定额单位成本，月末以在产品数量分别乘以各成本项目的定额单位成本，即可计算出按定额成本计价的在产品成本。在该种方法下，以某种产品月初在产品成本及本月发生生产费用之和减去按定额成本计算的月末在产品成本的余额就为当月完工产品成本。

月末在产品按定额成本计价法适用于定额管理基础较好，各项消耗定额或费用定额比较准确，有一定的稳定性，而且各月末在产品数量比较稳定的产品。

微课

定额成本计价法

定额成本计价法的计算公式如下：

$$\text{月末在产品定额直接材料成本}=\text{月末在产品数量}\times\text{单位在产品定额直接材料成本}$$

$$\text{月末在产品定额直接人工成本}=\text{月末在产品数量}\times\text{单位在产品定额工时}\times\text{每小时定额直接人工成本}$$

$$\text{月末在产品定额制造费用}=\text{月末在产品数量}\times\text{单位在产品定额工时}\times\text{每小时定额制造费用}$$

$$\text{月末在产品定额燃料及动力费用}=\text{月末在产品数量}\times\text{单位在产品定额工时}\times\text{每小时定额燃料及动力费用}$$

上述各成本项目月末在产品定额成本之和即为当月月末在产品定额成本。其计算公式如下：

完工产品总成本 = 月初在产品成本 + 本月发生生产费用 − 月末在产品定额成本

产品单位成本 = 产成品总成本 ÷ 产成品产量

【做中学2-6-8】某公司2022年12月生产E产品，完工产品300件，月末在产品100件，原材料在生产开始时一次性投入，月末在产品单位定额成本为直接材料190元，燃料和动力5元，直接人工35元，制造费用25元，月初在产品成本直接材料为15 200元，燃料和动力为400元，直接人工为2 800元，制造费用为2 000元，本期发生生产费用直接材料61 120元，燃料和动力3 160元，直接人工19 950元，制造费用17 280元。采用定额成本计价法计算完工产品和月末在产品成本。

计算如下（计算结果保留两位小数）：

月末在产品材料定额成本 = 100 × 190 = 19 000（元）

月末在产品燃料和动力定额成本 = 100 × 5 = 500（元）

月末在产品直接人工定额成本 = 100 × 35 = 3 500（元）

月末在产品制造费用定额成本 = 100 × 25 = 2 500（元）

月末在产品的总成本＝19 000＋500＋3 500＋2 500＝25 500（元）

月初在产品成本＝15 200＋400＋2 800＋2 000＝20 400（元）

本月发生生产费用＝61 120＋3 160＋19 950＋17 280＝101 510（元）

完工产品的总成本＝20 400＋101 510－25 500＝96 410（元）

单位成本＝96 410÷300＝321.37（元）

七、定额比例法

微课

定额比例法

定额比例法是将生产费用按照完工产品与月末在产品之间的定额消耗量或定额费用比例进行分配。分配各项费用时，直接材料费用通常以定额消耗量或定额费用作为分配标准，而直接人工等加工费用，通常以定额工时与每小时定额费用之积计算定额费用，因而对于各项加工费用，既可以定额费用作为分配标准，也可以定额工时作为分配标准，以后者居多。定额比例法适用于定额管理基础较好，定额消耗量或定额费用等资料较准确、稳定，而且各月在产品数量不稳定的产品。

定额比例法计算公式如下（以按定额工时比例分配为例）：

（1）$$\frac{\text{直接材料}}{\text{分配率}}=\left(\frac{\text{月初在产品实际}}{\text{直接材料成本}}+\frac{\text{本月发生直接}}{\text{材料成本}}\right)\div\left(\frac{\text{完工产品定额}}{\text{直接材料成本}}+\frac{\text{月末在产品定额}}{\text{直接材料成本}}\right)$$

$$\frac{\text{完工产品应分配的}}{\text{直接材料成本}}=\frac{\text{完工产品定额}}{\text{直接材料成本}}\times\frac{\text{直接材料}}{\text{分配率}}$$

$$\frac{\text{月末在产品应分配的}}{\text{直接材料成本}}=\frac{\text{月末在产品定额}}{\text{直接材料成本}}\times\frac{\text{直接材料}}{\text{分配率}}$$

（2）$$\frac{\text{工资（费用）}}{\text{分配率}}=\left[\frac{\text{月初在产品}}{\text{实际工资（费用）}}+\frac{\text{本月发生的}}{\text{实际工资（费用）}}\right]\div\left(\frac{\text{完工产品}}{\text{定额工时}}+\frac{\text{月末在产品}}{\text{定额工时}}\right)$$

完工产品应分配的工资（费用）＝完工产品定额工时×工资（费用）分配率

月末在产品应分配的工资（费用）＝月末在产品定额工时×工资（费用）分配率

【做中学2-6-9】湖滨公司生产的A产品，其定额资料见表2-6-24。

表2-6-24 定额资料

项目	月末在产品	完工产品
定额材料费用（元）	20 000	95 000
定额工时（小时）	1 300	12 050

本月的生产费用如下：月初在产品原材料费用23 500元，直接人工费用8 980元，制造费用11 200元，本月发生的费用是：原材料费用130 000元，直接人工费用41 770元，制造费用31 520元。

按定额比例法计算完工产品和月末在产品成本如下：

（1）计算各项费用分配率：

直接材料分配率 =（23 500 + 130 000）÷（95 000 + 20 000）= 1.3348

直接人工分配率 =（8 980 + 41 770）÷（12 050 + 1 300）= 3.8015

制造费用分配率 =（11 200 + 31 520）÷（12 050 + 1 300）= 3.2

（2）分成本项目计算完工产品和在产品成本：

完工产品负担的直接材料成本 = 95 000 × 1.3348 = 126 806（元）

月末在产品负担的直接材料成本 = 20 000 × 1.3348 = 26 694（元）

完工产品负担的直接人工成本 = 12 050 × 3.8015 = 45 808.08（元）

月末在产品负担的直接人工成本 = 1 300 × 3.8015 = 4 941.92（元）

完工产品负担的制造费用 = 12 050 × 3.2 = 38 560（元）

月末在产品负担的制造费用 = 1 300 × 3.2 = 4 160（元）

完工产品总成本 = 126 806 + 45 808.08 + 38 560 = 211 174.08（元）

月末在产品总成本 = 26 694 + 4 941.92 + 4 160 = 35 795.92（元）

注：*有尾差。

知识巩固

一、单项选择题

1. 下列各项不属于完工产品与月末在产品之间分配费用的方法是（　　）。

A. 约当产量法　　B. 不计算在产品成本法

C. 年度计划分配率分配法　　D. 定额比例法

2. 计算完工产品成本时，如果不计算在产品成本，应具备的条件是（　　）。

A. 各月末在产品的数量比较稳定　　B. 各月末在产品的数量很少

C. 各月末在产品的数量较大　　D. 定额管理基础较好

3. 采用在产品按完工产品计算法分配计算完工产品和月末在产品成本，应具备的条件是（　　）。

A. 各月末在产品的数量比较稳定　　B. 各月末在产品的数量很少

C. 各项消耗定额比较准确　　D. 在产品已接近完工

4. 某种产品的定额准确、稳定，且各月末在产品数量变化较大，为了简化成本计算工作，其生产费用在完工产品和月末在产品之间进行分配应采用（　　）。

A. 在产品按定额成本计价法　　B. 在产品按完工产品计价法

C. 约当产量法　　D. 定额比例法

5. 如果产品成本中的原材料费用所占比重很大，原材料随着生产进度逐渐投入生产，为了简化成本计算工作，在分配完工产品与月末在产品费用时，应该采用的方法是（　　）。

A. 在产品按所耗原材料费用计价，原材料费用按约当产量比例分配

B. 在产品按所耗原材料费用计价

C. 约当产量法

D.原材料费用按约当产量比例分配

6.以完工产品和月末在产品的数量比例分配计算完工产品和月末在产品的原材料费用，必须具备的条件是（　　）。

A.在产品接近完工　　B.在产品原材料费用比重较大

C.原材料在生产开始时一次性投入　　D.各项消耗定额比较准确

7.当原材料随着加工进度陆续投入，原材料投入的程度与加工进度完全一致或基本一致时，采用约当产量法计算在产品成本时，（　　）。

A.完工产品按数量比例分配材料费用，在产品按约当产量比例分配

B.完工产品按约当产量比例分配材料费用，在产品按数量比例分配

C.完工产品和在产品均按数量比例分配

D.材料费用应按约当产量比例分配

8.若各项消耗定额或费用定额比较准确、稳定，而且各月末在产品数量变化不大的产品，其月末在产品成本的计算方法可采用（　　）。

A.在产品按完工产品计价法　　B.在产品按约当产量计价法

C.在产品按定额成本计价法　　D.在产品按所耗原材料费用计价法

9.如果产品的月末在产品数量较多，各月在产品数量变化较大，各项费用的比重相差不多，生产费用在完工产品与月末在产品之间分配，应采用的方法是（　　）。

A.约当产量法　　B.在产品不计算成本法

C.在产品按所耗原材料费用计价法　　D.在产品按固定成本计价法

10.分配加工费用时所采用的在产品的完工率是指产品（　　）与完工产品工时定额的比率。

A.所在工序的工时定额

B.前面各工序工时定额与所在工序工时定额之半的合计数

C.所在工序的累计工时定额

D.所在工序的工时定额之半

11.采用在产品成本按年初固定成本计价法，将生产费用在完工产品与期末在产品之间进行分配，适用于（　　）的企业。

A.各月在产品数量很大

B.各月末在产品数量虽大，但各月之间变化不大

C.各月末在产品数量变化较大

D.各月成本水平相差不大

12.企业月末在产品数量较大且数量变化较大，而原材料费用在成本中所占比重较大的产品，通常应按（　　）将生产费用在完工产品和月末在产品之间分配。

A.定额比例法　　B.在产品按所耗原材料费用计价法

C.约当产量法　　D.在产品按定额成本计价法

13.原材料在每道工序开始时一次性投入的情况下，分配原材料费用的在产品投料程度，是（　　）与完工产品原材料消耗定额的比率。

A.在产品所在工序原材料累计消耗定额的50%

B.在产品所在工序原材料消耗定额的50%

C.在产品所在工序原材料消耗定额

D.在产品所在工序原材料累计消耗定额

14.某种产品经两道工序加工而成。单位产品的工时定额为40小时，其中一工序为10小时，二工序为30小时，各道工序在产品在本道工序的加工程度按工时定额的50%计算。一工序在产品数量80件，二工序在产品数量40件，则期末在产品的约当产量为（　　）件。

A.120　　B.35　　C.25　　D.60

15.如果某种产品的月末在产品数量较大，各月在产品数量变化也较大，产品成本中各项费用的比重相差不大，生产费用在完工产品与月末在产品之间分配，应采用的方法是（　　）。

A.不计在产品成本法　　B.约当产量法

C.在产品按完工产品计价法　　D.定额比例法

16.某企业产品经过两道工序，各工序的工时定额分别为30小时和40小时，则第二道工序的完工率为（　　）。

A.68%　　B.69%　　C.70%　　D.71%

17.某产品经过两道工序加工完成。第一道工序月末在产品数量为100件，完工程度为20%；第二道工序的月末在产品数量为200件，完工程度为70%。据此计算的月末在产品约当产量为（　　）件。

A.20　　B.135　　C.140　　D.160

二、多项选择题

1.在产品清查盘点后，对于盘亏、毁损的在产品，可能借记的科目有（　　）。

A.“制造费用”　　B.“其他应收款”

C.“营业外支出”　　D.“基本生产成本”

2.生产费用在完工产品和月末在产品之间分配的方法有（　　）。

A.定额比例法　　B.按定额成本计价法

C.约当产量法　　D.计划成本分配法

3.企业生产费用在完工产品与在产品之间进行分配方法的选择应根据（　　）。

A.在产品数量的多少　　B.各月末在产品数量变化的大小

C.各项费用比重的大小　　D.定额管理基础的好坏

4.各月份在产品数量较多而且变化较大，在完工产品与月末在产品之间分配生产费用时，不宜采用的方法有（　　）。

A.在产品不计算成本法　　B.在产品按固定成本计价法

C.约当产量法　　D.在产品按定额成本计价法

5.在产品成本按完工产品计价法，适用于（　　）的情况。

A.月末在产品已接近完工　　B.产品已经加工完毕尚未验收入库

C.产品已经加工完毕尚未包装入库　　D.月末在产品数量很少

6.分配计算完工产品和月末在产品的费用时，采用在产品按定额成本计价法所具备的条件有（　　）。

A.消耗定额比较准确　　B.消耗定额比较稳定

C.各月末在产品数量变化不大　　D.各月末在产品数量变化较大

7.采用约当产量比例法计算完工产品和在产品成本时，应具备的条件有（　　）。

A.产品成本中原材料和加工费用的比重相差较大

B.月末在产品数量较大

C.各月末在产品数量变化较大

D.月末在产品数量较小

8.采用约当产量法，必须正确计算在产品的约当产量，而在产品约当产量计算正确与否取决于产品完工程度的测定的准确与否，测定在产品完工程度的方法有（　　）。

A.按50%平均计算各工序完工率　　B.分工序计算完工率

C.按定额比例法计算　　D.按定额工时计算

9.基本生产车间完工产品转出时，可能借记的科目有（　　）。

A."基本生产成本"　　B."辅助生产成本"

C."库存商品"　　D."自制半成品"

10.本月发生的生产费用与月初、月末在产品及本月完工产品成本之间的关系有（　　）。

A.月初在产品成本 + 本月发生的生产费用 = 本月完工产品成本 + 月末在产品成本

B.月初在产品成本 + 本月完工产品成本 = 本月发生的生产费用 + 月末在产品成本

C.本月完工产品成本 = 月初在产品成本 + 本月发生的生产费用−月末在产品成本

D.本月完工产品成本 = 月末在产品成本 + 本月发生的生产费用−月初在产品成本

11.采用在产品按原材料费用计价法分配生产费用时，应具备的条件有（　　）。

A.原材料费用在产品成本中所占比重较大

B.各月末在产品数量较大

C.各月末在产品数量变化较大

D.各月在产品数量比较稳定

12.基本生产完工验收入库的产成品成本不正确的有（　　）。

A.定额成本　　B.标准成本　　C.计划成本　　D.实际成本

13.假设某企业某种产品本月完工250件，月末在产品160件，在产品完工程度为40%，月初和本月发生的原材料费用共56 520元，原材料随着加工进度陆续投入，则完工产品和月末在产品的原材料费用不正确的有（　　）。

A.45 000元和11 250元　　B.40 000元和16 250元

C.45 000元和11 520元　　D.34 298元和21 952元

14.在约当产量法下，下列各项不是影响在产品成本准确性的关键因素有（　　）。

A.在产品数量　　B.在产品定额工时

C.完工产品数量　　D.在产品完工程度

15.计算在产品完工率时，其所依据的资料有（　　）。

A.完工产品工时定额

B.单位在产品工时定额

C.本道工序累计工时定额

D.上道工序累计工时定额和本道工序工时定额的50%之和

三、判断题

1.在采用在产品不计算成本法时，某产品某月发生的生产费用之和，就是该产品的完工产品成本。（　）

2.按年初数固定计算在产品成本法，适用于各月末在产品数量较大，各月末在产品数量变化也较大，原材料费用在产品成本中占有较大比重的产品。（　）

3.各月末在产品数量变化不大的产品，可以不计算月末在产品成本。（　）

4.当原材料在生产开始时一次性投入时，原材料费用在完工产品和月末在产品之间的分配，可以按完工产品数量和月末在产品数量比例进行。（　）

5.在产品按定额成本计价法，适用于定额管理基础比较好，各项消耗定额或费用定额比较准确、稳定，而且各月末在产品数量变动不大的产品。（　）

6.在分配和计算完工产品和月末在产品成本时，如月末在产品已接近完工，或产品已经加工完成但尚未验收或包装入库，在产品可按完工产品计算。（　）

7.原材料不是在生产开始时一次性投入的，而是随着生产进度陆续投入的，原材料费用的分配，应按照完工产品的产量和月末在产品的数量比例进行。（　）

8.约当产量是指月末在产品数量按照完工程度折算的相当于完工产品的数量。（　）

9.采用约当产量法分配原材料费用的完工率与分配加工费用的完工率有时是可通用的。（　）

10.定额比例法适用于定额管理基础比较好，各项消耗定额或费用定额比较准确、稳定，而且各月末在产品数量变动不大的产品。（　）

11.按原材料的投料程度把在产品数量折合成相当于产成品的数量，即为在产品约当产量。（　）

12.在完工产品与在产品之间按约当产量法分配生产费用，一般是指对加工费用的分配，不能用于直接材料费用的分配。（　）

13.生产费用在完工产品与在产品之间的分配，是指将本月发生的生产费用，采用一定的方法分配给完工产品和月末在产品。（　）

14.采用在产品按固定成本计价法时，每年年末都应实际盘点、计算一次在产品成本。（　）

技能训练

（一）

【实训目的】

通过实训使学生熟悉约当产量法的运用；熟练掌握运用约当产量法计算完工产品成

本和在产品成本，并编制产品入库的会计分录。

【实训内容】

（1）按约当产量法计算完工产品成本和在产品成本；

（2）编制产品入库的会计分录。

【实训资料】

利达机械制造公司生产A、B、C三种产品，其中A、B产品本月月初在产品成本资料见表2-6-25。C产品无月初在产品。三种产品本月发生费用资料见表2-6-26。

表2-6-25　A、B产品本月月初在产品成本资料　单位：元

产品	直接材料	燃料及动力	直接人工	制造费用	合计
A	34 154	820	1 296	4 092	40 362
B	15 270	1 185	2 384	4 768	23 607

表2-6-26　三种产品本月发生费用资料　单位：元

分配表＼产品	A	B	C
原材料分配表	277 046	184 730	245 000
耗用燃料分配表	4 900	6 125	7 480
外购动力分配表	1 984	1 540	880
工资及福利费分配表	7 704	5 616	10 656
辅助生产费用分配表（蒸汽）	8 800	7 200	4 000
制造费用分配表	15 408	11 232	14 775

三种产品本月完工数量、在产品数量和完工程度见表2-6-27。

表2-6-27　三种产品本月完工数量、在产品数量和完工程度　单位：元

产品	完工数量（件）	月末在产品	
		数量（件）	完工程度
A	2 500	625	80%
B	3 125	1 725	50%
C	4 000	0	—

A产品耗用的原材料是在生产开始时一次性投入的，B、C产品耗用的原材料，是随着加工进度逐步投入的。

【实训任务】

（1）按约当产量法计算完工产品成本和在产品成本；

（2）编制产品入库的会计分录。

（二）

【实训目的】

通过实训使学生熟练掌握运用按所耗材料计算在产品成本法计算完工产品成本和在产品成本。

【实训内容】

按所耗材料计算在产品成本法计算月末在产品及完工产品成本。

【实训资料】

威龙制造企业生产的甲产品，材料成本在产品成本中所占比重较大，该企业采用按所耗材料计算在产品成本法，材料在生产开始时一次性投入，本月月初在产品成本为52 000元，月初在产品数量为400件，本月投产800件，本月发生的生产费用为110 000元，其中直接材料100 000元，直接人工4 000元，制造费用6 000元。月末完工产品为1 000件，月末在产品为200件。

【实训任务】

计算月末在产品及完工产品成本（分配率保留四位小数）。

（三）

【实训目的】

通过实训使学生熟练掌握完工程度的确定，计算月末在产品约当产量。

【实训内容】

（1）计算完工程度和约当产量；

（2）计算完工产品和月末在产品应负担的加工费。

【实训资料】

大兴制造企业生产的甲产品经过三道工序加工而成，其单件工时定额为80小时，其中第一道工序的工时定额为24小时，第二道工序的工时定额为40小时，第三道工序的工时定额为16小时。如果该产品某月完工600件，三道工序的在产品数量分别为200件、100件、100件。月初在产品和本月发生的加工费用共计17 825元。

【实训任务】

（1）计算完工程度和约当产量；

（2）计算完工产品和月末在产品应负担的加工费。

模块三

成本计算

【知识目标】
1. 掌握成本计算方法的影响因素
2. 了解品种法、分批法、分步法的适用范围

【技能目标】
1. 运用品种法计算产品成本
2. 运用典型分批法计算产品成本
3. 运用综合结转方式下的逐步结转分步法计算产品成本

【素质目标】
具备成本计算能力，结合企业生产类型，选取成本计算方法

课程思政

坚守岗位，甘于奉献

张黎明是国家电网天津滨海供电公司运维检修部配电抢修一班班长、滨海黎明共产党员服务队队长。他爱岗敬业，工作30多年来始终奋战在电力抢修一线，累计巡线8万多千米，完成故障抢修作业近2万次，被誉为电力抢修的“活地图”。他勇于创新，先后实现技术革新400余项，20多项填补电力行业空白，是知识型、技能型、创新型劳动者的杰出代表。他甘于奉献，模范践行全心全意为人民服务的根本宗旨，带领滨海黎明共产党员服务队，十年如一日开展学雷锋志愿服务，用爱心搭起了企业与群众的“连心桥”。

这个故事告诉我们，任何一个职业只要有了这些品质你都可以干好，你就可以充实饱满你的一生，不再感到遗憾。

成本会计核算岗位主要是计算产品成本的，在企业会计核算中占有很重要的地位，所有的工作都是围绕成本计算这个中心进行的，成本会计核算岗位艰苦而枯燥，不仅要深入现场了解产品工艺、流程，在短时期内要完成大量的成本数据报表、分析与考核管理；而且担负着日常管控、提供管理分析与决策依据的重要职责，时间紧、任务重、要求高、工作强度大，这个岗位需要极强的责任心和认真负责的工作态度。

每名工作者都应坚守在自己的岗位上，并为之努力奋斗。在追求梦想的道路上有波折、有反复，甚至有彷徨犹豫或者一时的迷失，不要放弃内心的坚持和执着追梦的决心，通力合作，锲而不舍。事成于和睦，力生于团结，最终一定会迎来胜利的曙光。

资料来源：王雨阳. 张黎明：黎明出发，点亮万家［EB/OL］.［2022-07-15］. http：//www.cinn.cn/headline/201901/t20190121_204923_wap.html.

项目一　品种法

知识目标

1. 掌握企业生产特点对产品成本计算方法的影响
2. 了解产品成本计算的基本方法

技能目标

1. 运用品种法计算产品成本
2. 能够设置有关成本费用明细账

案例导入

学生张燕公司见习记

学生张燕：刘科长，根据前面的学习，您说各要素的费用都归集分配了，那接下来要干什么？

财务刘科长：我们知道制造企业有不同的生产类型，是大量生产啊，成批生产啊，还是单件生产，是多步骤生产，还是单步骤生产。具体体现在成本计算对象的确定上就是给一定品种的产品计算成本，还是给某一批产品计算成本，或是给某一生产步骤的产品计算成本。这就需要采用不同的成本计算方法。

老师王明：同学们，成本计算方法的确定，主要是为了适应企业的生产特点和管理要求，正确提供产品成本资料，为成本管理服务。

学生张燕：哦，得好好学学，呵呵……

知识讲解

产品成本计算方法是指将一定时期所发生的生产费用按照一定的成本计算对象进行归集和分配，以求得产品总成本和单位成本的方法。由此可见，产品成本计算对象的确定是成本计算的重要前提条件，那么影响成本计算对象确定的因素是什么呢？一是企业生产类型的特点，二是企业管理的要求。

一、企业生产的分类

企业生产类型决定其生产特点，按其不同的分类标准可以把企业生产分为不同的生产类型。

（一）生产按工艺过程分类

生产按工艺过程不同进行分类，可以分为单步骤生产和多步骤生产。

单步骤生产是指生产过程在工艺上不间断，或者不便于分散在不同的地点进行生产，如发电、铸件、采掘、燃气燃料生产等。单步骤生产相对生产工艺简单，生产周期短，生产过程中间没有自制半成品产出。

多步骤生产是指生产过程在工艺上可以间断，可以分散在不同的地点，在不同的时间进行的产品生产。多步骤生产有两种生产形式，连续加工式生产和平行加工式（装配式）生产。

连续加工式生产是指原材料投入按照一定顺序，经过若干步骤的逐步加工制成产成品的生产。该生产方式在各个步骤（除最后一步）加工完成后多数为企业的自制半成品，这些半成品主要用于下一步骤继续加工，也可以半成品的形式对外出售。如棉纺企业在生产过程中，先将皮棉进行清花、梳棉、并条、粗纺、细纺和落桶加工成棉纱，然后对棉纱经过整经、浆纱、穿经、织造和整理等步骤制成坯布。棉条、粗纱、细纱都是企业自制半成品，可以对外出售。

平行加工式生产是指各种原材料投入到不同的加工部门（同一家企业不同的车间或分厂或不同的企业）制成完工产品所需的各种零部件，再将零部件装配成完工产品的生产。机械制造业企业大多数属于这种多步骤生产类型企业。如自行车生产企业就是将原材料分别加工制成车架、车把、前叉、钢圈、轮胎和车链等部件，然后组装成自行车。汽车等制造业企业也是如此。

（二）生产按组织方式分类

生产按组织方式分为：大量生产、成批生产、单件生产。

大量生产是指不断地大量重复生产相同产品的生产。它的特点是陆续投入，陆续产出，产品品种少且稳定、产量较大。如纺织、面粉加工、酿造、冶金等生产企业的生产属于大量生产。

成批生产是按照事先规定的产品批别和数量进行的生产。它的特点是产品品种较多、产量较大，生产具有重复性，如服装、机械的生产。成批生产又可分为大批生产和小批生产。大批生产，产品批量较大，往往重复生产，性质上接近大量生产。小批生产，产品批量较小，一批产品一般可同时完工，性质上接近单件生产。

单件生产是根据订货单位的要求，进行个别的、性质特殊的产品的生产，如船舶、飞机、新产品试制等的生产。

（三）生产按工艺过程和组织方式相结合分类

将生产工艺过程的特点和生产组织的特点相结合，可形成四种生产类型（如图 3-1-1所示）。

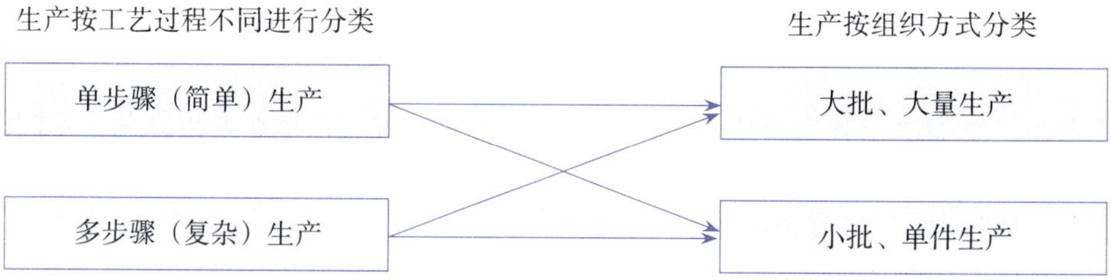

图3-1-1 生产类型分类图

二、生产特点对产品成本计算的影响

生产类型的特点对成本计算方法的影响主要表现在成本计算对象上，同时对成本计算期以及生产费用在完工产品和在产品之间的分配方面也有一定的影响。

（一）对成本计算对象的影响

成本计算对象：是为计算产品成本而确定的归集生产费用的各个对象，也就是成本的承担者。

从生产工艺过程特点看，单步骤生产是生产工艺不可间断，必须以产品品种为成本计算对象；多步骤连续加工式生产，应以生产步骤为成本计算对象，既按步骤又按品种计算各步骤半成品和产成品成本；多步骤装配式生产，若零部件有其独立核算意义时以步骤（或零部件）为成本计算对象，若零部件无独立的核算意义，不需按步骤计算半成品成本，则以产品品种为成本计算对象。

从产品生产组织特点看，大量生产，连续不断地生产相同产品，只能以产品品种为成本计算对象；大批生产，可视具体情况，按产品品种或产品批别计算产品成本；单件、小批生产，一批产品一般可同时完工，可按产品批别计算产品成本。

（二）对成本计算期的影响

成本计算期是指生产费用计入产品成本的起止时期。对于大量、大批生产，成本计算定期于月末进行，与生产周期不一致，与会计期间一致。对于单件、小批生产，产品成本只能在某批、某件产品完工后计算，故成本计算不定期，与生产周期一致而与会计期间不一致。

（三）对完工产品与在产品之间费用分配的影响

单步骤大量、大批生产，生产过程不能间断，生产周期短，在产品很少或没有，故必须计算月末在产品成本。

多步骤大量、大批生产，经常有在产品，需要将生产费用在完工产品与在产品之间进行分配。

多步骤单件、小批生产，成本计算期通常与生产周期一致，在每批、每件产品完工前，产品成本明细账的月末余额就是月末在产品的成本，完工后，产品成本明细账所归集的费用就是完工产品的成本。

三、管理要求对产品成本计算方法的影响

成本计算方法主要是受企业生产特点的制约，但并不是完全服从于生产特点。企业对成本管理的不同要求，对成本计算方法（主要是成本计算对象）的确定也会产生不同

的影响。单步骤生产或管理上不要求分步骤计算成本的多步骤生产，以品种或批别为成本计算对象，采用品种法或分批法。管理上要求分步骤计算成本的多步骤生产，以生产步骤为成本计算对象，采用分步法。在产品品种、规格繁多的企业，管理上要求尽快提供成本资料，简化成本计算工作，可采用分类法计算产品成本。在定额管理基础较好的企业，为加强定额管理工作，可采用定额法。

四、产品成本计算的主要方法

成本计算：即按照成本计算对象分配和归集生产费用并计算其总成本和单位成本的过程。成本计算方法的确定，主要是为了适应企业的生产特点和管理要求，正确提供产品成本资料，为成本管理服务。

（一）产品成本计算的基本方法

产品成本计算方法受企业生产类型的特点和管理要求的影响。具体而言，生产类型的不同特点和不同的管理要求决定着产品成本的计算对象、成本计算期和生产费用在完工产品与在产品之间的分配方法，即决定产品成本计算的不同方法。而成本计算对象是区别不同产品成本计算方法的主要标志，从前面我们可以看出产品成本的计算对象一般为产品品种、产品的批别和产品的生产步骤三种，因而产品成本计算的基本方法也有品种法、分批法和分步法三种。

品种法是以产品品种为成本计算对象的产品成本计算方法。一般适用于单步骤的大量大批生产，如发电企业等；也可用于管理上不需分步骤计算成本的多步骤的大量大批生产，如水泥生产、酿造、铸件生产企业等。

分批法是以产品批别为成本计算对象的产品成本计算方法。一般适用于单件、小批生产，如重型机械制造、船舶制造企业等。

分步法是以产品生产步骤为成本计算对象的产品成本计算方法。一般适用于大量大批且管理上要求分步骤计算成本的生产，如纺织、一般机械制造等企业。

（二）三种基本方法的影响因素及影响内容分析

三种基本方法因企业生产类型、生产工艺、成本管理要求的不同，而有不同的适用范围，影响的内容也有所不同。三种方法的基本特点比较见表3-1-1。

表3-1-1　　三种方法的基本特点比较

成本计算方法	成本计算方法的影响内容			成本计算方法的影响因素		
	成本计算对象	成本计算期	期末在产品成本的计算	生产特点	生产工艺过程	成本管理要求
品种法	产品品种	按月计算，与会计报告期一致	一般不需计算	大批大量生产	单步骤	要求按品种法计算
			一般需计算		多步骤	管理上不要求分步计算产品成本
分批法	产品批别	不定期计算，与产品生产周期一致	一般不需要计算	单件小批生产	单步骤或多步骤	管理上只要求按批别计算，不要求分步计算产品成本
分步法	产品品种及其所经过的生产步骤	按月计算，与会计报告期一致	需要计算	大批大量生产	多步骤	管理上要求分步计算成本

五、成本计算的辅助方法

在产品成本计算的实际工作中，产品的生产情况多种多样，为了减少产品成本核算的工作量，更好地利用企业管理条件和管理经验，在产品成本计算上还有其他一些方法，如分类法、定额法等。

分类法是以产品类别归集生产费用，再按一定标准在类内各产品之间进行分配，计算产品成本的方法。一般适用于产品品种、规格繁多，但每类产品的结构、所用原材料、生产工艺过程都基本相同的企业，如灯泡厂、钉厂、鞋厂等，可简化成本计算。

定额法是定额管理基础较好的企业采取的一种产品成本计算方法。其特点是以产品的定额成本为基础，加、减脱离定额差异和定额变动差异，进而计算产品实际成本的方法。此方法的目的在于加强成本管理，进行成本控制。它主要适用于企业管理比较健全、定额管理基础工作较好、产品生产定型和消耗定额合理且稳定的企业。

分类法和定额法是产品成本计算的辅助方法，必须结合基本方法使用。

六、品种法的计算

品种法是成本计算最基本的方法。学习品种法，能够使学生熟悉产品成本核算的基本原理和一般程序，掌握产品成本核算的品种法，能够担任中小型企业成本核算岗位的会计工作。品种法的概念、适用范围、核算程序在模块二项目一已有介绍，此处省略。

简单品种法的计算程序如图3–1–2所示。

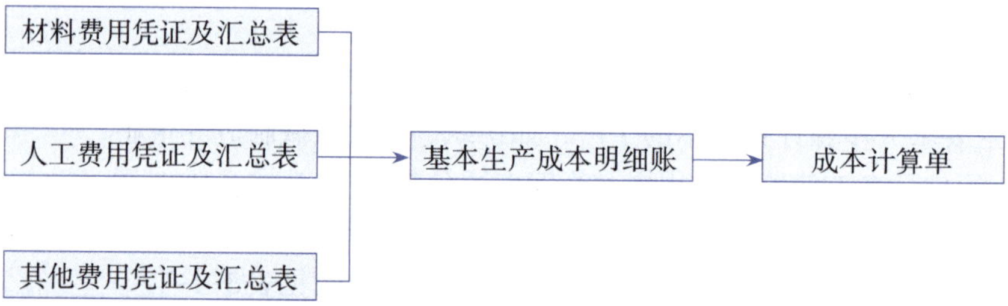

图3 1 2　简单品种法的程序

典型品种法的计算程序如图3–1–3所示。

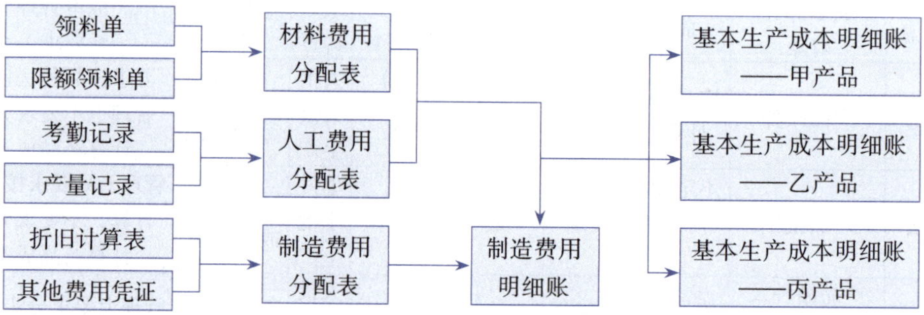

图3–1–3　典型品种法的程序

品种法的计算及账务处理程序如下：

第一步，设置有关成本费用明细账和成本计算单。按产品品种开设基本生产成本明细账，按成本项目设专栏。

（1）按品种法进行成本核算，账务处理程序的第一步就是根据产品品种开设基本生产成本明细账或成本计算单，设立成本项目，登记期初余额，便于之后对各种产品的生产成本进行归集、分配、核算；

（2）根据辅助生产车间开设辅助生产成本明细账，便于对辅助费用进行归集、分配、核算；

（3）开设制造费用明细账，便于对制造费用进行归集、分配、核算；

（4）开设管理费用等明细账，便于对其他费用进行核算。

以上相关明细账由企业相关成本会计人员开设。

第二步，编制要素费用的分配表并编制会计分录。

根据当期发生的各项支出，处理各项要素费用，归集和分配本月发生的各项费用并进行相应的会计处理，包括材料费用、人工费用等各项要素费用的归集与分配。

第三步，登记有关基本生产成本明细账、辅助生产成本明细账和制造费用明细账。

第四步，分配辅助生产费用。

第五步，分配制造费用。

第六步，分配完工产品和在产品的生产费用，并编制产品成本计算单。

第七步，结转完工产品成本，编制结转完工产品成本汇总表，编制完工产品入库会计分录、记账凭证，并据以登记基本生产成本明细账。

第八步，根据相关记账凭证登记管理费用等其他费用明细账，并进行期末结转。

品种法的计算及账务处理程序详细操作步骤见【工作实例3-1-1】。

【工作实例3-1-1】兴海机械厂是一家单步骤、大批量生产的中型企业，设有一个基本生产车间和供电、供气两个辅助生产车间，大量生产甲、乙两种产品，根据生产特点和管理要求，采用品种法计算产品成本。2022年7月有关成本计算资料如下：

（1）月初在产品成本。甲产品月初在产品成本为40 008元，其中，直接材料成本为20 400元，直接人工成本为12 320元，制造费用为7 288元；乙产品没有月初在产品。

（2）本月生产数量。基本生产车间甲产品本月实际生产工时为40 500小时，本月完工800件，月末在产品有400件，在产品原材料已全部投入，加工程度为50%。乙产品本月实际生产工时为27 000小时，本月完工500件，月末没有在产品。

供电车间本月供电306 000度，其中，供气车间消耗了30 000度，基本生产车间产品生产消耗了200 000度，基本生产车间一般消耗为10 000度，厂部管理部门消耗了66 000度。

供气车间本月供应水蒸气14 500立方米，其中，供电车间消耗了1 000立方米，基本生产车间消耗了10 000立方米，厂部管理部门消耗了3 500立方米。

（3）本月发生的生产费用。

①本月发出材料汇总表见表3-1-2。

表3-1-2 发出材料汇总表

材料类别：原材料 2022年7月 单位：元

领料用途	直接领用	共同耗用	耗料合计
产品生产直接耗用	300 000	60 000	360 000
甲产品	200 000		
乙产品	100 000		
基本生产车间一般消耗	4 000		4 000
供电车间耗用	62 000		62 000
供气车间耗用	10 000		10 000
厂部管理部门耗用	6 000		6 000
合计	382 000	60 000	442 000

②本月应付工资及福利费汇总表见表3-1-3。

表3-1-3 应付工资及福利费汇总表

2022年7月 单位：元

人员类别	应付工资总额	福利费
产品生产工人	270 000	37 800
供电车间人员	10 000	1 400
供气车间人员	12 000	1 680
基本生产车间管理人员	8 000	1 120
厂部管理人员	30 000	4 200
合计	330 000	46 200

③本月应提折旧费49 000元，其中，基本生产车间为30 000元，供电车间为6 000元，供气车间为5 000元，厂部管理部门为8 000元。

④当月发生修理费5 000元，其中，基本生产车间为2 000元，供电车间为1 200元，供气车间为800元，厂部管理部门为1 000元。

⑤本月以现金支付6 338元费用，其中，基本生产车间办公费为1 400元，供电车间办公费为400元，供气车间办公费为200元，修理费为800元，厂部管理部门办公费为600元，差旅费为2 600元。增值税专用发票如图3-1-4所示，办公用品领用表、差旅费报销单、收款收据分别见表3-1-4至表3-1-6。

增值税专用发票

发票联

No096872112

开票日期：2022年07月15日

购买方	名称：兴海机械厂 纳税人识别号：3707027654398 地址、电话：山东省莱芜市0634-8392087 开户行及账号：中国农业银行莱城区支行022871432					密码区	（略）	
货物或应税劳务、服务名称	规格型号	单位	数量	单价	金额	税率	税额	
纸制品*信纸*		本	18	5.00	90.00	13%	11.70	
纸制品*档案袋*		个	325	2.00	650.00	13%	84.50	
纸制品*钢笔*		支	31	60.00	1 860.00	13%	241.80	
合计					¥2 600.00		¥338.00	
价税合计（大写）	⊗人民币贰仟玖佰叁拾捌元整				（小写）¥2 938.00			
销售方	名称：山东星辰有限责任公司 纳税人识别号：370102158763921 地址、电话：山东省济南市0531-87226187 开户行及账号：中国银行济南市槐荫区支行0101067328					备注	山东星辰有限责任公司 370102158763921 发票专用章	

收款人： 复核：曹宇 开票人：李乐 销售方（章）

第三联：发票联 购买方记账凭证

图3-1-4 增值税专用发票

表3-1-4

办公用品领用表

2022年7月16日

领用车间和部门	领发数量			金额（元）
	信纸（本）	档案袋（个）	钢笔（支）	
基本生产车间	4	90	20	1 400
供电车间	4	100	3	400
供气车间	2	35	2	200
厂部管理部门	8	100	6	600
合计	18	325	31	2 600

审核： 制表：

表3-1-5

差旅费报销单

2022年7月17日填报 第___页 共___页

姓名		孙军 王志				出差事由				采购				
起止时间及地址						车船费	通乘	在途补助		住勤补助		住宿费	其他	
月	日	起点	月	日	终点	金额	金额	天数	金额	天数	金额	金额	摘要	金额
6	24	东洲	6	25	上海	600		4	90	4	80			
6	30	上海	7	1	东洲	600								
												800		430
小计						1 200			90		80	800		430
合计人民币（大写）：贰仟陆佰元整										预支2 600元核销2 600元退0				

主管： 会计： 出纳： 审核： 出差人：孙军 王志

表3-1-6

收款收据

2022年7月18日

今收到：兴海机械厂
人民币（大写）：捌佰元整　　¥800.00
系付：供气车间设备维修费
备注：现金收讫

收款单位：　　　　　　　　收款人：

⑥本月以银行存款支付的费用为71 000元，其中，基本生产车间水费为2 000元，办公费为1 000元，供电车间水费为40 000元，修理费为1 200元，供气车间水费为20 000元，办公费为800元，厂部管理部门办公费为1 800元，广告费为4 000元，招待费为200元。相关原始凭证见表3-1-7至表3-1-10，以及图3-1-5至图3-1-9。

表3-1-7

用水量记录

2022年7月19日

使用部门	水费（元）	用水量（立方米）
基本生产车间	2 000.00	800
供电车间	40 000.00	16 000
供气车间	20 000.00	8 000
合计	62 000.00	24 800

记录员：

中国工商银行
转账支票存根

支票号码 2288686
科　　目
对方科目
出票日期 2022年7月20日

收款人：济南市第三水厂
金　额：¥62 000.00
用　途：付水费
备　注：

单位主管：　会计：　复核：　记账：

图3-1-5　转账支票存根

表3-1-8　　收款收据（第二联　交款单位）

2022年7月20日　　字第　号

今收到　兴海机械厂 人民币（大写）壹仟贰佰元整　¥1 200.00 系付：供电车间设备维修费
备注：转账收讫

出纳：　　制单：　　单位盖章：

中国工商银行
转账支票存根

支票号码 2288687
科　　目
对方科目
出票日期 2022年7月20日

收款人：济南市大振修理公司
金　额：¥1 200.00
用　途：付修理费
备　注：

单位主管：　会计：　复核：　记账：

图3-1-6　转账支票存根

中国工商银行
转账支票存根

支票号码 2288688
科　　目
对方科目
出票日期 2022年7月22日

收款人：济南市明月酒店
金　额：¥200.00
用　途：付招待费
备　注：

单位主管：　会计：　复核：　记账：

图3-1-7　转账支票存根

表3-1-9

收款收据（第二联 交款单位）

2022年7月22日 字第 号

今收到 兴海机械厂 人民币（大写）贰佰元整 ¥200.00 系付： 招待费	
备注：转账收讫	

出纳： 制单： 单位盖章：

中国工商银行 转账支票存根
支票号码 5163629
科 目
对方科目
出票日期 2022年7月24日
收款人：济南市广告实业公司
金 额：¥4 000.00
用 途：付广告费
备 注：
单位主管： 会计： 复核： 记账：

图3-1-8 转账支票存根

表3-1-10

办公用品领用表

2022年7月26日

领用车间和部门	领发数量				金额（元）
	计算器（个）	水壶（个）	办公桌（张）	稿纸（本）	
基本生产车间	4	2	1	50	1 000
供气车间	3	1	1	41	800
厂部管理部门	5	2	4	66	1 800
合计	12	5	6	157	3 600

中国工商银行转账支票

出票日期 贰零贰贰年零柒月贰拾陆日	票码：							
收款人：秀山市百货用品公司	开户行名称：解放路办事处							
签发人账号：286-54024-058								
人民币大写：叁仟陆佰元整	金额（元）							
	十	万	千	百	十	元	角	分
		¥	3	6	0	0	0	0
用途：购办公用品	科目（付）：							
上述款项请从我账户内支付（签发人盖章）	对方科目（收）：							
	转账日期　　年　月　日							
	复核：　　记账：							

图3-1-9　转账支票

要求：计算各项相关成本，填制记账凭证，登记各类明细账。

操作步骤：

第一步，开设下列明细账或成本计算单。

（1）甲、乙产品成本计算单；

（2）供电车间、供气车间辅助生产成本明细账；

（3）基本生产车间制造费用明细账和管理费用明细账；

（4）其他总账和明细账。

供电车间和供气车间发生的制造费用，分别记入各自的辅助生产成本明细账，不通过“制造费用”账户核算。

第二步，编制要素费用的分配表并编制会计分录。

根据当期发生的各项支出，处理各项要素费用，归集和分配本月发生的各项费用并进行相应的会计处理，包括材料费用、人工费用等各项要素费用的归集与分配。

（1）根据甲、乙两种产品直接耗用原材料的比例分配共同用料，根据发出材料汇总表和材料费用分配结果编制材料费用分配汇总表（见表3-1-11），编制会计分录并记入有关账户。

共同耗用材料分配率 = 60 000 ÷（200 000 + 100 000）= 0.2

甲产品应分配的共同用料 = 200 000 × 0.2 = 40 000（元）

乙产品应分配的共同用料 = 100 000 × 0.2 = 20 000（元）

编制会计分录如下：

借：基本生产成本——甲产品	240 000	
——乙产品	120 000	
辅助生产成本——供电车间	62 000	
——供气车间	10 000	
制造费用——材料费用	4 000	
管理费用——材料费用	6 000	
贷：原材料		442 000

表3-1-11 兴海机械厂原材料费用分配汇总表

2022年7月31日 金额单位：元

应借账户		成本费用项目	直接计入费用	间接计入费用			合计
总账	明细账			标准	分配率	金额	
基本生产成本	甲产品	直接材料	200 000	200 000		40 000	240 000
	乙产品	直接材料	100 000	100 000		20 000	120 000
	小计		300 000	300 000	0.2	60 000	360 000
辅助生产成本	供电车间	材料费用	62 000				62 000
	供气车间	材料费用	10 000				10 000
	小计		72 000				72 000
制造费用			4 000				4 000
管理费用			6 000				6 000
合 计			382 000			60 000	442 000

主管：冯东 审核：陈楠 制单：吴晓明

编制记账凭证见表3-1-12。

表3-1-12 记 账 凭 证

2022年7月31日 记字第01号

摘要	总账科目	明细科目	借方金额	贷方金额	记账
领用材料	基本生产成本	甲产品	240 000		
	基本生产成本	乙产品	120 000		
	辅助生产成本	供电车间	62 000		
	辅助生产成本	供气车间	10 000		
	制造费用	材料费用	4 000		
	管理费用	材料费用	6 000		
	原材料			442 000	
合计			442 000	442 000	

财务主管：冯东 记账：陈丽 出纳： 审核： 制单：李明

（2）根据甲、乙两种产品的实际生产工时分配产品生产工人工资和福利费，根据应付工资及福利费汇总表（见表3-1-3）、人工费用分配表（见表3-1-13）和直接人工费用分配表（见表3-1-14）编制会计分录并记入有关账户。

表3-1-13　　人工费用分配表

2022年7月31日　　　　金额单位：元

应借账户		成本费用项目	直接工资费用	间接工资费用			工资	福利费	合计
总账	明细账			工时	分配率	金额			
基本生产成本	甲产品	直接人工		40 500		162 000	162 000	22 680	184 680
	乙产品	直接人工		27 000		108 000	108 000	15 120	123 120
	小　计			67 500	4	270 000	270 000	37 800	307 800
辅助生产成本	供电车间	直接人工	10 000				10 000	1 400	11 400
	供气车间	直接人工	12 000				12 000	1 680	13 680
	小　计						22 000	3 080	25 080
管理费用	工资		30 000				30 000	4 200	34 200
制造费用	工资		8 000				8 000	1 120	9 120
合　　计							330 000	46 200	376 200

主管：冯东　　　　审核：陈楠　　　　制单：吴晓明

表3-1-14　　直接人工费用分配表

2022年7月　　　　金额单位：元

产品	生产工时（小时）	工资分配		福利费分配	
		分配率	分配金额	分配率	分配金额
甲产品	40 500		162 000		22 680
乙产品	27 000		108 000		15 120
合计	67 500	4元/小时	270 000	0.56元/小时	37 800

编制会计分录如下：

借：基本生产成本——甲产品　　184 680

　　　　　　　　——乙产品　　123 120

　　辅助生产成本——供电车间　　11 400

　　　　　　　　——供气车间　　13 680

　　制造费用——人工费用　　9 120

　　管理费用——人工费用　　34 200

　　贷：应付职工薪酬——工资　　330 000

　　　　　　　　　　——福利费　　46 200

编制记账凭证见表3-1-15。

表3-1-15 记账凭证

2022年7月31日 记字第02号

摘要	总账科目	明细科目	借方金额	贷方金额	记账
分配人工费	基本生产成本	甲产品	184 680		
	基本生产成本	乙产品	123 120		
	辅助生产成本	供电车间	11 400		
	辅助生产成本	供气车间	13 680		
	制造费用	人工费用	9 120		
	管理费用	人工费用	34 200		
	应付职工薪酬	工资		330 000	
		福利费		46 200	
合计			376 200	376 200	

财务主管：冯东 记账：陈丽 出纳： 审核： 制单：李明

（3）编制计提本月折旧的会计分录并记入有关账户（见表3-1-16）。

借：制造费用——折旧 30 000

辅助生产成本——供电车间——折旧 6 000

辅助生产成本——供气车间——折旧 5 000

管理费用——折旧 8 000

贷：累计折旧 49 000

表3-1-16 记账凭证

2022年7月31日 记字第03号

摘要	总账科目	明细科目	借方金额	贷方金额	记账
分配折旧费	制造费用		30 000		
	辅助生产成本	供电车间	6 000		
	辅助生产成本	供气车间	5 000		
	管理费用		8 000		
	累计折旧			49 000	
合计			49 000	49 000	

财务主管 记账 出纳 审核 制单

（4）编制本月分摊修理费的会计分录并记入有关账户（见表3-1-17）。

借：制造费用——修理费 2 000

辅助生产成本——供电车间——修理费 1 200

辅助生产成本——供气车间——修理费 800

管理费用——修理费 1 000

贷：长期待摊费用 5 000

表3-1-17

记 账 凭 证

2022年7月31日 记字第04号

摘要	总账科目	明细科目	借方金额	贷方金额	记账
分配修理费	制造费用		2 000		
	辅助生产成本	供电车间	1 200		
	辅助生产成本	供气车间	800		
	管理费用		1 000		
	长期待摊费用			5 000	
合计			5 000	5 000	

财务主管：冯东 记账：陈丽 出纳： 审核： 制单：李明

（5）编制本月以现金支付费用的会计分录并记入有关账户（见表3-1-18）。

借：制造费用——办公费 1 400

辅助生产成本——供电车间——办公费 400

辅助生产成本——供气车间——办公费 200

辅助生产成本——供气车间——修理费 800

管理费用——办公费 600

——差旅费 2 600

贷：库存现金 6 000

表3-1-18

记 账 凭 证

2022年7月31日 记字第05号

摘要	总账科目	明细科目	借方金额	贷方金额	记账
分配办公费	制造费用	办公费	1 400		
分配办公费	辅助生产成本	供电车间	400		
分配办公费	辅助生产成本	供气车间	200		
分配修理费	辅助生产成本	供气车间	800		
分配办公费	管理费用	办公费	600		
分配差旅费	管理费用	差旅费	2 600		
付现金	库存现金			6 000	
合计			6 000	6 000	

财务主管：冯东 记账：陈丽 出纳：王明 审核： 制单：李明

（6）编制本月以银行存款支付费用的会计分录并记入有关账户（见表3-1-19）。

借：制造费用——水费 2 000
——办公费 1 000
辅助生产成本——供电车间——水电费 40 000
——供气车间——水电费 20 000
——供气车间——办公费 800
——供气车间——修理费 1 200
管理费用——办公费 1 800
——招待费 200
销售费用——广告费 4 000
贷：银行存款 71 000

表3-1-19 记账凭证

2022年7月31日 记字第06号

摘要	总账科目	明细科目	借方金额	贷方金额	记账
分配水电费	制造费用	水费	2 000		
分配办公费	制造费用	办公费	1 000		
分配水电费	辅助生产成本	供电车间	40 000		
分配水电费	辅助生产成本	供气车间	20 000		
分配办公费	辅助生产成本	供气车间	800		
分配修理费	辅助生产成本	供气车间	1 200		
分配办公费	管理费用	办公费	1 800		
分配招待费	管理费用	招待费	200		
分配广告费	销售费用	广告费	4 000		
支付	银行存款			71 000	
合计			71 000	71 000	

财务主管：冯东 记账：陈丽 出纳：王明 审核： 制单：李明

第三步，登记有关明细账。

根据记字01至06号凭证及相关原始凭证，分别登记辅助生产成本明细账（见表3-1-20、表3-1-21）。

表3-1-20　　辅助生产成本明细账

车间名称：供电车间　　单位：元

2022年		凭证号	摘要	直接材料	直接人工	制造费用	合计
月	日						
7	31	记01	材料费	62 000			
	31	记02	人工费		11 400		
	31	记03	折旧费			6 000	
	31	记04	修理费			1 200	
	31	记05	办公费			400	
	31	记06	水电费	40 000			
	31		归集辅助费用	102 000	11 400	7 600	121 000
	31	记07	供气转入			4 600	4 600
			合计	102 000	11 400	12 200	125 600
	31	记07	计划分配转出				−122 400
	31	记07	差异分配转出				−3 200
	31		月末结转				

表3-1-21　　辅助生产成本明细账

车间名称：供气车间　　单位：元

2022年		凭证号	摘要	直接材料	直接人工	制造费用	合计
月	日						
7	31	记01	材料费	10 000			
	31	记02	人工费		13 680		
	31	记03	折旧费			5 000	
	31	记04	修理费			800	
	31	记05	办公费			200	
	31	记05	修理费			800	
	31	记06	水电费	20 000			
	31	记06	办公费			800	
	31	记06	修理费			1 200	
	31		归集辅助费用	30 000	13 680	8 800	52 480
	31	记07	供电转入			12 000	12 000
			合计	30 000	13 680	20 800	64 480
	31	记07	计划分配转出				−66 700
	31	记07	差异分配转出				2 220
			月末结转				

第四步，分配辅助生产费用。

该企业采用计划成本分配法分配辅助生产费用并编制辅助生产费用分配表（见表3-1-22），采用生产工时分配法编制产品生产用电分配表（见表3-1-23）。

表3-1-22　辅助生产费用分配表（计划成本分配法）

2022年7月　金额单位：元

项目			计划分配			
			供电车间		供气车间	
			劳务量（度）	金额	劳务量（立方米）	金额
应分配的费用总额				121 000		52 480
提供的应分配劳务总量			306 000		14 500	
计划单位成本				0.4		4.6
应借账户	辅助生产成本	供电车间	—		1 000	4 600
		供气车间	30 000	12 000	—	—
	基本生产成本	甲产品	120 000	48 000	—	—
		乙产品	80 000	32 000	—	—
	制造费用	基本生产车间	10 000	4 000	10 000	46 000
	管理费用		66 000	26 400	3 500	16 100
计划分配费用合计				122 400		66 700
交互分配转入计划成本				4 600		12 000
辅助生产车间实际成本				125 600		64 480
成本差异额（计入管理费用）				3 200		-2 220

表3-1-23　产品生产用电分配表

2022年7月　金额单位：元

产品	生产工时（小时）	分配率	分配电量（度）	分配金额
甲产品	40 500	—	120 000	48 000
乙产品	27 000	—	80 000	32 000
合计	67 500	1.185	200 000	80 000

辅助生产车间计划单位成本每度电为0.4元，水蒸气每立方米费用为4.6元，成本差异计入管理费用，相关记账凭证见表3-1-24和表3-1-25。

（1）计划分配：

借：辅助生产成本——供电车间　4 600
　　　　　　　　——供气车间　12 000
　　基本生产成本——甲产品　48 000
　　　　　　　　——乙产品　32 000
　　制造费用——水电费　50 000
　　管理费用——水电费　42 500
　　贷：辅助生产成本——供电车间　122 400
　　　　　　　　　　——供气车间　66 700

（2）差异分配：

供电车间差异 = 121 000 + 4 600 − 122 400 = 3 200（元）

供气车间差异 = 52 480 + 12 000 − 66 700 = −2 220（元）

借：管理费用——水电费　980
　　贷：辅助生产成本——供电车间　3 200
　　　　　　　　　　——供气车间　−2 220

表3-1-24　记 账 凭 证

2022年7月31日　记字第07 1/2号

摘要	总账科目	明细科目	借方金额	贷方金额	记账
计划成本分配辅助生产费用	辅助生产成本	供电车间	4 600		
	辅助生产成本	供气车间	12 000		
	基本生产成本	甲产品	48 000		
	基本生产成本	乙产品	32 000		
	制造费用	辅助生产费用水电费	50 000		
	管理费用	辅助生产费用水电费	42 500		
	辅助生产成本	供电车间		122 400	
	辅助生产成本	供气车间		66 700	
合计			189 100	189 100	

财务主管　　记账　　出纳　　审核　　制单

表3-1-25　记 账 凭 证

2022年7月31日　记字第07 2/2号

摘要	总账科目	明细科目	借方金额	贷方金额	记账
计划成本分配差异	管理费用	辅助生产费用差异	980		
	辅助生产成本	供电车间		3 200	
	辅助生产成本	供气车间		−2 220	
合计			980	980	

财务主管　　记账　　出纳　　审核　　制单

第五步，分配制造费用。

采用生产工时分配法编制基本生产车间制造费用分配表（见表3-1-26）。

表3-1-26 制造费用分配表

生产单位：基本生产车间　　2022年7月　　金额单位：元

产品	生产工时（小时）	分配率	分配金额
甲产品	40 500		59 712
乙产品	27 000		39 808
合计	67 500	1.4744	99 520

根据表3-1-26编制会计分录及记账凭证（见表3-1-27）。

借：基本生产成本——甲产品　59 712

　　　　　　　——乙产品　39 808

　贷：制造费用　99 520

表3-1-27 记 账 凭 证

2022年7月31日　　记字第08号

摘要	总账科目	明细科目	借方金额	贷方金额	记账
分配制造费用	基本生产成本	甲产品	59 712		
	基本生产成本	乙产品	39 808		
	制造费用	基本生产车间		99 520	
合计			99 520	99 520	

财务主管　记账　出纳　审核　制单

登记相关明细账（见表3-1-28）。

表3-1-28 制造费用明细账

生产单位：基本生产车间　　单位：元

2022年		凭证号	摘 要	费用明细项目							合计
月	日			原材料	工资及福利费	折旧费	修理费	办公费	水电费	辅助生产费用	
7	31	记01	材料费	4 000							
	31	记02	人工费		9 120						
	31	记03	折旧费			30 000					
	31	记04	修理费				2 000				
	31	记05	办公费					1 400			
	31	记06	水费						2 000		
	31	记06	办公费					1 000			
	31	记07	辅助生产费用							50 000	
			合计	4 000	9 120	30 000	2 000	2 400	2 000	50 000	99 520
			分配结转	-4 000	-9 120	-30 000	-2 000	-2 400	-2 000	-50 000	-99 520

第六步，分配完工产品和在产品的生产费用，并编制产品成本计算单。

采用约当产量法计算甲产品的月末在产品成本。根据事先设置的甲产品、乙产品的产品成本计算单，计算本期完工产品的实际总成本和单位成本。编制甲产品、乙产品的成本计算单（见表3-1-29和表3-1-30）。

表3-1-29 产品成本计算单

产品：甲产品　　完工数量：800件　2022年7月　　金额单位：元

项目	直接材料	直接人工	制造费用	合计
月初在产品成本	20 400	12 320	7 288	40 008
本月发生生产费用	288 000（注1）	184 680	59 712	532 392
生产费用合计	308 400	197 000	67 000	572 400
完工产品数量（件）	800	800	800	—
在产品约当产量（件）	400	200	200	—
约当总产量（件）	1 200	1 000	1 000	—
费用分配率（元/件）	257	197	67	—
本月完工产品总成本	205 600	157 600	53 600	416 800
月末在产品成本	102 800	39 400	13 400	155 600

表3-1-30 产品成本计算单

产品：乙产品　　完工数量：500件　2022年7月　　金额单位：元

项目	直接材料	直接人工	制造费用	合计
月初在产品成本	0	0	0	0
本月发生生产费用	152 000（注2）	123 120	39 808	314 928
生产费用合计	152 000	123 120	39 808	314 928
费用分配率（元/件）	304	246.24	79.616	—
本月完工产品总成本	152 000	123 120	39 808	314 928
月末在产品成本	0	0	0	0

注：甲产品直接材料 = 240 000 + 48 000（电费）= 288 000（元）

乙产品直接材料 = 120 000 + 32 000（电费）= 152 000（元）

第七步，结转完工产品成本，编制结转甲、乙完工产品成本汇总表（见表3-1-31），编制完工产品入库会计分录、记账凭证（见表3-1-32），并据以登记基本生产成本明细账（略）。

表3-1-31　　完工产品成本汇总表　　单位：元

项目		直接材料	直接人工	制造费用	合计
甲产品（800件）	总成本	205 600	157 600	53 600	416 800
	单位成本	257	197	67	521
乙产品（500件）	总成本	152 000	123 120	39 808	314 928
	单位成本	304	246.24	79.616	629.856
总成本合计		357 600	280 720	93 408	731 728

结转完工产品成本：

借：库存商品——甲产品　　416 800

　　　　　　——乙产品　　314 928

　贷：基本生产成本——甲产品　　416 800

　　　　　　　　　——乙产品　　314 928

表3-1-32　　记账凭证

2022年7月31日　　记字第09号

摘要	总账科目	明细科目	借方金额	贷方金额	记账
产成品结转入库	库存商品	甲产品	416 800		
	库存商品	乙产品	314 928		
	基本生产成本	甲产品		416 800	
	基本生产成本	乙产品		314 928	
合计			731 728	731 728	

财务主管　　记账　　出纳　　审核　　制单

第八步，根据相关记账凭证登记管理费用等其他费用明细账（见表3-1-33），并进行期末结转，编制记账凭证（见表3-1-34）。

表3-1-33　　管理费用明细账　　单位：元

2022年		凭证号	摘要	费用明细项目								
月	日			原材料	工资及福利费	折旧费	修理费	办公费	水电费	招待费	差旅费	合计
7	31	记01	材料费	6 000								
	31	记02	人工费		34 200							
	31	记03	折旧费			8 000						
	31	记04	修理费				1 000					
	31	记05	办公费					600				

续表

2022年		凭证号	摘要	费用明细项目								合计
月	日			原材料	工资及福利费	折旧费	修理费	办公费	水电费	招待费	差旅费	
	31	记05	差旅费								2 600	
	31	记06	办公费					1 800				
	31	记06	招待费							200		
	31	记07	辅助费						42 500			
	31	记07	差异						980			
	31		合计	6 000	34 200	8 000	1 000	2 400	43 480	200	2 600	97 880
	31		期末结转	-6 000	-34 200	-8 000	-1 000	-2 400	-43 480	-200	-2 600	-97 880

将本月“管理费用”账户归集的管理费用总额转入“本年利润”账户，编制分录如下：

借：本年利润　　97 880

　　贷：管理费用　　97 880

表3-1-34　　记账凭证

2022年7月31日　　记字第10号

摘要	总账科目	明细科目	借方金额	贷方金额	记账
结转管理费用	本年利润		97 880		
	管理费用			97 880	
合计			97 880	97 880	

财务主管：冯东　　记账：陈丽　　出纳：　　审核：　　制单：李明

从【工作实例3-1-1】中可以看出，产品成本计算实际上就是会计核算中成本费用科目的明细核算。为了正确计算各种产品成本，必须正确编制各种费用分配表和分配、归集各项费用的会计分录，并且按照平行登记的规则，既登记各有关总账科目，又登记各该总账科目所属的明细账。最后，将各种生产费用分配、归集到“基本生产成本”科目及其所属各种产品成本明细账中，计算各种产品的总成本和单位成本。

知识巩固

一、单项选择题

1.产品成本计算的基本方法的主要标志是（　　）。

A.成本计算对象　　B.成本计算期
C.间接费用的分配方法　　D.完工产品与在产品成本的分配方法

2.产品成本计算的最基本的方法是（　　）。
A.分类法　　B.分步法　　C.分批法　　D.品种法

3.成本计算的分步法适用于（　　）。
A.大批大量单步骤生产　　B.小批单件的多步骤生产
C.大批大量多步骤生产　　D.由一条生产流水线产出的多工序生产

4.定额法属于（　　）。
A.成本计算的基本方法　　B.成本计算方法
C.成本计算的辅助方法　　D.非成本计算方法

5.产品成本计算期的确定主要取决于（　　）。
A.生产工艺过程的特点　　B.生产步骤
C.生产组织的特点　　D.管理要求

二、多项选择题

1.产品成本计算期与产品生产周期相一致的生产组织形式为（　　）。
A.多步骤生产　　B.大量生产　　C.小批单件生产　　D.成批生产

2.单步骤生产的特点有（　　）。
A.生产过程在工艺上不能间断　　B.生产过程在工艺上可以间断
C.不便于分散在不同的地点进行　　D.可以分散在不同的地点进行

3.下列各项属于成本计算基本方法的有（　　）。
A.分类法　　B.定额法　　C.品种法　　D.分批法

4.企业的生产，按照工艺过程划分，可以分为（　　）。
A.大批大量生产　　B.单件产品的生产　　C.单步骤生产　　D.多步骤生产

5.下列各项生产组织特点属于单件生产的有（　　）。
A.纺织企业　　B.飞机制造企业　　C.造船企业　　D.电梯制造企业

三、判断题

1.正确计算产品成本的前提是成本计算对象的确定。（　　）

2.企业的生产按生产组织的特点可分为简单生产和复杂生产。（　　）

3.采用分类法计算产品成本的目的是简化成本计算工作。（　　）

4.在多步骤生产企业中，如果规模小、管理不要求计算各步骤成本，产品成本计算对象一般选用产品品种。（　　）

5.成批生产是指不断地大量重复生产相同产品的生产。（　　）

技能训练

【实训目的】

通过实训使学生熟悉产品成本核算的基本原理和一般程序，掌握产品成本核算的最基本的方法——品种法，能够担任中小型企业成本核算岗位的会计工作。

【实训内容】

（1）根据有关资料设置有关成本费用明细账和成本计算单；

（2）编制要素费用的分配表并编制会计分录；

（3）登记有关基本生产成本明细账、辅助生产成本明细账、制造费用明细账；

（4）分配辅助生产费用；

（5）分配制造费用；

（6）在完工产品和在产品之间分配生产费用；

（7）编制产品成本计算单；

（8）根据完工产品成品入库单编制会计分录。

【实训资料】

大华机械公司为大量大批单步骤生产的企业，采用品种法计算产品成本。企业设有一个基本生产车间，生产甲、乙两种产品，还设有一个辅助生产车间运输车间。该厂2022年5月份有关产品成本核算资料如下：

（1）产量资料见表3-1-35。

表3-1-35 产量资料 单位：件

产品名称	月初在产品	本月投产	完工产品	月末在产品	完工率
甲产品	800	7 200	6 500	1 500	60%
乙产品	320	3 680	3 200	800	40%

（2）月初在产品成本见表3-1-36。

表3-1-36 月初在产品成本 单位：元

产品名称	直接材料	直接人工	制造费用	合计
甲产品	8 090	5 860	6 810	20 760
乙产品	6 176	2 948	2 728	11 852

（3）该月发生的生产费用如下：

材料费用：生产甲产品耗用材料4 410元，生产乙产品耗用材料3 704元，生产甲乙产品共同耗用材料9 000元（甲产品材料定额耗用量为3 000千克，乙产品材料定额耗用量为1 500千克）。运输车间耗用材料900元，基本生产车间耗用材料1 938元。

职工薪酬：生产工人工资10 000元，运输车间人员工资800元，基本生产车间管理人员工资1 600元。

其他费用：运输车间固定资产折旧费为200元，水电费为160元，办公费为40元。基本生产车间厂房、机器设备折旧费为5 800元，水电费为260元，办公费为402元。

（4）工时记录：甲产品耗用实际工时为1 800小时，乙产品耗用实际工时为2 200小时。

（5）本月运输车间共完成2 100千米运输工作量，其中：基本生产车间耗用2 000千米，企业管理部门耗用100千米。

【实训任务】

1.开设甲、乙产品成本计算单（见表3-1-37、表3-1-38）。

表3-1-37 产品成本计算单

产品： 完工数量： 件 年 月 金额单位：元

项目	直接材料	直接人工	制造费用	合计
月初在产品成本				
本月发生生产费用				
生产费用合计				
完工产品数量（件）				
在产品约当产量（件）				
约当总产量（件）				
费用分配率（元/件）				
本月完工产品总成本				
月末在产品成本				

表3-1-38 产品成本计算单

产品： 完工数量： 件 年 月 金额单位：元

项目	直接材料	直接人工	制造费用	合计
月初在产品成本				
本月发生生产费用				
生产费用合计				
完工产品数量（件）				
在产品约当产量（件）				
约当总产量（件）				
费用分配率（元/件）				
本月完工产品总成本				
月末在产品成本				

开设辅助生产车间生产成本明细账（见表3-1-39）。

表3-1-39 辅助生产成本明细账

车间名称： 单位：元

月	日	凭证	摘要	直接材料	直接人工	制造费用	合计

开设制造费用明细账（见表3-1-40）。

表3-1-40 制造费用明细账

生产单位： 单位：元

<table>
<tr><td colspan="2">2022年</td><td rowspan="2">凭证号</td><td rowspan="2">摘要</td><td colspan="7">费用明细项目</td><td></td></tr>
<tr><td>月</td><td>日</td><td>原材料</td><td>工资及福利费</td><td>折旧费</td><td>修理费</td><td>办公费</td><td>水电费</td><td>辅助费</td><td>合计</td></tr>
<tr><td></td><td></td><td></td><td></td><td></td><td></td><td></td><td></td><td></td><td></td><td></td><td></td></tr>
<tr><td></td><td></td><td></td><td></td><td></td><td></td><td></td><td></td><td></td><td></td><td></td><td></td></tr>
<tr><td></td><td></td><td></td><td></td><td></td><td></td><td></td><td></td><td></td><td></td><td></td><td></td></tr>
</table>

开设管理费用明细账（见表3-1-41），其他总账和明细账略。

表3-1-41 管理费用明细账 单位：元

<table>
<tr><td colspan="2">2022年</td><td rowspan="2">凭证号</td><td rowspan="2">摘 要</td><td colspan="8">费用明细项目</td><td></td></tr>
<tr><td>月</td><td>日</td><td>原材料</td><td>工资及福利费</td><td>折旧费</td><td>修理费</td><td>办公费</td><td>水电费</td><td>招待费</td><td>差旅费</td><td>合计</td></tr>
<tr><td></td><td></td><td></td><td></td><td></td><td></td><td></td><td></td><td></td><td></td><td></td><td></td><td></td></tr>
<tr><td></td><td></td><td></td><td></td><td></td><td></td><td></td><td></td><td></td><td></td><td></td><td></td><td></td></tr>
<tr><td></td><td></td><td></td><td></td><td></td><td></td><td></td><td></td><td></td><td></td><td></td><td></td><td></td></tr>
<tr><td></td><td></td><td></td><td></td><td></td><td></td><td></td><td></td><td></td><td></td><td></td><td></td><td></td></tr>
<tr><td></td><td></td><td></td><td></td><td></td><td></td><td></td><td></td><td></td><td></td><td></td><td></td><td></td></tr>
</table>

2.根据资料进行费用分配和成本计算，编制会计分录并登记明细账。

（1）根据甲、乙两种产品的定额耗用量比例分配共同耗用材料，填写材料费用分配表（见表3-1-42）并进行账务处理。

表3-1-42 原材料费用分配汇总表

年 月 日 金额单位：元

<table>
<tr><td colspan="3">应借账户</td><td rowspan="2">成本费用项目</td><td rowspan="2">直接计入费用</td><td colspan="3">间接计入费用</td><td rowspan="2">合计</td></tr>
<tr><td>总账</td><td>二级账</td><td>明细账</td><td>标准</td><td>分配率</td><td>金额</td></tr>
<tr><td rowspan="6"></td><td rowspan="3"></td><td></td><td></td><td></td><td></td><td></td><td></td><td></td></tr>
<tr><td></td><td></td><td></td><td></td><td></td><td></td><td></td></tr>
<tr><td colspan="2"></td><td></td><td></td><td></td><td></td><td></td></tr>
<tr><td rowspan="3"></td><td></td><td></td><td></td><td></td><td></td><td></td><td></td></tr>
<tr><td></td><td></td><td></td><td></td><td></td><td></td><td></td></tr>
<tr><td colspan="2"></td><td></td><td></td><td></td><td></td><td></td></tr>
<tr><td colspan="2"></td><td></td><td></td><td></td><td></td><td></td><td></td><td></td></tr>
<tr><td colspan="2"></td><td></td><td></td><td></td><td></td><td></td><td></td><td></td></tr>
<tr><td colspan="4"></td><td></td><td></td><td></td><td></td><td></td></tr>
</table>

（2）根据甲、乙两种产品的实际生产工时分配产品生产工人工资和福利费，编制直接人工费用分配表（见表3-1-43），并进行账务处理。

表3-1-43　　直接人工费用分配表

年　月　日　　金额单位：元

<table>
<tr><th colspan="3">应借账户</th><th rowspan="2">成本费用项目</th><th rowspan="2">直接工资费用</th><th colspan="3">间接工资费用</th><th rowspan="2">工资</th><th rowspan="2">福利费</th><th rowspan="2">合计</th></tr>
<tr><th>总账</th><th>二级账</th><th>明细账</th><th>工时</th><th>分配率</th><th>金额</th></tr>
<tr><td rowspan="6"></td><td rowspan="3"></td><td></td><td></td><td></td><td></td><td></td><td></td><td></td><td></td><td></td></tr>
<tr><td></td><td></td><td></td><td></td><td></td><td></td><td></td><td></td><td></td></tr>
<tr><td></td><td></td><td></td><td></td><td></td><td></td><td></td><td></td><td></td></tr>
<tr><td rowspan="3"></td><td></td><td></td><td></td><td></td><td></td><td></td><td></td><td></td><td></td></tr>
<tr><td></td><td></td><td></td><td></td><td></td><td></td><td></td><td></td><td></td></tr>
<tr><td></td><td></td><td></td><td></td><td></td><td></td><td></td><td></td><td></td></tr>
<tr><td colspan="3"></td><td></td><td></td><td></td><td></td><td></td><td></td><td></td><td></td></tr>
<tr><td colspan="3"></td><td></td><td></td><td></td><td></td><td></td><td></td><td></td><td></td></tr>
<tr><td colspan="4"></td><td></td><td></td><td></td><td></td><td></td><td></td><td></td></tr>
</table>

（3）编制其他费用的会计分录并记入有关账户。

（4）按运输里程比例分配辅助生产费用，编制辅助生产费用分配表（见表3-1-44），并进行账务处理。

表3-1-44　　辅助生产费用分配表

年　月　　金额单位：元

<table>
<tr><th colspan="3" rowspan="3">项　目</th><th colspan="2">直接分配法</th></tr>
<tr><th colspan="2">运输车间</th></tr>
<tr><th>劳务量（千米）</th><th>金额</th></tr>
<tr><td colspan="3">应分配的费用总额</td><td></td><td></td></tr>
<tr><td colspan="3">提供的应分配劳务总量</td><td></td><td></td></tr>
<tr><td colspan="3">单位成本</td><td></td><td></td></tr>
<tr><td rowspan="4">应借账户</td><td rowspan="2">基本生产成本</td><td>甲产品</td><td></td><td></td></tr>
<tr><td>乙产品</td><td></td><td></td></tr>
<tr><td>制造费用</td><td>基本车间</td><td></td><td></td></tr>
<tr><td>管理费用</td><td></td><td></td><td></td></tr>
<tr><td colspan="3">分配费用合计</td><td></td><td></td></tr>
</table>

（5）采用生产工时分配法编制制造费用分配表（见表3-1-45），并进行账务处理。

表3-1-45　　　　　　　　　　制造费用分配表

生产单位：　　　　　　　　　　　　年　月　　　　　　　　　　　　金额单位：元

产品	生产工时（小时）	分配率	分配金额
合计			

（6）按约当产量法分配计算甲、乙完工产品和月末在产品成本。甲产品耗用的材料随加工程度陆续投入，乙产品耗用的材料于生产开始时一次性投入（见表3-1-37、表3-1-38）。编制结转甲、乙两种完工产品成本的会计分录。

（7）结转管理费用（见表3-1-41），并进行相应账务处理。

项目二　分批法

知识目标

1. 掌握分批法的概念及适用范围
2. 了解分批法的产品成本计算程序

技能目标

1. 运用典型分批法计算产品成本
2. 运用简化分批法计算产品成本

案例导入

初识分批法

兴海机械厂设有一个基本生产车间，按生产任务通知单（工作令号）分批组织生产，属于小批生产组织类型的企业，根据其自身的生产特点和管理要求，采用一般分批法计算投产分批产品的生产成本。

如果你是该公司的会计，能否运用前面所学习的知识和技能，采用分批法对该企业的成本费用进行核算?

企业在经济业务发生后，根据其生产特点、生产工艺流程的不同、企业成本管理要求的不同，选择不同的成本计算方法，才能正确地计算产品成本。产品成本计算的基本方法是在综合了前面所学的内容之后，综合利用企业的成本会计数据进行成本计算的综合章节，内容非常重要，为成本会计课程学习的完整性和未来的就业实践打下坚实的基础。

知识讲解

一、分批法的概念

分批法，就是以产品的批别为成本计算对象，开设成本明细账，归集生产费用，计算产品成本的一种方法。产品批别在成批组织生产的企业或车间中，是按照一定品种、一定批量产品划分的。因此，分批法也就是计算一定品种、一定批量的产品成本的方法。在实际工作中，产品的品种和每批产品的批量往往是根据客户的订单确定的，因而，按照产品批别计算产品成本，往往也就是按照订单计算产品成本。所以，分批法也称订单法。

二、分批法的适用范围

在小批单件生产的企业里，生产往往是按照客户的订单来组织的。客户发来的各张订单所订购的产品又常常种类不同、规格不一，采用的原料及制造方法、订做的数量各异，各张订单的具体要求有所不同，因而，必须将生产某张订单产品的成本与生产其他各张订单产品的成本区分开来，分别每一张订单来归集费用，计算每一张订单产品的成本。尤其是订货合同规定根据成本定价时，由于在各张订单完工时，要报给订货者这批订货的成本，更需要按订单来计算成本。有些小批单件生产企业不是按照客户订货而是根据自己的生产计划，即根据企业事先确定的产品种类、规格，单件或小批量组织生产。由于每件或各批产品的种类、规格各不相同，也要求分批计算各批产品成本。

综上所述，分批法适用于单件、小批生产的企业和车间。具体来说，主要有以下四种情形：根据客户订单组织生产的企业；产品种类经常变动的小规模制造厂；承揽修理业务的工厂；新产品试制车间。这些企业或车间的共同特点是一批产品通常不重复生产，即使重复生产，也是不定期的。企业生产计划的编制及日常检查、核算工作，都以客户的订单或企业事先规定的产品及批量为依据。

三、分批法的特点

（一）成本计算对象是各产品的生产批别

分批法的批别主要有三种：订单、化整为零、化零为整。在小批和单件生产中，产品的种类和每批产品的批量，大多是根据购买单位的订单确定的，因而按批、按件计算产品成本，往往也就是按照订单计算产品成本。如果在一张订单中规定有几种产品，或虽然只有一种产品但其数量较大而又要求分批交货时，如按订货单位的订单组织生产，就不利于按产品品种考核、分析成本计划的完成情况，从生产管理上也不便于集中一次投料，或满足不了分批交货的要求，针对这一情况，企业生产计划部门可以将上述订单按照产品品种划分批别组织生产，或将同类产品划分数批组织生产，计算成本；如果在一张订单中只规定一件产品，但其属于大型复杂的产品，价值较高，生产周期较长，如大型船舶制造，也可以按照产品的组成部分分批组织生产，计算成本，这就是化整为零。如果在同一时期内，企业接到不同购货单位要求生产同一产品的几张订单，为了经济合理地组织生产，企业生产计划部门也可以将其合并为一批组织生产，计算成本，这就是化零为整。在这种情况下，分批法的成本计算对象，就不是购货单位的订货单，而是企业生产计划部门签发下达的生产任务通知单，单内应对该批生产任务进行编号，称为产品批号或生产令号。会计部门应根据产品批号设立产品成本明细账。生产费用发生后，就按产品批别进行归集，直接费用直接计入成本，间接计入费用则要采用适当的分配方法，在各批产品之间进行分配，然后记入各产品成本明细账。由于分批法下存在多个成本计算对象，间接计入费用多，为了提高成本核算的正确性，要合理选择分配标准。

（二）成本计算期不定期，与生产周期基本一致，而与会计周期不一致

为了保证各批产品成本计算的正确性，各批产品成本明细账的设立和结算，应与生产任务通知单的签发和结束密切配合，协调一致，即各批或各订单产品的成本总额，在其完工以后（完工月份的月末）计算确定。因而完工产品成本计算是不定期的，其成本计算期与产品的生产周期基本一致，而与会计核算报告期不一致。

（三）生产费用通常不需要在完工产品与在产品之间进行分配

在小批、单件生产下，由于完工产品成本计算期与产品的生产周期一致，因而在月末计算产品成本时，一般不存在完工产品与在产品之间分配费用的问题。

在单件生产中，产品完工前，产品成本明细账所记录的生产费用，都是在产品成本；产品完工时，产品成本明细账所记录的生产费用，就是完工产品的成本，因而在月末计算成本时，不存在完工产品与在产品之间费用的分配问题。

在小批生产时，由于产品批量较小，批内产品一般都能同时完工，或者在相距不久的时间内全部完工。月末计算成本时，或是全部已经完工，或是全都没有完工，因而一般也不存在完工产品与在产品之间费用分配的问题。但如批内产品有跨月陆续完工的情况，在月末计算成本时，一部分产品已完工，另一部分产品尚未完工，这时就有必要在完工产品与在产品之间分配费用，以便计算完工产品成本和月末在产品成本。如果跨月陆续完工的情况不多，月末完工产品数量占批量比重较小时，可以采用按计划单位成本、定额单位成本或近期相同产品的实际单位成本计算完工产品成本，从产品成本明细账中转出，剩余数额即为在产品成本。在该批产品全部完工时，还应计算该批产品的实际总成本和单位成本，但对已经转账的完工产品成本，不作账面调整。这样做主要是为了计算先交货的产品成本。这种分配方法核算工作虽然简单，但分配结果计算不太准确。因而，在批内产品跨月陆续完工情况较多，月末完工产品数量占批量比重较大时，为了提高成本计算的正确性，应采用适当的方法，在完工产品与月末在产品之间分配费用，计算完工产品成本和月末在产品成本。

为了使同一批产品尽量同时完工，避免跨月陆续完工的情况，减少完工产品与月末在产品之间分配费用的工作，在合理组织生产的前提下，可以适当缩小产品的批量。但是缩小产品批量，也应有一定的限度，否则批量过小，不仅会使生产组织不合理、不经济，而且会使设立的产品生产成本明细账过多，从而加大核算工作量。

四、分批法的产品成本计算程序

（一）会计部门根据“生产任务通知单”所规定的产品批别，设置生产成本明细账，并按成本项目分设专栏

在生产开始时，企业的生产计划部门下达生产任务通知单，财会部门根据每一生产任务通知单副本开设产品生产成本明细账，并在账上注明产品批号以及生产任务通知单

上所提供的其他规定性或说明性信息，如产品的品名、规格等。成本计算单的开设和结账，应注意同生产任务通知单的签发和结束配合一致，各批号之间不能混同或串户，以保证各批产品成本计算的正确性。

（二）按批别归集和分配本月发生的各项费用，登记有关明细账

企业在生产产品领用各种原材料、耗用有关费用时，都要在有关的原始凭证上注明生产任务通知单号，月末根据费用的原始凭证，编制各种费用分配表，将各批产品的直接费用，按产品批别分别成本项目直接记入各产品生产成本明细账内；将发生的间接费用按照一定的方法在各批产品之间进行分配，记入有关各批产品生产成本明细账内。

（三）分配辅助生产费用

归集辅助生产车间发生的制造费用，按其提供的劳务数量，在各批别或订单产品、制造费用以及其他受益对象之间进行分配。对于辅助生产车间生产的产品，应计算其完工产品成本，从辅助生产成本明细账中转出。

（四）分配基本生产车间制造费用

将基本生产车间“制造费用明细账”中归集的制造费用进行汇总，根据投产的批别或订单的完成情况，选择一定的方法分配制造费用。

（五）计算完工产品成本

采用分批法一般不需要在完工产品和在产品之间分配生产费用。生产周期内，各月月末结账时，各产品生产成本明细账上累计的生产费用，都是各该批在产品成本；当某批别或生产任务通知单的产品完工并检验合格后，应由生产车间填制完工通知单，报送财会部门。此时，产品生产成本明细账上的全部费用，就是产成品成本。但如果某批产品出现跨月陆续完工的情况，则需要将产品生产成本明细账中全部的费用，采用一定的方法在完工产品与在产品之间进行分配，并确定计算出完工产品和月末在产品成本。

（六）结转完工产品成本

月末将各批完工产品成本以及批内陆续完工产品的成本加以汇总，编制“完工产品成本汇总表”，结转完工入库产品的成本。

五、分批法的类型

（一）典型分批法

典型分批法又叫一般分配法或当月分配法，是指每月各批次无论是否有完工产品，都要按受益对象分配间接费用给各批次产品的方法。该方法主要适用于当月可以完工的、生产周期短的单件小批生产企业。

（二）简化分批法

简化分批法又叫累计分配法，是指在分配间接费用时，只有在有批次产品完工的月份，才能将归集的费用分配给各批次完工产品成本。该方法适用于同一月份投产批数多，且月末未完工批数多、各批次按月分配的工作量繁重的企业。

六、分批法计算产品成本

（一）典型分批法成本计算

典型分批法下，当月发生的间接费用全部分配给各成本计算对象，间接费用分配计入各批次产品的成本中，并计入各种产品成本明细账和成本计算单，而不论其是否已经完工。

典型分批法下的成本核算岗位的主要任务有以下四项：

（1）按批次设置基本生产成本明细账，并按成本项目分设专栏；

（2）费用凭证注明用途，分清各批次产品的费用；

（3）编制要素费用分配表，分配并归集各批次产品的生产费用；

（4）月末，结算各批次产品的生产费用，计算产品成本。

典型分批法核算程序图如图3-2-1所示。

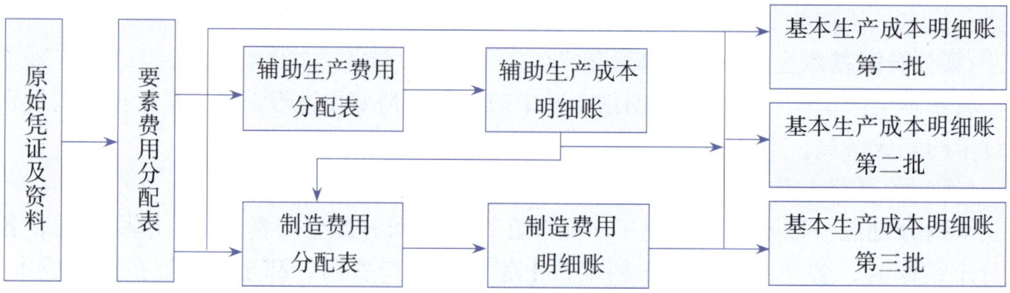

图3-2-1 典型分批法核算程序图

【工作实例3-2-1】某公司根据客户的订单组织产品生产，采用分批法计算产品成本。资料如下：

（1）2022年8月，该厂共有四批产品同时生产，各产品投产完工情况见表3-2-1。

表3-2-1 生产记录表

批号	产品名称	开工日期	投产批量（件）	本月完工数量（件）	在产品数量（件）	实用工时
301	甲	6月10日	10	10		20 000
302	乙	7月8日	17	12	5	30 000
303	丙	7月12日	8	5	3	16 000
304	丁	8月26日	20		20	10 000

（2）8月初在产品成本见表3-2-2。

表3-2-2 月初在产品成本表 单位：元

产品批号	产品名称	直接材料	直接人工	制造费用	合计
301	甲	1 030 000	390 000	460 000	1 880 000
302	乙	450 000	140 000	168 000	758 000
303	丙	360 000	105 000	129 000	594 000

（3）8月份发生的费用经汇总、整理见表3-2-3。

表3-2-3　生产费用汇总表　单位：元

产品批号	产品名称	直接材料	直接人工	制造费用	合计
301	甲	120 000			120 000
302	乙	399 990			399 990
303	丙	258 000			258 000
304	丁	123 000			123 000
共同费用			380 000	304 000	684 000
合计		900 990	380 000	304 000	1 584 990

其中，直接材料由领料单标明的产品批号汇总而来，直接人工和制造费用是各批产品共同发生的费用，对此按生产工时比例在各批产品之间分配。

（4）生产费用在完工产品和在产品之间分配的方法如下。

302批号乙产品，本月末完工数量较大，完工产品和月末在产品成本的分配方法采用约当产量法。月末在产品的平均完工程度为50%，原材料于生产中逐步投入，投料率为80%。

303批号丙产品，本月末完工数量为5件，为了简化核算，完工产品按计划成本转出，其计划单位成本为：直接材料77 000元，直接人工22 925元，制造费用27 912元，合计127 837元。

要求：计算完工产品成本。

操作步骤：

第一步，将生产费用在各批产品之间进行分配。

其中，直接材料由各批产品分别耗用，不需要进行分配；直接人工和制造费用是由各批产品共同耗用的，需要按照工时进行分配。直接人工费用分配见表3-2-4，制造费用分配见表3-2-5。

表3-2-4　直接人工费用分配表　金额单位：元

产品批号	产品名称	分配标准（工时）	分配率	应分配金额
301	甲	20 000		100 000
302	乙	30 000		150 000
303	丙	16 000		80 000
304	丁	10 000		50 000
合计		76 000	5.00	380 000

表3-2-5 制造费用分配表 金额单位：元

产品批号	产品名称	成本项目	分配标准（工时）	分配率	分配金额
301	甲	制造费用	20 000		80 000
302	乙	制造费用	30 000		120 000
303	丙	制造费用	16 000		64 000
304	丁	制造费用	10 000		40 000
合计			76 000	4	304 000

根据“生产费用汇总表”编制发出的直接材料会计分录：

借：基本生产成本——甲产品 120 000
——乙产品 399 990
——丙产品 258 000
——丁产品 123 000
贷：原材料 900 990

根据“直接人工费用分配表”编制会计分录：

借：基本生产成本——甲产品 100 000
——乙产品 150 000
——丙产品 80 000
——丁产品 50 000
贷：应付职工薪酬 380 000

根据“制造费用分配表”编制会计分录：

借：基本生产成本——甲产品 80 000
——乙产品 120 000
——丙产品 64 000
——丁产品 40 000
贷：制造费用 304 000

第二步，根据表3-2-1至表3-2-5登记各批产品成本明细账（见表3-2-6至表3-2-9）。

表3-2-6 产品成本明细账

批号：301 批量：10件 开工日期：6月10日

产品名称：甲 完工：10件 完工日期：8月31日 单位：元

2022年		凭证	摘要	直接材料	直接人工	制造费用	合计
月	日						
8	1		期初余额	1 030 000	390 000	460 000	1 880 000
	31	略	材料费用	120 000			120 000
			人工费用		100 000		100 000
			制造费用			80 000	80 000
			合计	1 150 000	490 000	540 000	2 180 000
			完工产品转出	−1 150 000	−490 000	−540 000	−2 180 000
			期末余额	0	0	0	0

表3-2-7　　　　产品成本明细账

批号：302　　批量：17件　　开工日期：7月8日

产品名称：乙　　完工：12件　　完工日期：　月　日　　单位：元

2022年		凭证	摘要	直接材料	直接人工	制造费用	合计
月	日						
8	1		期初余额	450 000	140 000	168 000	758 000
	31	略	材料费用	399 990			399 990
			人工费用		150 000		150 000
			制造费用			120 000	120 000
			合计	849 990	290 000	288 000	1 427 990
			完工产品转出	637 492.5	240 000	238 344.83	1 115 837.33
			期末余额	212 497.5	50 000	49 655.17	312 152.67

表3-2-8　　　　产品成本明细账

批号：303　　批量：8件　　开工日期：7月12日

产品名称：丙　　完工：5件　　完工日期：　月　日　　单位：元

2022年		凭证	摘要	直接材料	直接人工	制造费用	合计
月	日						
8	1		期初余额	360 000	105 000	129 000	594 000
	31	略	材料费用	258 000			258 000
			人工费用		80 000		80 000
			制造费用			64 000	64 000
			合计	618 000	185 000	193 000	996 000
			完工产品转出	385 000	114 625	139 560	639 185
			期末余额	233 000	70 375	53 440	356 815

表3-2-9　　　　产品成本明细账

批号：304　　批量：20件　　开工日期：8月26日

产品名称：丁　　完工：0　　完工日期：　月　日　　单位：元

2022年		凭证	摘要	直接材料	直接人工	制造费用	合计
月	日						
8	1		期初余额	0	0	0	0
	31	略	材料费用	123 000			123 000
			人工费用		50 000		50 000
			制造费用			40 000	40 000
			合计	123 000	50 000	40 000	213 000
			完工产品转出	0	0	0	0
			期末余额	123 000	50 000	40 000	213 000

第三步，将生产费用在完工产品和月末在产品之间进行分配。

301批号甲产品全部完工，发生的费用全部转入完工产品成本；302批号乙产品由于跨月陆续完工情况较多，采用约当产量法对完工产品和月末在产品成本进行分配；303批号丙产品由于跨月陆续完工情况较少，完工产品可以按计划成本转出，待整批产品全部完工后，再重新计算完工产品的实际总成本和单位成本（对已经转账的完工产品成本，不必再做账面调整）；304批号丁产品全部未完工，发生的费用全部为未完工产品成本，不需结转完工产品成本。

302批号乙产品月末在产品约当产量计算情况见表3-2-10。

表3-2-10 在产品约当产量计算表

产品批号：302　　产品名称：乙产品　　单位：件

成本项目	在产品数量	投料程度（加工程度）	在产品约当产量	约当总产量
直接材料	5	80%	4	16
直接人工	5	50%	2.5	14.5
制造费用	5	50%	2.5	14.5

根据各批完工产品的成本明细账，编制成本计算单，见表3-2-11至表3-2-13。

表3-2-11 产品成本计算单

批号：301　　批量：10件　　开工日期：6月10日

产品名称：甲　　完工：10件　　完工日期：8月31日　　单位：元

摘要	直接材料	直接人工	制造费用	合计
月初在产品成本	1 030 000	390 000	460 000	1 880 000
本月发生生产费用	120 000	100 000	80 000	300 000
生产费用合计	1 150 000	490 000	540 000	2 180 000
完工产品总成本	1 150 000	490 000	540 000	2 180 000
单位成本	115 000	49 000	54 000	218 000

表3-2-12 产品成本计算单

批号：302　　批量：17件　　开工日期：7月8日

产品名称：乙　　完工：10件　　完工日期：　月　日　　金额单位：元

摘要	直接材料	直接人工	制造费用	合计
月初在产品成本	450 000	140 000	168 000	758 000
本月发生生产费用	399 990	150 000	120 000	669 990
生产费用合计	849 990	290 000	288 000	1 427 990
分配率	53 124.375	20 000	19 862.069	92 986.444
完工产品总成本	637 492.5	240 000	238 344.83	1 115 837.33
月末在产品成本	212 497.5	50 000	49 655.17	312 152.67

其中，乙产品直接材料分配率 = 849 990 ÷（12 + 5 × 80%）= 53 124.375（元/件）

直接人工分配率 = 290 000 ÷（12 + 5 × 50%）= 20 000（元/件）

制造费用分配率 = 288 000 ÷（12 + 5 × 50%）= 19 862.069（元/件）

表3-2-13　　产品成本计算单

批号：303　　批量：8件　　开工日期：7月12日

产品名称：丙　　完工：5件　　完工日期：　月　日　　单位：元

摘要	直接材料	直接人工	制造费用	合计
月初在产品成本	360 000	105 000	129 000	594 000
本月发生生产费用	258 000	80 000	64 000	402 000
生产费用合计	618 000	185 000	193 000	996 000
单位成本	77 000	22 925	27 912	127 837
完工产品总成本	385 000	114 625	139 560	639 185
月末在产品成本	233 000	70 375	53 440	356 815

第四步，结转完工产品成本。

根据表3-2-11至表3-2-13中的成本计算结果，编制完工产品成本汇总表（见表3-2-14）。

表3-2-14　　完工产品成本汇总表

2022年8月

成本项目		直接材料	直接人工	制造费用	合计
301批号甲产品（产量10件）	总成本	1 150 000	490 000	540 000	2 180 000
	单位成本	115 000	49 000	54 000	218 000
302批号乙产品（产量12件）	总成本	637 492.5	240 000	238 344.83	1 115 837.33
	单位成本	53 124.38	20 000	19 862.07	92 986.44
303批号丙产品（产量5件）	总成本	385 000	114 625	139 560	639 185
	单位成本	77 000	22 925	27 912	127 837

根据完工产品成本汇总表，编制本月结转完工产品入库的会计分录：

借：库存商品——甲产品　　2 180 000

　　　　　　——乙产品　　1 115 837.33

　　　　　　——丙产品　　639 185

　贷：基本生产成本——甲产品　　2 180 000

　　　　　　　　　——乙产品　　1 115 837.33

　　　　　　　　　——丙产品　　639 185

（二）简化分批法成本计算

在有些小批单件生产的企业或车间里，订单多、生产周期长，而实际每月完工的订单并不多。在这种情况下，如果采用当月分配法分配各项费用，费用分配的核算工作量将非常繁重。因而，为了简化核算，这类企业或车间可采用不分批计算在产品成本的分批法，也叫人工及制造费用的累计分配法或简化分批法。简化分批法主要适用于同一月份投产批数多，且月末未完工批数多的企业，及各批次按月分配的工作量繁重的企业。

简化分批法下，按产品批别设置产品生产成本明细账和基本生产成本二级账，平时只需按月登记直接费用和生产工时。每月发生的间接费用，不分批次先登记在基本生产成本二级账中，只有在有批次产品完工的月份，才按累计工时比例，计算累计间接费用分配率，分配间接费用，计算完工产品成本。而在产品应负担的间接费用，则不进行分配。

简化分批法下的成本核算岗位的主要任务有以下五项：

（1）根据生产任务通知单设置生产成本明细账和基本生产成本二级账。

（2）根据材料费用分配表和生产工时记录等将各批别耗用的材料费用和工时，记入生产成本明细账和基本生产成本二级账，并在月末进行账账核对。

（3）根据各项间接费用分配表，将各批次产品的人工费用和制造费用等登记到基本生产成本二级账。

微课

简化分批法核算产品成本

（4）在有完工产品的月份的终了，累计基本生产成本二级账中的费用和工时，计算累计间接费用分配率，并据此分配间接费用并登记产品生产成本明细账；同时，将各产品生产成本明细账中登记的间接费用分配额汇总后记入基本生产成本二级账中。

（5）月末，结转完工批次产品的成本。

【工作实例3-2-2】某公司分批生产多种产品，产品批次和月末未完工产品批次都较多，为了简化成本核算工作，采用简化分批法计算产品成本。2022年6月份，该企业的产品批号及完工情况见表3-2-15。

表3-2-15 各批产品生产情况表

产品批号	产品名称	投产情况	本月完工数量	月末在产品
403	A	4月3日投产32件	32件	
508	B	5月8日投产16件	8件	8件
521	C	5月21日投产20件		20件
610	C	6月10日投产12件		12件
625	D	6月25日投产15件		15件

表中批号为508的B产品，其原材料在生产开始时一次性投入，完工产品所耗工时为5 920小时，在产品的工时为2 520小时。

要求：采用简化分批法计算产品成本。

操作步骤：

第一步，按产品批别设置产品生产成本明细账和基本生产成本二级账。

根据上述资料，以及企业实际情况采用简化分批法，开设并登记各批次基本生产成本明细账及基本生产成本二级账，并在基本生产成本明细账和基本生产成本二级账中归集生产费用及生产工时。

第二步，在月末有完工产品时，计算累计间接费用分配率。

在各批产品的基本生产成本明细账中，平时只登记直接材料费用和发生的工时，因此，在没有完工产品的月份，各账户的直接材料累计数即为各该批次月末在产品的全部直接材料成本，工时累计数即为各该批次产品所消耗的全部生产工时。各批次产品的基本生产成本明细账的累计直接材料成本与累计生产工时，应该分别等于基本生产成本二级账中所反映的全部批次的在产品直接材料费用累计数与生产工时累计数。

第三步，生产费用在完工产品和在产品之间进行分配。

当月有完工产品（包括全批完工和批内部分完工）批次的基本生产成本明细账，除了要登记当月发生的直接材料费用和生产工时外，还要加计材料费用累计数，并根据基本生产成本二级账相关数据计算的累计间接费用分配率确认完工产品应负担的人工费用和制造费用，计算完工产品的总成本与单位成本。批号为403的A产品，本月末全部完工，批号为508的B产品本月完工一部分，需要计算并结转完工产品成本。

各批次基本生产成本明细账见表3-2-16至表3-2-18。

表3-2-16 基本生产成本明细账

产品批号：521 产品批量：20件 投产日期：5月21日

产品名称：C 本月完工： 完工日期：

2022年		凭证号数	摘要	生产工时	成本项目			合计
月	日				直接材料	直接人工	制造费用	
5	31	略	本月发生	500	9 050			
6	30	略	本月发生	1 500	10 000			

表3-2-17 基本生产成本明细账

产品批号：610 产品批量：12件 投产日期：6月10日

产品名称：C 本月完工： 完工日期：

2022年		凭证号数	摘要	生产工时	成本项目			合计
月	日				直接材料	直接人工	制造费用	
6	30	略	本月发生	800	11 428			

表3-2-18 基本生产成本明细账

产品批号：625　　产品批量：15件　　投产日期：6月25日

产品名称：D　　本月完工：　　完工日期：

2022年		凭证号数	摘要	生产工时	成本项目			合计
月	日				直接材料	直接人工	制造费用	
6	30	略	本月发生	1 200	7 500			

第四步，登记基本生产成本二级账。

累计资料见表3-2-19。

表3-2-19 基本生产成本二级账（全部各批别产品总成本）

2022年		凭证号数	摘要	生产工时	成本项目			合计
月	日				直接材料	直接人工	制造费用	
5	31	略	期初在产品	13 700	60 614	20 292	25 966	106 872
6	30		本月发生	10 340	31 328	13 364	17 306	61 998
	30		累计数	24 040	91 942	33 656	43 272	168 870
	30		累计间接费用分配率			1.4	1.8	
	30		本月完工转出	-17 520	-44 712	-24 528	-31 536	-100 776
	30		期末在产品	6 520	47 230	9 128	11 736	68 094

对基本生产成本二级账中数据的说明：

①5月末在产品的生产工时和各项费用是截至5月末各批产品的累计生产工时和发生的累计生产费用。

②6月份发生的直接材料费用和生产工时，是根据6月份各批次产品的原材料费用分配表、生产工时记录登记（与各批次产品的基本生产成本明细账平行登记）的；6月份发生的直接人工和制造费用等间接费用，根据各该费用分配表登记。

③完工产品的直接材料费用和生产工时，根据各批次产品基本生产成本明细账中完工产品的直接材料费用和生产工时汇总登记，批号为403的A产品32件全部完工，耗用直接材料35 460元，耗用11 600小时；批号为508的B产品16件完工8件，完工产品耗用直接材料9 252元，耗用5 920小时。故：

完工产品直接材料费用＝35 460＋9 252＝44 712（元）

完工产品工时＝11 600＋5 920＝17 520（小时）

④全部产品累计间接费用分配：

全部产品累计直接人工分配率＝33 656÷24 040＝1.4（元/小时）

全部产品累计制造费用分配率＝43 272÷24 040＝1.8（元/小时）

完工产品应负担的各项间接费用，可以根据完工批次产品的基本生产成本明细账中所列生产工时分别乘以各该累计间接费用分配率计算，即：

完工产品直接人工 = 17 520 × 1.4 = 24 528（元）

完工产品制造费用 = 17 520 × 1.8 = 31 536（元）

⑤月末在产品的直接材料费用和生产工时，根据基本生产成本二级账中累计的直接材料费用和生产工时分别减去本月完工产品的直接材料费用和生产工时计算登记；也可以根据各批次产品的基本生产成本明细账中的月末在产品的直接材料费用和生产工时汇总后登记。

⑥月末在产品的各项间接费用，可以根据基本生产成本二级账中在产品生产工时分别乘以各该费用累计分配率计算登记，即：

月末在产品直接人工 = 6 520 × 1.4 = 9 128（元）

月末在产品制造费用 = 6 520 × 1.8 = 11 736（元）

也可以根据基本生产成本二级账中各该成本项目的累计数分别减去完工产品负担的相应费用后计算登记。

第五步，计算完工产品成本并登记各批产品基本生产成本明细账。

批号为403的A产品，本月末全部完工，其累计的直接材料费用和生产工时就是完工产品的直接材料费用和生产工时，将生产工时分别乘以各项人工费用累计分配率和制造费用累计分配率，即为完工产品的人工费用和制造费用。

根据间接费用累计分配率，计算A产品应负担的人工费用和制造费用如下：

403批次A产品应负担的直接人工费用 = 11 600 × 1.4 = 16 240（元）

403批次A产品应负担的制造费用 = 11 600 × 1.8 = 20 880（元）

403批次A产品的总成本 = 35 460 + 16 240 + 20 880 = 72 580（元）

403批次A产品的单位成本相应可以计算出来，分别为：直接材料1 108.125元；直接人工507.5元；制造费用652.5元；单位产品成本2 268.125元。

批号为403的A产品基本生产成本明细账见表3-2-20。

表3-2-20　　基本生产成本明细账

产品批号：403　　批量：32件　　投产日期：4月3日

产品名称：A　　完工：32件　　完工日期：6月30日

2022年		凭证号数	摘要	生产工时	成本项目			合计
月	日				直接材料	直接人工	制造费用	
4	30	略	本月发生	4 400	27 400			
5	31		本月发生	4 000	5 660			
6	30		本月发生	3 200	2 400			
6	30		累计数	11 600	35 460			
	30		累计间接费用分配率			1.4	1.8	
	30		本月完工转出	−11 600	−35 460	−16 240	−20 880	−72 580
	30		完工产品单位成本		1 108.125	507.5	652.5	2 268.125

批号为508的B产品，本月部分完工，应当按照一定的方法确定完工产品应负担的材料费用，根据完工产品所耗工时和间接费用累计分配率计算应负担的人工费用和制造费用，计算结果如下：

完工产品应负担的直接材料费用＝（18 504 ÷ 16）× 8＝9 252（元）

在产品应负担的直接材料费用＝18 504－9 252＝9 252（元）

508批次B产品应负担的直接人工费用＝5 920 × 1.4＝8 288（元）

508批次B产品应负担的制造费用＝5 920 × 1.8＝10 656（元）

该批次产品的基本生产成本明细账见表3-2-21。

表3-2-21 基本生产成本明细账

产品批号：508　　产品批量：16件　　投产日期：5月8日

产品名称：B　　本月完工：8件　　完工日期：

2022年		凭证号数	摘要	生产工时	成本项目			合计
月	日				直接材料	直接人工	制造费用	
5	31	略	本月发生	4 800	18 504			
6	30		本月发生	3 640				
	30		累计数	8 440	18 504			
	30		累计间接费用分配率			1.4	1.8	
	30		本月完工转出	−5 920	−9 252	−8 288	−10 656	−28 196
	30		完工产品单位成本		1 156.5	1 036	1 332	3 524.5
	30		月末在产品	2 520	9 252			

第六步，结转完工产品成本。

（略）

知识巩固

一、单项选择题

1.采用简化分批法，在产品完工之前，产品成本明细账（　　）。

A.不登记任何费用

B.只登记直接计入费用（如原材料费用）和生产工时

C.只登记原材料费用

D.登记间接计入费用，不登记直接计入费用

2.甲公司主要生产产品A，本月完工36件，在产品20件，平均完工程度为70%，共发生生产费用5 000万元。采用约当产量法对月末在产品和完工产品的成本进行分配，则完工产品和在产品的成本分别为（　　）万元。

A.2 000和3 000　　B.1 400和3 600　　C.3 600和1 400　　D.3 400和1 600

二、多项选择题

1.分批法成本计算法的特点有（　　）。

A.以生产批次作为成本计算对象

B.产品成本计算期不固定

C.按月计算产品成本

D.一般不需要进行完工产品和在产品的成本分配

2.下列各项适合采用简化分批法的有（　　）。

A.各月间接计入费用水平相差不大

B.月末未完工产品批数较多

C.同一月份投产的批数很多

D.各月间接计入费用水平相差较多

三、判断题

1.辅助生产车间通常采用分批法计算成本。（　　）

2.分批法是以产品批别为成本计算对象，归集费用，计算产品成本的一种方法。（　　）

3.分批法下如果产品批量较大，出现批内跨月陆续完工和分次交货情况时，应采取适当的方法计算完工产品成本和月末在产品成本。（　　）

技能训练

【实训目的】

通过实训使学生掌握分批法的含义和适用范围、分批法的特点和成本计算程序，能熟练运用分批法计算产品成本。

【实训内容】

（1）按照产品批别设置生产成本明细账；

（2）按照产品批别归集和分配本月发生的各种费用；

（3）分配辅助生产费用和基本生产部门制造费用；

（4）计算完工产品单位成本和总成本并结转完工产品成本。

【实训资料】

红卫仪表厂为小批单件生产企业，按照产品订单组织生产，2022年8月份第一生产车间生产501批次甲产品、601批次乙产品、502批次丙产品三批产品，本月有关成本计算资料如下：

（1）月初在产品成本：501批次甲产品成本为104 000元，其中，直接材料84 000元，直接人工12 000元，制造费用8 000元；502批次丙产品成本为124 000元，其中，直接材料120 000元，直接人工2 000元，制造费用2 000元。

（2）本月生产情况：501批次甲产品7月2日投产40件，本月26日已全部完工验收入库，本月实际生产工时为8 000小时。601批次乙产品本月4日投产120件，本月已完工验收入库12件，本月实际生产工时为4 400小时。502批次丙产品7月6日投产60件，本月尚未完工，本月实际生产工时为4 000小时。

（3）本月发生生产费用：本月投入原材料396 000元，全部为601批次乙产品耗用；本月产品生产工人工资为49 200元，发生福利费6 888元；本月制造费用总额为44 280元。

（4）单位产品定额成本：601批次乙产品单位产品定额成本为4 825元，其中，直接材料3 300元，直接人工825元，制造费用700元。

【实训任务】

（1）按产品批别开设产品成本计算单（见表3-2-22至表3-2-24）并登记月初在产品成本。

表3-2-22 第一生产车间产品成本计算单

生产批号：501# 批量：40件 开工时间：7月2日

产品名称：甲产品 完工时间：8月26日

摘要	成本项目			合计
	料	工	费	

表3-2-23 第一生产车间产品成本计算单

生产批号：601# 批量：120件 开工时间：8月4日

产品名称：乙产品 完工时间： 月 日

摘要	成本项目			合计
	料	工	费	

表3-2-24　第一生产车间产品成本计算单

生产批号：502#　　批量：60件　　开工时间：7月6日

产品名称：丙产品　　完工时间：　月　日

摘要	成本项目			合计
	料	工	费	

（2）编制601批次乙产品耗用原材料的会计分录并计入产品成本计算单。

（3）采用生产工时分配法在各批产品之间分配本月发生的直接人工费用（见表3-2-25），根据分配结果编制会计分录并计入有关产品成本计算单。

表3-2-25　直接人工费用分配表

生产单位：第一生产车间　　2022年8月　　金额单位：元

产品		成本费用项目	实际工时（小时）	分配工人工资		分配福利费	
总账	明细账			分配率	分配金额	分配率	分配金额
直接生产成本	501#甲产品	直接人工					
	601#乙产品	直接人工					
	502#丙产品	直接人工					
合计							

会计主管：王强　　复核：刘颖　　制单：张梅

（4）采用生产工时分配法在各批产品之间分配本月发生的制造费用（见表3-2-26），根据分配结果编制会计分录并计入有关产品成本计算单。

表3-2-26　制造费用分配表

生产单位：第一生产车间　　2022年8月　　金额单位：元

应借账户			成本费用项目	实际工时（小时）	分配率	分配金额
总账	二级账	明细账				
合计						

会计主管：王强　　复核：刘颖　　制单：张梅

（5）计算本月完工产品和月末在产品成本，编制结转完工产品成本的会计分录。601批次乙产品本月少量完工，其完工产品按定额成本结转。

项目三　分步法

知识目标

1. 掌握分步法的概念及适用范围
2. 了解逐步结转分步法的特点

技能目标

1. 运用逐步结转分步法计算产品成本
2. 运用平行结转分步法计算产品成本

案例导入

初识分步法

星海公司有三个基本生产车间，大量生产轮胎产品，其生产过程是：第一车间生产A半成品，直接转给第二车间进行加工，不经半成品库收发；第二车间将A半成品加工成B半成品，B半成品经过半成品库收发；第三车间从半成品库领用B半成品，并将B半成品加工成乙产品。各车间所耗原材料或半成品均在生产开始时一次性投入。

如果你是该公司的会计，能否运用前面所学习的知识和技能，采用分步法对该企业的成本费用进行核算？

知识讲解

一、分步法的概念及适用范围

在大量大批多步骤生产的企业中，生产工艺过程是由若干在技术上可以间断的生产步骤组成的，每个生产步骤都有生产出的半成品（最后一个步骤生产出完工产品），这些半成品既可以用于下一个步骤继续进行加工或装配，又可以对外销售。为了加强对各生产步骤的成本管理，不但要求按产品品种计算成本，而且要求按产品的生产步骤计算各步骤耗费的成本，以便考核完工产品及其所经过的生产步骤的成本计划的执行情况。为此，需要采用分步法计算每一步骤的半成品成本和最后步骤的完工产品成本。

产品成本计算的分步法，是指以各生产步骤的产品（或半成品）作为成本计算对象，归集生产费用，计算产品（或半成品）成本的一种方法。

分步法主要适用于大量大批多步骤生产，并且管理上要求分步计算产品成本的企业，如冶金、纺织、机械制造等企业。在这些企业中，产品生产可以划分为若干生产步骤。例如，冶金企业的生产可以分为炼铁、炼钢、轧钢等步骤；纺织企业的生产可以分为纺纱、织布、印染等步骤；机械制造企业的生产可以分为铸造、加工、装配等步骤。

二、分步法的特点

分步法的特点主要表现在成本计算对象、成本计算期、生产费用的分配和成本在各步骤间的结转四个方面。

（一）以各种产品及其所经过的生产步骤为成本计算对象，并据以设置基本生产成本明细账

企业如果只生产一种产品，成本计算对象就是该种产品及其所经过的各生产步骤，产品成本明细账应该按照产品的生产步骤设立。如果生产多种产品，成本计算对象则应是各种产品及其所经过的各生产步骤。产品成本明细账应该按照每种产品的各个步骤设立。

需要注意的是，在实际工作中，产品成本计算的分步与产品生产步骤的划分不一定完全一致，它根据实际加工步骤结合管理要求加以确定。为简化核算，只对管理上有必要分步计算成本的生产步骤单独开设产品成本明细账，单独计算成本；管理上不要求单独计算成本的生产步骤，则可与其他生产步骤合并设立产品成本明细账，合并计算成本。

（二）成本计算定期于每月月末进行

在大量大批多步骤生产中，由于生产周期较长，不可以间断，而且往往都是跨月陆续完工，因此，成本计算一般都是按月、定期地进行，而与产品的生产周期不一致。

（三）生产费用一般需要在完工产品与在产品之间进行分配

由于大量大批多步骤生产的产品往往都是跨月陆续完工的，月末各步骤一般都存在在产品。因此，在计算成本时，还需要采用适当的分配方法，将归集在各种产品、各生产步骤产品成本明细账中的生产费用，在完工产品与在产品之间进行分配，计算各该产品、各生产步骤的完工产品成本和在产品成本。

（四）成本需要在各步骤之间结转

由于产品生产是分步骤进行的，上一步骤生产的半成品是下一步骤的加工对象。因此，为了计算各种产品的产成品成本，还需要按照产品品种，结转各步骤生产成本，这是分步法的一个重要特点。

三、分步法的种类

多步骤生产企业对产品的生产步骤划分方式、对各生产步骤进行成本管理都会存在不同的要求。从满足企业对成本管理的要求与简化成本计算工作角度考虑，对各生产步骤成本的计算和结转，有逐步结转和平行结转两种方法。因此，产品成本计算的分步法，也就被分为逐步结转分步法和平行结转分步法两种。

（一）逐步结转分步法

逐步结转分步法是各个生产步骤逐步计算并结转半成品成本，直到最后生产步骤计算出完工产品成本的方法。计算各生产步骤的半成品成本，是这种方法的显著特征。因此逐步结转分步法也称作“计算半成品成本的分步法”。逐步结转分步法是在管理上要求提供各生产步骤半成品成本资料的情况下采用的，适用于大量大批多步骤连续式生产，要求计算半成品成本并销售半成品的企业。前一生产步骤完工的半成品转入下一生产步骤继续加工时，半成品的实物和成本一起转入下一生产步骤，直至最后生产步骤产出完工产品，才能最终得出完工产品成本。

（二）平行结转分步法

平行结转分步法是将各生产步骤应计入相同完工产品成本的份额平行汇总，计算完工产品成本的方法。平行结转分步法按生产步骤归集生产费用，月末计算出各生产步骤应计入当期完工产品成本的“份额”，然后加总确定完工产品成本。平行结转分步法只计算完工产品成本，不计算各生产步骤的半成品成本。因此，也称作“不计算半成品成本的分步法”。

平行结转分步法是在管理上不要求提供各生产步骤半成品成本资料的情况下采用的，适用于大量大批多步骤装配式，或连续式生产但并不需要计算半成品成本，半成品不需要销售的企业。平时各生产步骤都归集本步骤发生的原材料费用和加工费用，前一生产步骤完工的半成品转入下一生产步骤继续加工时，只转移半成品实物，不转移半成品成本。到月末再采用一定的分配方法，确定每一生产步骤应计入完工产品成本的费用“份额”，进行汇总计算求得完工产品成本。

四、逐步结转分步法

（一）逐步结转分步法概述

在逐步结转分步法下，计算各生产步骤成本时，按产品加工顺序，逐步计算并结转半成品成本，各步骤所耗用的上一步骤半成品的成本，要随半成品实物的转移，从上一步骤的产品成本明细账转入下一步骤相同产品的产品成本明细账中，以便逐步计算各步骤的半成品成本和最后步骤的产成品成本。逐步结转分步法能提供各步骤完整的半成品成本资料，适用于半成品具有独立的经济意义、半成品对外销售、管理上要求提供各步骤的半成品成本资料的大量大批连续式多步骤生产的企业。

逐步结转分步法将各步骤生产的半成品成本转入下一步骤时有两种方式：一种是半成品结转通过半成品仓库收发，另一种是半成品结转不通过半成品仓库而直接转入下一生产步骤。这两种成本结转程序图分别如图3-3-1和图3-3-2所示。

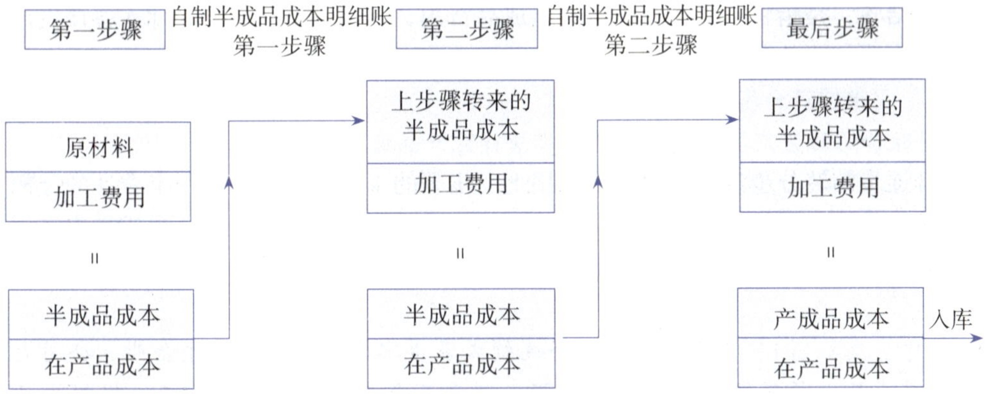

图3-3-1　半成品通过半成品仓库核算的示意图

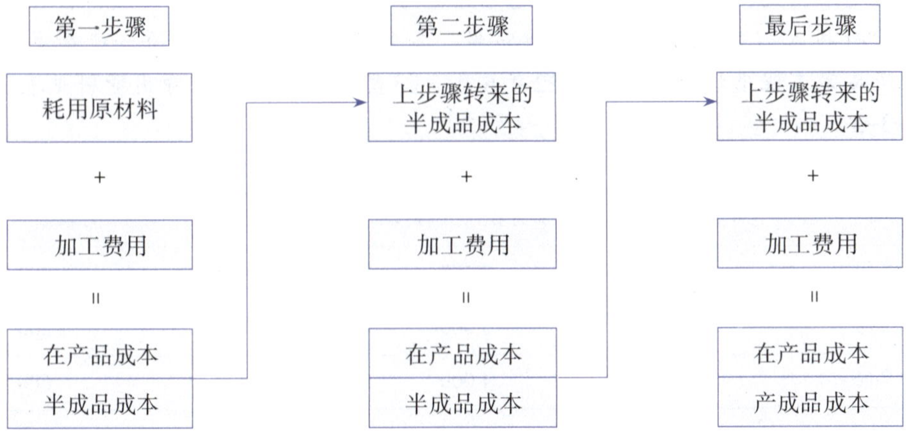

图3-3-2　半成品不通过半成品仓库核算的示意图

采用逐步结转分步法，每月月末，各项生产费用在各步骤产品成本明细账中归集以后，采用适当的方法，在各步骤完工半成品与正在加工中的在产品之间进行分配，然后通过半成品的逐步结转，在最后一个步骤的产品成本明细账中，计算出完工产品成本。上述程序表明，每一个步骤都是一个品种法，逐步结转分步法实际上就是品种法的多次连续应用。

（二）逐步结转分步法的主要特点

在成本归集与结转时，要分别计算各步骤成本，依次结转，按照生产步骤直到最终步骤的完工产品，因而其成本计算对象为每个步骤、每种产品；半成品成本构成由上一步骤转来的半成品成本加上本步骤材料费和加工费组成；期末成本分配方面，各步骤的生产费用均要在完工产品和期末在产品之间进行分配和结转，只有最后步骤才是狭义的完工产品和在产品成本的分配。

（三）逐步结转分步法的结转方式

采用逐步结转分步法，按照结转的半成品成本在下一步骤产品成本明细账中的反映方法，分为综合结转和分项结转两种方式。

综合结转，是指将各生产步骤所耗用的半成品成本，综合计入各该步骤产品成本明细账的“原材料”、“直接材料”或专设的“半成品”成本项目中。

分项结转，是指将各生产步骤所耗半成品费用，按照成本项目分项计入各该生产步骤产品成本明细账的各个成本项目中。

（四）逐步结转分步法计算产品成本

1.用综合结转方式下的逐步结转分步法计算产品成本

综合逐步结转分步法是将各步骤耗用上一步骤的半成品成本，以一个合计的金额计入该步骤产品成本明细账中的“直接材料”或专设的“半成品”项目，半成品成本随实物同步转移至下一生产步骤。该方法的成本计算对象是各个步骤的半成品和最后步骤的产成品。

【工作实例3-3-1】丰华公司是一个连续式多步骤大量生产的中型企业。公司大量生产F3型产品，顺序经过三个生产步骤，分设三个生产车间进行加工。根据生产特点和管理要求，采用综合结转方式的逐步结转分步法计算产品成本。原材料在生产开始时一次性投入，其他费用陆续均衡发生，各步骤产品成本采用约当产量法计算分配，在产品完工程度均为50%。2022年6月，F3型产品的产量及费用资料见表3-3-1至表3-3-3。

表3-3-1 产品产量 单位：件

项目	月初在产品	本月投入（转入）	本月完工	月末在产品
一车间	1 600	4 400	5 000	1 000
二车间	200	5 000	4 000	1 200
三车间	1 400	4 000	4 800	600

表3-3-2 月初在产品成本 单位：元

项目	直接材料	自制半成品	直接人工	制造费用	合计
一车间	160 000	—	8 000	24 000	192 000
二车间	—	28 000	5 000	7 000	40 000
三车间	—	364 000	14 000	28 000	406 000

表3-3-3 本月发生生产费用 单位：元

项目	直接材料	自制半成品	直接人工	制造费用	合计
一车间	440 000	—	47 000	141 000	628 000
二车间	—		225 000	315 000	540 000
三车间	—		88 000	176 000	264 000

要求：采用综合结转方式的逐步结转分步法计算产品成本。

操作步骤：

第一步，计算第一步骤产品成本，见表3-3-4。

表3-3-4　一车间（一步骤）产品成本计算单

时间：2022年6月　完工数量：5 000件

产品名称：F3型A半成品　在产数量：1 000件　金额单位：元

项目	直接材料	直接人工	制造费用	合计
月初在产品成本	160 000	8 000	24 000	192 000
本月发生生产费用	440 000	47 000	141 000	628 000
生产费用合计	600 000	55 000	165 000	820 000
约当总产量（件）	6 000	5 500	5 500	—
半成品单位成本	100	10	30	140
完工半成品成本	500 000	50 000	150 000	700 000
月末在产品成本	100 000	5 000	15 000	120 000

第二步，计算第二步骤产品成本，见表3-3-5。

表3-3-5　二车间（二步骤）产品成本计算单

时间：2022年6月　完工数量：4 000件

产品名称：F3型B半成品　在产数量：1 200件　金额单位：元

项目	直接材料	直接人工	制造费用	合计
月初在产品成本	28 000	5 000	7 000	40 000
本月发生生产费用	700 000	225 000	315 000	1 240 000
生产费用合计	728 000	230 000	322 000	1 280 000
约当总产量（件）	5 200	4 600	4 600	—
半成品单位成本	140	50	70	260
完工半成品成本	560 000	200 000	280 000	1 040 000
月末在产品成本	168 000	30 000	42 000	240 000

第三步，计算第三步骤产品成本，见表3-3-6。

表3-3-6　三车间（三步骤）产品成本计算单

时间：2022年6月　完工数量：4 800件

产品名称：F3型甲产成品　在产数量：600件　金额单位：元

项目	直接材料	直接人工	制造费用	合计
月初在产品成本	364 000	14 000	28 000	406 000
本月发生生产费用	1 040 000	88 000	176 000	1 304 000
生产费用合计	1 404 000	102 000	204 000	1 710 000
约当总产量（件）	5 400	5 100	5 100	—
半成品单位成本	260	20	40	320
完工甲产成品成本	1 248 000	96 000	192 000	1 536 000
月末在产品成本	156 000	6 000	12 000	174 000

第四步，账务处理。

第一步骤完工A半成品结转至第二步骤的账务处理：

借：基本生产成本——第二步骤　　　　700 000

　　贷：基本生产成本——第一步骤　　　　700 000

第二步骤完工B半成品结转至第三步骤的账务处理：

借：基本生产成本——第三步骤　　　　1 040 000

　　贷：基本生产成本——第二步骤　　　　1 040 000

结转完工产品成本的账务处理：

借：库存商品——甲产品　　　　1 536 000

　　贷：基本生产成本——第三步骤　　　　1 536 000

【说明】在综合逐步结转分步法下，采用实际成本计价，对下一步骤领用半成品成本的计算必须等上一步骤计算出半成品的成本以后才能进行，造成各生产步骤半成品或完工产品成本的计算不能同步进行，而且按品种计算各生产步骤耗用半成品实际成本的工作量也较大。

为了加速和简化核算工作，半成品也可以采用计划成本计价。各生产步骤领用半成品时，先按计划成本借记“基本生产成本”账户，贷记“原材料——自制半成品”账户。月末计算出完工半成品实际成本时，根据验收入库的半成品数量，按计划成本借记“原材料——自制半成品”账户，按实际成本贷记“基本生产成本”账户，将计划成本与实际成本的差额列入“半成品成本差异”账户。同时，比照原材料按计划成本核算方法，计算出半成品差异分配率，分配生产领用半成品应负担的半成品差异，将领用半成品的计划成本调整为实际成本。其计算公式和差异分配的会计处理均与材料成本差异的计算公式和会计处理相似，不再赘述。

从上例可以看出，采用综合逐步结转分步法结转半成品成本，从各步骤的产品成本明细账中可以看出各步骤产品所耗上一步骤半成品费用的水平和本步骤加工费用的水平，从而有利于对各生产步骤的管理。但如果管理上要求提供按原始成本项目反映的产成品成本资料，就需要进行成本还原。

采用综合逐步结转分步法结转半成品成本，上一步骤完工半成品成本结转到下一步骤时是以“自制半成品”项目综合反映的，因此，在最终完工产品的成本构成中，绝大部分是最后一个步骤所耗上一步骤的半成品成本，包括了前面各步骤的料、工、费，而人工费用和制造费用则仅仅是最后一个步骤发生的费用，这样计算出来的产品成本，有两个明显的缺点：

① 不能提供按原始成本项目反映的成本资料，产品的成本项目混乱。

② 不符合产品成本结构实际，扭曲了成本结构状况，不便于进行成本分析和考核，也不利于加强对产品成本的管理。因此，需要对综合逐步结转分步法计算出来的产品成本进行成本还原。

2. 综合结转方式下逐步结转分步法的成本还原

（1）成本还原的概念及原理

成本还原是指将最终完工产品成本中所耗半成品的综合成本逐步分解，还原为以

“直接材料”“直接人工”“制造费用”等原始成本项目反映的产品成本，从而求得按其原始成本项目反映的产品成本资料。

成本还原采取倒序法，从最后一个步骤起把各步骤所耗上一步骤半成品的综合成本，按照上一步骤所产半成品成本的结构或总额比例，逐步向前分解到上一步骤，逐步还原成规定的原始成本项目，然后将各步骤还原后的成本项目数额相加，即求出该产品按规定原始成本项目反映的产成品成本。

（2）成本还原的两种方式

①按结构比重法还原

该方式即按上一步骤各成本项目占全部成本的比重（成本的结构比率）进行还原。

做法：首先要确定各步骤完工产品的成本结构，然后从最后一个生产步骤开始，将产成品成本中的半成品综合成本乘以前一步骤该种半成品的各成本项目的比重，就可以把综合成本进行分解；如果成本计算在两步以上，还必须逐次将未还原的半成品成本，按上述方法依次还原，直至将半成品成本还原为原始成本项目为止。计算公式为：

项目还原分配率 = 上一步骤完工半成品成本项目金额 ÷ 上一步骤完工半成品成本合计

成本项目还原数 = 本月完工产品耗用上一步骤半成品综合成本 × 项目还原分配率

成本还原过程与产品的生产过程相反。

②按总额比例法还原

$$\text{成本还原分配率} = \frac{\text{本月本步骤产成品耗用}}{\text{上一步骤半成品成本合计}} \div \frac{\text{本月上一步骤所产}}{\text{该种半成品成本合计}}$$

成本项目还原数 = 上一步骤本月所产该种半成品的项目成本 × 成本还原分配率

【做中学3-3-1】沿用【工作实例3-3-1】的资料，按结构比重法还原，其还原过程见表3-3-7。

表3-3-7　　产品成本还原计算表（结构比重还原法）

完工数量：4 800件　　金额单位：元

项目	自制半成品		直接材料	直接人工	制造费用	合计
	F3-B	F3-A				
还原前产成品成本	1 248 000			96 000	192 000	1 536 000
第二步半成品成本		560 000		200 000	280 000	1 040 000
二车间成本结构（%）		53.85		19.23	26.92	100
第一次成本还原		672 048		239 990.40	335 961.60	1 248 000
第一步半成品成本			500 000	50 000	150 000	700 000
一车间成本结构（%）			71.43	7.14	21.43	100
第二次成本还原			480 043.89	47 984.23	144 019.88	672 048
还原后产成品成本			480 043.89	383 974.63	671 981.48	1 536 000
还原后单位成本			100	80	140	320

【做中学 3-3-2】沿用【工作实例 3-3-1】的资料，按总额比例法还原，见表 3-3-8。

表3-3-8 产品成本还原计算表（总额比例还原法）

完工数量：4 800件　　金额单位：元

项目	成本还原率	自制半成品		直接材料	直接人工	制造费用	合计
		F3-B	F3-A				
还原前产成品成本		1 248 000			96 000	192 000	1 536 000
第二步半成品成本			560 000		200 000	280 000	1 040 000
第一次成本还原	1.2		672 000		240 000	336 000	1 248 000
第一步半成品成本				500 000	50 000	150 000	700 000
第二次成本还原	0.96			480 000	48 000	144 000	672 000
还原后产成品成本				480 000	384 000	672 000	1 536 000
还原后单位成本				100	80	140	320

第一次成本还原率 = 1 248 000 ÷ 1 040 000 = 1.2

第二次成本还原率 = 672 000 ÷ 700 000 = 0.96

由于以前月份所产半成品的成本构成与本月所产半成品的成本构成不可能完全一致，因此，在各月所产半成品的成本构成变动较大的情况下，按照上述方法进行成本还原，对还原结果的正确性就会有较大的影响。在这种情况下，产成品所耗半成品费用可以按定额成本或计划成本的成本构成进行还原，上述成本还原计算表第二行按成本项目分列的第一步骤半成品成本应改为按成本项目分列的半成品定额或计划单位成本。

综上所述，采用综合逐步结转分步法结转半成品成本，从各步骤的产品成本明细账中可以看出各步骤产品所耗上一步骤半成品费用的水平和本步骤加工费用的水平，从而有利于对各生产步骤的管理。但如果管理上要求提供按原始成本项目反映的产成品成本资料，就需要进行成本还原。如果生产多种产品，产品生产经过多个生产步骤，成本还原工作就会非常繁重，如果在管理上要求计算各步骤完工产品所耗半成品费用，而又不要求进行成本还原的情况下，企业就可以采用分项结转的方式进行成本计算。

3. 分项结转方式下的逐步结转分步法

（1）分项结转方式下的逐步结转分步法概述及适用范围

采用分项逐步结转分步法，是将各生产步骤所耗上一步骤半成品成本，按照成本项目分项转入各该步骤产品成本明细账的各个相应成本项目中。如果半成品通过半成品仓库收发，那么，在自制半成品明细账中登记半成品成本时，也要按照成本项目分别登记。该方法一般适用于在管理上不要求计算各步骤完工产品所耗半成品费用和本步骤加工费用，而要求按原始成本项目计算产品成本的企业。

采用分项逐步结转分步法，半成品费用结转可以按照实际成本结转，也可以按照计划成本结转，然后按成本项目分项调整其成本差异。但因按照计划成本结转调整成本差异的工作量较大，因此，在实际工作中多采用按实际成本分项结转的方法。

（2）分项结转方式下的逐步结转分步法的特点

① 分项结转是将半成品成本按成本项目，分别转入下一步骤的相应成本项目；

② 直接反映产品成本的原始构成项目，明确成本构成，不需要进行成本还原，便于从整个企业角度考核和分析产品成本计划的执行情况；

③ 分项结转下，各步骤各成本项目发生的生产费用合并反映，成本结转比较复杂，转账手续比较烦琐，工作量大，而且在各步骤完工产品的成本中看不出所耗上一步骤半成品的费用和本步骤加工费用的水平，不便于进行完工产品成本分析。

（3）分项结转方式下的逐步结转分步法的操作步骤

①根据规定的方法计算登记第一车间或第一步骤的产品成本计算单或明细账。

②根据第一车间的成本计算单，将第一车间完工的半成品成本按料、工、费项目结转到第二车间的成本计算单或明细账，再根据月初 + 上步骤转入 + 本月发生加工费，计算并登记结转第二车间产品成本计算单或明细账。

【提示】本步骤的加工费用是对本步骤一定数量（包括完工产品和在产品）的产品进行加工而发生的费用。

③用同样的方法，根据第三车间的月初 + 上步骤转入 + 本月发生加工费，计算并登记结转第三车间的产品成本计算单或明细账。

（4）采用分项结转方式下的逐步结转分步法计算产品成本

分项逐步结转分步法下，各生产步骤所耗上一步骤半成品成本，需要按照成本项目分项转入各该步骤产品成本明细账的各个相应成本项目中，要求按原始成本项目计算各步骤产品的成本。

分项结转方式下的逐步结转分步法的成本核算岗位的主要任务有以下五项：①根据各生产步骤或车间开设基本生产成本明细账或成本计算单，按成本项目“直接材料”“直接人工”“制造费用”设专栏；②分配要素费用，并根据规定的方法计算登记第一车间或第一步骤的产品成本计算单或明细账。③根据第一车间的成本计算单，将第一车间完工的半成品成本按料、工、费项目结转到第二车间的成本计算单或明细账，再根据月初 + 上步骤转入 + 本月发生加工费，计算并登记结转第二车间产品成本计算单或明细账。④用同样的方法，根据第三车间的月初 + 上步骤转入 + 本月发生加工费，计算并登记结转第三车间的产品成本计算单或明细账。⑤根据成本计算单，计算各步骤完工产品和在产品成本，结转完工产品成本。

微课

分项逐步结转分步法核算产品成本

【工作实例 3-3-2】沿用【工作实例 3-3-1】的资料。其他相关资料见表 3-3-9 和表 3-3-10。

表3-3-9　　产品产量　　单位：件

项目	月初在产品	本月投入（转入）	本月完工	月末在产品
一车间	1 600	4 400	5 000	1 000
二车间	200	5 000	4 000	1 200
三车间	1 400	4 000	4 800	600

表3-3-10　　月初在产品成本　　单位：件

项目	月初及本月费用	直接材料	直接人工	制造费用	合计
一车间	月初在产品成本	160 000	8 000	24 000	192 000
	本月生产费用	440 000	47 000	141 000	628 000
二车间	月初在产品成本	20 000	7 000	13 000	40 000
	本月生产费用	—	225 000	315 000	540 000
三车间	月初在产品成本	140 000	98 000	168 000	406 000
	本月生产费用	—	88 000	176 000	264 000

要求：采用分项结转方式下的逐步结转分步法计算产品成本。

操作步骤：

第一步，根据生产费用及产量资料计算A半成品成本和月末在产品成本，编制A半成品基本生产成本明细账见表3-3-11。

表3-3-11　　一车间（一步骤）产品成本计算单

时间：2022年6月　　完工数量：5 000件

产品名称：F3型A半成品　　在产数量：1 000件　　金额单位：元

项目	直接材料	直接人工	制造费用	合计
月初在产品成本	160 000	8 000	24 000	192 000
本月发生生产费用	440 000	47 000	141 000	628 000
生产费用合计	600 000	55 000	165 000	820 000
约当总产量	6 000	5 500	5 500	—
半成品单位成本	100	10	30	140
完工半成品成本	500 000	50 000	150 000	700 000
月末在产品成本	100 000	5 000	15 000	120 000

第二步，在产品成本计算单中，月初在产品成本应根据上月末在产品成本登记；本月发生费用应根据本月各种费用分配表登记；本月完工产品成本和月末在产品成本应根据约当产量法计算后登记。

根据第一车间完工半成品交库单，编制会计分录：

借：基本生产成本——第二步骤　　700 000

　　贷：基本生产成本——第一步骤　　700 000

第三步，根据第一车间的成本计算单，将第一车间完工的半成品成本按料、工、费项目结转到第二车间的成本计算单或明细账，再根据月初＋上步骤转入＋本月发生加工费，计算并登记结转第二车间产品成本计算单（见表3-3-12）或明细账。

表3-3-12　　二车间（二步骤）产品成本计算单

时间：2022年6月　　完工数量：4 000件

产品名称：F3型B半成品　　在产数量：1 200件　　金额单位：元

项目	直接材料	直接人工	制造费用	合计
月初在产品成本	20 000	7 000	13 000	40 000
本月耗用上步骤成本	500 000	50 000	150 000	700 000
本月发生生产费用	—	225 000	315 000	540 000
生产费用合计	520 000	282 000	478 000	1 280 000
半成品单位成本	100	60	100	260
完工半成品成本	400 000	240 000	400 000	1 040 000
月末在产品成本	120 000	42 000	78 000	240 000

说明：上步骤转来半成品的单位成本：料、工、费分别为100元、10元、30元。

本步骤本月发生加工费的单位成本：

直接人工 = 225 000 ÷（4 000 + 1 200 × 50% − 200 × 50%）= 50（元/件）

制造费用 = 315 000 ÷（4 000 + 1 200 × 50% − 200 × 50%）= 70（元/件）

第二车间完工半成品成本：

直接材料 = 4 000 × 100 = 400 000（元）

直接人工 = 4 000 ×（10 + 50）= 240 000（元）

制造费用 = 4 000 ×（30 + 70）= 400 000（元）

第二车间月末在产品成本：

直接材料 = 1 200 × 100 = 120 000（元）

直接人工 = 1 200 × 10 + 1 200 × 50% × 50 = 42 000（元）

制造费用 = 1 200 × 30 + 1 200 × 50% × 70 = 78 000（元）

第四步，用同样的方法，根据第三车间的月初 + 上步骤转入 + 本月发生加工费，计算并登记结转第三车间的产品成本计算单（见表3-3-13）或明细账。

表3-3-13　　三车间（三步骤）产品成本计算单

时间：2022年6月　　完工数量：4 800件

产品名称：F3型甲产成品　　在产数量：600件　　金额单位：元

项目	直接材料	直接人工	制造费用	合计
月初在产品成本	140 000	98 000	168 000	406 000
本月耗用上步骤成本	400 000	240 000	400 000	1 040 000
本月发生生产费用	—	88 000	176 000	264 000
生产费用合计	540 000	426 000	744 000	1 710 000
半成品单位成本	100	80 = 20 + 60	140 = 40 + 100	320
完工产成品成本	480 000	384 000	672 000	1 536 000
月末在产品成本	60 000	42 000	72 000	174 000

说明：上步骤转来半成品的单位成本：料、工、费分别为100元、60元、100元。

本步骤本月发生加工费的单位成本：

直接人工＝88 000÷（4 800＋600×50%－1 400×50%）＝20（元/件）

制造费用＝176 000÷（4 800＋600×50%－1 400×50%）＝40（元/件）

第三车间完工产成品成本：

直接材料＝4 800×100＝480 000（元）

直接人工＝4 800×（60＋20）＝384 000（元）

制造费用＝4 800×（100＋40）＝672 000（元）

第三车间月末在产品成本：

直接材料＝600×100＝60 000（元）

直接人工＝600×60＋600×50%×20＝42 000（元）

制造费用＝600×100＋600×50%×40＝72 000（元）

第五步，根据成本计算单，计算各步骤完工产品和在产品成本，结转完工产品成本。

根据第三车间完工甲产成品交库单，编制会计分录：

借：库存商品——甲产品　　　　　　　　　　1 536 000

　　贷：基本生产成本——第三步骤　　　　　　　　　1 536 000

从上述实例可以看出，逐步结转分步法的综合结转与分项结转的共同点是：半成品成本都是随着半成品实物的转移而结转的，各生产步骤基本生产成本明细账的余额，反映出在各个生产步骤的在产品成本，有利于加强对在产品的实物管理和生产资金管理；其不同点是：半成品成本在下一生产步骤成本计算单中的反映形式不同，前者综合反映，后者分项反映。

综上所述，采用分项逐步结转分步法结转半成品成本，可以直观、准确地提供按原始成本项目反映的企业产品成本资料，便于从整个企业的角度考核和分析产品成本计划的执行情况，不需要进行成本还原。但是，这一方法的成本结转工作比较复杂，不便于进行各步骤完工产品的成本分析和成本管理。因此，分项结转法一般适用于管理上不要求计算各步骤完工产品所耗半成品费用和本步骤加工费用，而要求按原始成本项目计算产成品成本的企业。

【思考】分项结转与综合结转的最大区别在哪里？

五、平行结转分步法

（一）平行结转分步法的概念、适用范围

平行结转分步法是指各生产步骤不需要计算半成品成本，只计算本步骤发生的各项费用以及这些费用中应计入产成品成本的“份额”，将相同产品的各步骤产品成本明细账中的这些份额平行结转、汇总，计算出该种产品的产成品成本的方法，也称不计算半成品成本分步法。该方法适用于大量大批多步骤装配式或连续式生产但并不需要计算半成品成本，半成品不需要销售、种类多、外销少的企业。

（二）平行结转分步法的成本计算步骤

（1）设置产品成本明细账：按产品分步骤设置，用以计算各步骤归集的生产费用总额。

（2）归集各产品各步骤生产费用，区分直接费用和间接费用。

（3）开设成本计算单进行期末成本处理：确定各步骤应计入完工产品成本的份额。

（4）汇总计算完工产品成本：汇总各步骤的成本份额进行合计。

微课

平行结转分步法核算产品成本

（三）平行结转分步法的核算程序

平行结转分步法的核算程序如图3-3-3所示。

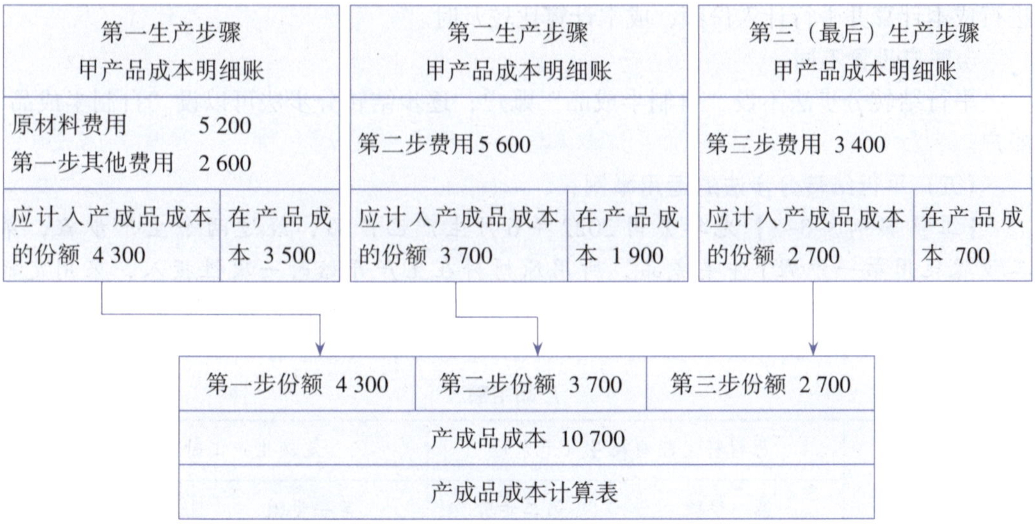

图3-3-3　平行结转分步法的核算程序

（四）平行结转分步法与逐步结转分步法的区别

1. 在产品含义不同

逐步结转分步法所指的在产品是指本步骤尚未完工，仍需要在本步骤继续加工的在产品，是狭义的在产品。

平行结转分步法所指的在产品是指本步骤尚未完工以及后面各步骤仍在加工，尚未最终完工的在产品，因此，是广义的在产品。

2. 半成品成本的处理方法不同

逐步结转分步法要求各步骤计算出半成品成本，由最后一步计算出完工产品成本，所以又称为"半成品成本法"。平行结转分步法各步骤只计算本步骤生产费用应计入产成品成本的"份额"，最后将各步骤应计入产成品成本的"份额"平行汇总，计算出最终完工产品的成本，因此，又称为"不计算半成品成本法"。

3. 产成品成本结转方式与计算方法不同、完工产品的概念不同

逐步结转分步法所指的完工产品，是指各步骤的完工产品，通常是半成品，只有最后步骤的完工产品才是产成品，因此，是广义的完工产品。逐步结转分步法的成本费用，随半成品的转移而结转到下一步骤的生产成本费用中去，即成本费用随实物的转移

而转移，因此，各步骤的生产成本费用既包括本步骤发生的费用，还包括上一步骤转来的费用。产品在最后步骤完工时计算出来的成本，就是完工产品成本。

平行结转分步法所指的完工产品，是指最后步骤的完工产品，因此，是狭义的完工产品。完工产品的成本由各步骤平行转出的“份额”汇总而成。平行结转分步法的生产费用，并不随半成品的转移而转入下一步骤，因此，各步骤的生产成本费用仅是本步骤发生的成本费用。产品最终完工时，各步骤将产成品在本步骤应承担的成本费用“份额”转出，并由此汇总出完工产品成本。

4. 成本计算的及时性不同

逐步结转分步法按加工顺序计算成本，不够及时；平行结转分步法各步骤可以同时进行成本计算并平行计入份额，成本计算比较及时。

5. 账户设置不同

平行结转分步法不设“自制半成品”账户；逐步结转分步法可以设“自制半成品”账户。

（五）平行结转分步法的运用举例

【工作实例 3-3-3】光华公司 2022 年 6 月生产乙产品，经过两个生产步骤，第二步骤耗用第一步骤 1 件半成品，所用原材料在生产开始时一次性投入，采用定额比例法计算完工产品与在产品成本。本月完工产品 2 000 件。有关资料见表 3-3-14 和表 3-3-15。

表3-3-14 产品定额

项目	原材料定额消耗量（千克）		定额生产工时（小时）	
	第一步骤	第二步骤	第一步骤	第二步骤
完工产品	20 000	—	22 000	4 000
在产品	5 000	—	8 000	1 000

表3-3-15 月初在产品成本与本期生产费用 单位：元

项目	费用资料	直接材料	直接人工	制造费用	合计
第一步骤	月初在产品成本	78 000	14 400	4 800	97 200
	本月生产费用	252 000	93 600	60 000	405 600
第二步骤	月初在产品成本	—	14 400	9 600	24 000
	本月生产费用	—	87 600	74 400	162 000

要求：采用平行结转分步法计算完工产品成本。

操作步骤：

第一步，计算第一步骤产品成本（见表 3-3-16）。

表3-3-16　　第一步骤产品成本计算单

产品名称：乙产品　　时间：2022年6月　　完工数量：2 000件　　金额单位：元

项目	定额消耗量（千克）	定额工时（小时）	直接材料	直接人工	制造费用	合计
月初在产品成本			78 000	14 400	4 800	97 200
本月生产费用			252 000	93 600	60 000	405 600
生产费用合计			330 000	108 000	64 800	502 800
费用分配率			13.2	3.6	2.16	—
完工产品成本	20 000	22 000	264 000	79 200	47 520	390 720
月末在产品成本	5 000	8 000	66 000	28 800	17 280	112 080

第二步，计算第二步骤产品成本（见表3-3-17）。

表3-3-17　　第二步骤产品成本计算单

产品名称：乙产品　　时间：2022年6月　　完工数量：2 000件　　金额单位：元

项目	定额工时（小时）	直接材料	直接人工	制造费用	合计
月初在产品成本			14 400	9 600	24 000
本月生产费用			87 600	74 400	162 000
生产费用合计			102 000	84 000	186 000
费用分配率			20.4	16.8	—
完工产品成本	4 000		81 600	67 200	148 800
月末在产品成本	1 000		20 400	16 800	37 200

第三步，计算产品成本（见表3-3-18）。

表3-3-18　　产品成本计算单

产品名称：乙产品　　时间：2022年6月　　完工数量：2 000件　　金额单位：元

项目	直接材料	直接人工	制造费用	合计
第一步骤计入份额	264 000	79 200	47 520	390 720
第二步骤计入份额		81 600	67 200	148 800
产成品总成本	264 000	160 800	114 720	539 520
产成品单位成本	132	80.4	57.36	269.76

知识巩固

一、单项选择题

1.采用逐步结转分步法时，完工产品与在产品之间的费用分配，是（　　）之间的费用分配。

A.完工半成品与月末在产品

B.完工产品与月末在产品

C.各生产步骤的完工半成品与狭义在产品、最后生产步骤的完工产品与狭义在产品

D.完工产品与广义在产品

2.采用平行结转分步法时，完工产品与在产品之间的费用分配是（　　）。

A.各生产步骤完工半成品与月末在产品之间的费用分配

B.完工产品与月末狭义在产品之间的费用分配

C.完工产品与月末广义在产品之间的费用分配

D.完工产品与月末加工中在产品之间的费用分配

3.不计算半成品成本的分步法是指（　　）。

A.分项逐步结转分步法　　B.平行结转分步法

C.按实际成本综合逐步结转分步法　　D.按计划成本综合逐步结转分步法

4.成本还原的对象是（　　）。

A.完工产品成本　　B.各步骤所耗上一步骤半成品的综合成本

C.最后步骤的完工产品成本　　D.各步骤半成品成本

5.采用分批法计算产品成本时，若是单件生产，月末计算产品成本时（　　）。

A.不需要将生产费用在完工产品和在产品之间进行分配

B.需要将生产费用在完工产品和在产品之间进行分配

C.区别不同情况确定是否分配生产费用

D.应采用同小批生产一样的核算方法

二、多项选择题

1.采用分步法时，作为成本计算对象的生产步骤可以（　　）。

A.按生产车间设立　　B.按实际生产步骤设立

C.在一个车间内按不同生产步骤设立　　D.将几个车间合并设立

2.采用平行结转分步法不提供（　　）。

A.按原始成本项目反映的完工产品成本资料

B.所耗上一步骤半成品成本的资料

C.各步骤完工半成品成本的资料

D.本步骤应计入完工产品成本份额的资料

3.按实际成本综合结转半成品成本的缺点有（　　）。

A.领用半成品按实际单位成本计算烦琐

B.各步骤不能同时计算成本

C.不能直接反映产品成本的原始成本构成

D.成本还原的工作量大

4.采用分项结转法结转半成品成本的优点有（　　）。

A.可以直接、正确地提供按原始成本项目反映的产品成本资料

B.便于从整个企业角度考核和分析产品成本计划的执行情况

C.不必进行成本还原，减少工作量

D.可以提供耗用上一步骤半成品成本水平

三、判断题

1.产品成本计算的分步法均应逐步结转半成品成本，最后计算出完工产品成本。（　　）

2.采用逐步结转分步法，半成品成本的结转与半成品实物的转移是分离的，因而不利于对半成品的实物管理和在产品的资金管理。（　　）

3.采用分项结转半成品成本，在各步骤完工产品成本中可以看出所耗上一步骤半成品的费用和本步骤加工费用的水平。（　　）

技能训练

【实训目的】

通过实训让学生领会综合逐步结转分步法的基本原理和特点，掌握成本计算的基本程序和方法要点，通过实训掌握成本综合结转的半成品成本还原的计算程序和方法。

【实训内容】

（1）根据资料开设三个车间的成本计算单并登记三个车间的成本费用。

（2）根据登记结果进行期末成本分配。

（3）结合教材内容，从理论上把握综合逐步结转分步法成本计算的基本原理及其成本计算程序和方法，掌握成本计算的基本特点。

成本计算程序：先计算第一步骤所产半成品成本并将其转入第二步骤；然后将第二步骤发生的各种费用，加上第一步骤转入的半成品成本，计算出第二步骤所产半成品成本，并将其转入第三步骤，直到最后步骤计算出完工产成品成本。

综合逐步结转分步法是将上一生产步骤转入下一生产步骤的半成品成本，不分成本项目，全部计入下一生产步骤产品生产成本明细账中的直接材料成本项目或专设半成品成本项目，综合反映各步骤所耗上一步骤所产半成品成本。

（4）根据资料，编制成本还原计算表，采用总额比例还原法对第三车间所产甲产品总成本中的自制半成品成本进行成本还原。

（5）根据资料，编制成本还原计算表，采用结构比重还原法对第三车间所产甲产品总成本中的自制半成品成本进行成本还原。

【实训资料】

维意纺织厂生产的甲产品须经过第一车间、第二车间和第三车间三个基本生产车间加工。第一车间完工产品为A半成品，完工后全部交第二车间继续加工；第二车间完工产品为B产品，完工后全部交第三车间继续加工；第三车间完工产品为甲产成品。甲产品原材料在第一车间生产开始时一次性投入，各车间的工资和费用发生比较均衡，月末在产品完工程度约为50%。2022年7月，有关成本计算资料见表3-3-19和表3-3-20。

（1）生产数量资料。

表3-3-19 生产数量资料

2022年7月

单位：件

项目	月初在产品数量	本月投入或上步转入数量	本月完工转入下步或交库数量	月末在产品数量
第一车间	50	550	500	100
第二车间	100	500	500	100
第三车间	200	500	550	150

（2）生产费用资料。

表3-3-20 本月发生生产费用

2022年7月

单位：元

项目	第一车间	第二车间	第三车间
月初在产品成本	36 250	130 000	400 000
其中：直接材料（半成品）	25 000	95 000	330 000
直接人工	6 250	20 000	40 000
制造费用	5 000	15 000	30 000
本月本步发生生产费用	511 250	350 000	367 500
其中：直接材料	275 000		
直接人工	131 250	200 000	210 000
制造费用	105 000	150 000	157 500

【实训任务】

（1）根据资料采用综合逐步结转分步法计算甲产品及A半成品、B产品的成本（月末在产品成本按约当产量法计算），编制结转完工产成品成本的会计分录，登记产品生产成本明细账（见表3-3-21至表3-3-23）。

表3-3-21　　第一车间（一步骤）产品成本计算单

产品名称：A半成品　　2022年7月　　金额单位：元

项目	直接材料	直接人工	制造费用	合计
月初在产品成本				
本月本步发生生产费用				
生产费用合计				
本月完工产品数量（件）				
月末在产品约当产量（件）				
约当总产量（件）				
完工半成品单位成本				
本月完工半成品总成本				
月末在产品成本				

表3-3-22　　第二车间（二步骤）产品成本计算单

产品名称：B产品　　2022年7月　　金额单位：元

项目	上步转入	本步发生		合计
	A半成品	直接人工	制造费用	
月初在产品成本				
本月本步发生生产费用				
本月上步转入费用				
生产费用合计				
本月完工产品数量（件）				
月末在产品约当产量（件）				
约当总产量（件）				
完工半成品单位成本				
本月完工半成品总成本				
月末在产品成本				

表3-3-23 第三车间（三步骤）产品成本计算单

产品名称：甲产品 2022年7月 金额单位：元

项目	上步转入	本步发生		合计
	B产品	直接人工	制造费用	
月初在产品成本				
本月本步发生生产费用				
本月上步转入费用				
生产费用合计				
本月完工产品数量（件）				
月末在产品约当产量（件）				
约当总产量（件）				
完工产品单位成本				
本月完工产品总成本				
月末在产品成本				

（2）填列需要进行成本还原的原始成本资料及相关成本资料；计算成本还原分配率（分别采用总额比例和结构比重两种方法计算）；根据计算的成本还原分配率对第三车间所产甲产品总成本中的自制半成品成本进行成本还原，填列产品成本还原计算表（见表3-3-24和表3-3-25）。

表3-3-24 产品成本还原计算表（结构比重还原法）

产品：甲产品 产量：550件 2022年7月 金额单位：元

项目	自制半成品		直接材料	直接人工	制造费用	合计
	B产品	A半成品				
还原前产成品成本						
第二步B产品成本						
第二车间成本结构（%）						
第一次成本还原						
第一步A半成品成本						
第一车间成本结构（%）						
第二次成本还原						
还原后产成品成本						
还原后单位成本						

表3-3-25　　产品成本还原计算表（总额比例还原法）

产品：甲产品　　产量：550件　　2022年7月　　金额单位：元

项目	成本还原率	自制半成品		直接材料	直接人工	制造费用	合计
		B产品	A半成品				
还原前产成品成本							
第二步半成品成本							
第一次成本还原							
第一步半成品成本							
第二次成本还原							
还原后产成品成本							
还原后单位成本							

模块四

成本控制

【知识目标】

1. 理解标准成本法的含义、熟悉标准成本法的适用范围
2. 掌握标准成本法的核算原理及核算流程
3. 理解作业成本法的含义、熟悉作业成本法的适用范围
4. 掌握作业成本法的核算原理及核算流程

【技能目标】

1. 能够恰当地制定标准成本并对差异进行分析
2. 能够准确识别作业成本动因
3. 能够运用作业成本法准确分配产品成本，提出成本管控策略

【素质目标】

1. 养成艰苦奋斗、勤俭节约的良好习惯
2. 培养严肃认真、精益求精的工匠精神

课程思政

骑师和马的故事——“管控”的重要性

成本管理和成本控制，是企业永恒的主题，是企业生产经营和生存发展的需要。自2015年12月中央经济工作会议召开以来，党中央高瞻远瞩，统揽全局，针对当前经济新常态提出供给侧结构性改革的新战略，形成了“三去一补一降”这一具有重大指导性、前瞻性、针对性的经济工作部署。其中，“一降”指的便是控制成本——“降成本”。“降成本”不仅需要政府层面的改革创新，开展诸如降低企业制度性交易成本、减轻税费负担、降低资金成本，减少行政审批，改革财税、金融体制等工作；还需要企业自身“主动出击”，开展成本控制工作，加强内部管理创新。正所谓“开源节流”，成本控制是企业利润创造的重要一环，其重要性不言而喻。

以前，有一位训练技艺高超的骑师，能将马儿训练得按照骑师的意思行动。骑师很得意，他觉得用言语就可以驾驭他的马，完全没必要将缰绳套在马上，因此，外出时，他卸下了缰绳。马儿在原野上奔跑，开始还不是太快，它仰着头抖动着马鬃，雄赳赳地高视阔步，好像在讨好它的主人。但当它得知什么约束也没有的时候，英勇的骏马变得越来越大胆，它的眼睛中冒着火，脑中充满热血，再也听不进主人的斥责，而是越来越快地飞奔在草原上。

没有拘束的马儿撒开四蹄，一路狂奔，最终将骑师摔下马来，并且它依然一路向前冲，像一阵风一样，什么也不看，一股劲儿冲向深谷，摔了个粉身碎骨。事后，骑师特别伤心，痛哭流涕道，“是我一手造就你这样的下场，假如我不冒冒失失地解掉缰绳，你就会听我的话，就不会把我摔下来，最终你也不会粉身碎骨。”由此可知，想要任何事物正常发展，必须要进行一定的管理和控制。上面的故事告诫我们：对于企业来讲，各种成本如同马一样，假如不对其进行控制，就会给企业经营带来很多资金上的问题，比如资金周转不灵、现金流越来越少、利润越来越低、利润降低等问题。

资料来源：佚名. 要会控制成本的小故事：骑师和马［EB/OL］.［2018-01-04］. http://www.lizhigushi.com/chuangyegushi/a3521.html.

项目一　标准成本法

知识目标

1. 理解标准成本的含义及分类
2. 掌握标准成本法的计算原理

技能目标

1. 能够恰当制定标准成本
2. 能够准确核算直接材料、直接人工、制造费用成本差异

案例导入

宏兴公司本期预算固定制造费用为70 000元，预算工时为3 500小时，实际耗用工时为3 800小时，实际制造费用为11 200元，标准工时为3 600时。假如你是这家公司的成本核算人员，请你说一说预算工时与标准工时有什么区别？请利用资料计算固定制造费用生产能力利用程度差异，并对差异做一下分析。

知识讲解

一、标准成本的含义及分类

标准成本，是指在正常的生产技术水平和有效的经营管理条件下，企业经过努力应达到的产品成本水平。

微课

标准成本法讲解

（一）理想标准成本和正常标准成本

标准成本按其制定所依据的生产技术和经营管理水平，分为理想标准成本和正常标准成本。

理想标准成本是指在最优的生产条件下，利用现有的规模和设备能够达到的最低成本。制定理想标准成本的依据，是理论上的业绩标准、生产要素的理想价格和可能实现的最高生产经营能力利用水平。所谓“理论业

绩标准”，是指在生产过程中毫无技术浪费时的生产要素消耗量，最熟练的工人全力以赴工作、不存在废品损失和停工时间等条件下可能实现的最优业绩。这里所说的“理想价格”，是指原材料、劳动力等生产要素在计划期间最低的价格水平。所谓“最高生产经营能力利用水平”，是指理论上可能达到的设备利用程度，只扣除不可避免的机器修理、改换品种、调整设备等时间，而不考虑产品销路不佳、生产技术故障等造成的影响。因此，这种标准很难成为现实，即使暂时出现也不可能持久。它的主要用途是提供一个完美无缺的目标，揭示实际成本下降的潜力。因其提出的要求太高，不宜作为考核的依据。

正常标准成本是指在效率良好的条件下，根据下期一般应该发生的生产要素消耗量、预计价格和预计生产经营能力利用程度制定出来的标准成本。在制定这种标准成本时，把生产经营活动中一般难以避免的损耗和低效率等情况也计算在内，使之切合下期的实际情况，成为切实可行的控制标准。要达到这种标准不是没有困难，但是，是可能达到的。从具体数量上看，它应大于理想标准成本，但又小于历史平均水平，实施以后实际成本更大的可能是逆差而不是顺差，是要经过努力才能达到的一种标准，因而可以调动职工的积极性。

在标准成本系统中，广泛使用正常的标准成本。它具有以下特点：它是用科学方法根据客观实验和过去实践经充分研究后制定出来的，具有客观性和科学性；它既排除了各种偶然性和意外情况，又保留了目前条件下难以避免的损失，代表正常情况下的消耗水平，具有现实性；它是应该发生的成本，可以作为评价业绩的尺度，成为督促职工去努力争取的目标，具有激励性；它可以在工艺技术水平和管理有效性水平变化不大时持续使用，不需要经常修订，具有稳定性。

（二）现行标准成本和基本标准成本

标准成本按其适用期，分为现行标准成本和基本标准成本。

现行标准成本，是指根据其适用期间应该发生的价格、效率和生产经营能力利用程度等预计的标准成本。在这些决定因素变化时，需要按照改变了的情况加以修订。这种标准成本可以成为评价实际成本的依据，也可以用来对存货和销货成本计价。基本标准成本是指一经制定，只要生产的基本条件无重大变化，就不予变动的一种标准成本。所谓生产的基本条件的重大变化是指产品的物理结构变化，重要原材料和劳动力价格的重要变化，生产技术和工艺的根本变化等。只有这些条件发生变化，基本标准成本才需要修订。由于市场供求变化导致的售价变化和生产经营能力利用程度的变化，以及由于工作方法改变而引起的效率变化等，不属于生产的基本条件变化，对此不需要修订基本标准成本。基本标准成本与各期实际成本对比，可反映成本变动的趋势。如果基本标准成本不按各期实际进行动态修订，就不宜用来直接评价工作效率和成本控制的有效性。

二、标准成本法的含义及适用要求

标准成本法，是指企业以预先制定的标准成本为基础，通过比较标准成本与实际成本，计算和分析成本差异、揭示成本差异动因，进而实施成本控制、评价经营业绩的一种成本管理方法。应用标准成本法的主要目标，是通过标准成本与实际成本的比较，揭示与分析标准成本与实际成本之间的差异，并按照例外管理的原则，对不利差异予以纠正，以提高工作效率，不断改善产品成本。

标准成本法一般适用于产品及其生产条件相对稳定，或生产流程与工艺标准化程度较高的企业。一般来说，企业管理过程中应用标准成本法，应遵循以下要求：

（1）企业应处于较稳定的外部市场经营环境，且市场对产品的需求相对平稳。

（2）企业应成立由采购、生产、技术、营销、财务、人力资源、信息等有关部门组成的跨部门团队，负责标准成本的制定、分解、下达、分析等。

（3）企业能够及时、准确地取得标准成本制定所需要的各种财务和非财务信息。

三、标准成本法的具体应用

企业应用标准成本法，一般按照确定应用对象、制定标准成本、实施过程控制、成本差异计算与动因分析，以及修订与改进标准成本等程序进行。为了实现成本的精细化管理，企业应根据标准成本法的应用环境，结合内部管理要求，确定应用对象。标准成本法的成本对象可以是不同种类、不同批次或不同步骤的产品。

在制定标准成本时，企业一般应结合经验数据、行业标杆或实地测算的结果，运用统计分析、工程试验等方法，按照以下程序进行：

（1）就不同的成本或费用项目，分别确定消耗量标准和价格标准；

（2）确定每一成本或费用项目的标准成本；

（3）汇总不同成本项目的标准成本，确定产品的标准成本。

（一）制定标准成本

产品标准成本通常由直接材料标准成本、直接人工标准成本和制造费用标准成本构成。每一成本项目的标准成本应分为用量标准（包括单位产品消耗量、单位产品人工小时等）和价格标准（包括原材料单价、小时工资率、小时制造费用分配率等）两部分。

1. 直接材料标准成本

直接材料标准成本，是指直接用于产品生产的材料成本标准，包括标准用量和标准单价两方面。

制定直接材料的标准用量，一般由生产部门负责，会同技术、财务、信息等部门，按照以下程序进行：

（1）根据产品的图纸等技术文件进行产品研究，列出所需的各种材料以及可能的替代材料，并说明这些材料的种类、质量以及库存情况；

（2）在对过去用料经验记录进行分析的基础上，采用过去用料的平均值、最高与最低值的平均数、最节省数量、实际测定数据或技术分析数据等，科学地制定标准用量。

直接材料的标准单价，一般由采购部门负责，会同财务、生产、信息等部门，在考虑市场环境及其变化趋势、订货价格以及最佳采购批量等因素的基础上综合确定。

直接材料标准成本的计算公式如下：

直接材料标准成本 = 单位产品的标准用量 × 材料的标准单价

材料按计划成本核算的企业，材料的标准单价可以采用材料计划单价。

【做中学4-1-1】华鑫公司生产A产品耗用甲、乙两种直接材料。直接材料的标准成本见表4-1-1。

表4-1-1 A产品直接材料标准成本

标准	甲材料	乙材料
价格标准：		
发票单价（元）	72	108
装卸检验费（元）	4	8
合理损耗（元）	4	4
合计（元）	80	120
用量标准：		
实际用量（千克）	8	4
允许损耗量（千克）	2	1
合计（千克）	10	5
标准成本（元）	80 × 10 = 800	120 × 5 = 600
直接材料标准成本（元）	800 + 600 = 1 400	

2. 直接人工标准成本

直接人工标准成本，是指直接用于产品生产的人工成本标准，包括标准工时和标准工资率。

直接人工的标准工时，一般由生产部门负责，会同技术、财务、信息等部门，在对产品生产所需作业、工序、流程、工时进行技术测定的基础上，考虑正常的工作间隙，并适当考虑生产条件的变化，生产工序、操作技术的改善，以及相关工作人员主观能动性的充分发挥等因素，合理确定。

直接人工的标准工资率，一般由人力资源部门负责，根据企业薪酬制度等制定。

直接人工标准成本的计算公式如下：

$$直接人工标准成本 = 单位产品的标准工时 \times 小时标准工资率$$

【做中学4-1-2】华鑫公司生产A产品实行计时工资制。该产品的直接人工标准成本见表4-1-2。

表4-1-2 A产品直接人工标准成本

标准	生产工序一
工资率标准：	
单位小时工资率（元）	16
附加福利工资（元）	4
直接人工工资率标准（元）	20
工时标准：	
理想作业时间（小时）	4.4
调整设备时间（小时）	0.60
工间休息（小时）	0.60
其他（小时）	0.40
合计（小时）	6
直接人工标准成本（元）	20 × 6 = 120

3.制造费用标准成本

固定制造费用，是指在一定产量范围内，其费用总额不会随产量变化而变化，始终保持固定不变的制造费用。固定制造费用一般按照费用的构成项目实行总量控制；也可以根据需要，通过计算标准分配率，将固定制造费用分配至单位产品，形成固定制造费用的标准成本。

固定制造费用标准成本的计算公式如下：

$$固定制造费用总成本 = \sum 各固定制造费用项目的标准成本$$

$$固定制造费用标准分配率 = 单位产品的标准工时 \div 预算总工时$$

$$固定制造费用标准成本 = 固定制造费用总成本 \times 固定制造费用标准分配率$$

其中，预算总工时，是指由预算产量和单位工时标准确定的总工时。单位工时标准可以依据相关性原则在直接人工工时或者机器工时之间做出选择。

【做中学4-1-3】华鑫公司生产A产品实行计时工资制。该产品的制造费用标准成本见表4-1-3。

表4-1-3　A产品制造费用标准成本

标准	第一车间
变动制造费用预算：	
间接材料费用（元）	20 800
间接人工费用（元）	20 000
水电费（元）	12 000
合计	52 800
变动制造费用分配率标准（元/小时）	10
工时用量标准（小时）	6
变动制造费用标准成本（元）	10 × 6 = 60
固定制造费用预算：	
折旧费（元）	4 400
管理人员工资（元）	4 800
其他费用（元）	1 360
合计（元）	10 560
固定制造费用分配率标准（元/小时）	2
工时用量标准（小时）	6
固定制造费用标准成本（元）	2 × 6 = 12
制造费用标准成本（元）	60 + 12 = 72

【做中学4-1-4】沿用【做中学4-1-1】至【做中学4-1-3】的资料，华鑫公司生产

A产品的标准成本构成见表4-1-4。

表4-1-4 A产品的单位标准成本

成本项目	价格标准	用量标准	标准成本
直接材料			
甲材料	80元/千克	10千克	800元
乙材料	120元/千克	5千克	600元
合计			1 400元
直接人工	20元/小时	6小时	120元
变动制造费用	10元/小时	6小时	60元
固定制造费用	2元/小时	6小时	12元
制造费用合计			72元
单位产品标准成本	1 400 + 120 + 72 = 1 592（元）		

（二）计算成本差异

1. 直接材料成本差异

直接材料成本差异，是指直接材料实际成本与标准成本之间的差额，该项差异可分解为直接材料价格差异和直接材料数量差异。

直接材料价格差异，是指在采购过程中，直接材料实际价格偏离标准价格所形成的差异；直接材料数量差异，是指在产品生产过程中，直接材料实际耗用量偏离标准耗用量所形成的差异。有关计算公式如下：

直接材料成本差异 = 实际成本 − 标准成本

= 实际耗用量 × 实际单价 − 标准耗用量 × 标准单价

直接材料成本差异 = 直接材料价格差异 + 直接材料数量差异

直接材料价格差异 = 实际耗用量 ×（实际单价 − 标准单价）

直接材料数量差异 =（实际耗用量 − 标准耗用量）× 标准单价

【做中学4-1-5】以表4-1-4中华鑫公司生产A产品的标准成本为准，已知2022年12月该企业实际生产A产品250件，实际耗用甲材料2 000千克，其实际单价是72元；实际耗用乙材料1 800千克，其实际单价是128元。

计算并分析A产品的直接材料成本差异如下：

甲材料成本差异 = 2 000 × 72 − 80 × 10 × 250 = −56 000（元）

其中：

甲材料价格差异 =（72 − 80）× 2 000 = −16 000（元）

甲材料数量差异 = 80 ×（2 000−10 × 250）= −40 000（元）

乙材料成本差异 = 128 × 1 800 − 120 × 5 × 250 = 80 400（元）

其中：

乙材料价格差异＝（128－120）×1 800＝14 400（元）

乙材料数量差异＝120×（1 800－5×250）＝66 000（元）

A产品的直接材料成本差异＝−56 000＋80 400＝24 400（元）

以上计算结果表明，A产品直接材料成本形成了24 400元的不利差异。其中，甲材料发生了56 000元的有利差异，这是甲材料实际价格下降而降低16 000元成本和耗用量减少而节约40 000元成本，共同作用的结果；乙材料发生了80 400元的不利差异，这是由乙材料实际价格提高而增加14 400元成本和耗用量增加而超支66 000元成本共同造成的。因此，该企业对甲、乙两种材料的成本控制效果是不一样的，应进一步分析评价，明确相关部门的责任。

2.直接人工成本差异

直接人工成本差异，是指直接人工实际成本与标准成本之间的差额，该差异可分解为工资率差异和人工效率差异。

工资率差异，是指实际工资率偏离标准工资率形成的差异，按实际工时计算确定；人工效率差异，是指实际工时偏离标准工时形成的差异，按标准工资率计算确定。有关计算公式如下：

直接人工成本差异＝实际成本－标准成本

＝实际工时×实际工资率－标准工时×标准工资率

直接人工成本差异＝直接人工工资率差异＋直接人工效率差异

直接人工工资率差异＝实际工时×（实际工资率－标准工资率）

直接人工效率差异＝（实际工时－标准工时）×标准工资率

【做中学4-1-6】沿用【做中学4-1-4】的资料。2022年10月，该企业为生产A产品500件，实际耗用的人工小时数是3 150小时，实际发生的直接人工成本是66 150元。

计算并分析A产品的直接人工成本差异如下：

实际人工价格＝66 150÷3 150＝21（元/小时）

直接人工成本差异＝66 150－6×20×500＝6 150（元）

其中：

直接人工工资率差异＝（21－20）×3 150＝3 150（元）

直接人工效率差异＝20×（3 150－6×500）＝3 000（元）

以上计算结果表明，A产品直接人工成本形成了6 150元的不利差异。

3.变动制造费用差异分析

变动制造费用项目的成本差异，是指变动制造费用项目的实际成本发生额与变动制造费用项目的标准成本之间的差额，该差异可分解为变动制造费用项目的价格差异和数量差异。

变动制造费用项目的价格差异，是指燃料、动力、辅助材料等变动制造费用项目的实际价格偏离标准价格的差异；变动制造费用项目的数量差异，是指燃料、动力、辅助材料等变动制造费用项目的实际耗用量偏离标准耗用量的差异。变动制造费用项目成本差异的计算和分析原理与直接材料和直接人工成本差异的计算和分析原理相同。

变动制造费用成本差异相关计算公式如下：

变动制造费用成本差异 = 实际成本 − 标准成本

= 实际耗用量 × 实际单价 − 标准耗用量 × 标准单价

变动制造费用成本差异 = 变动制造费用价格差异 + 变动制造费用数量差异

变动制造费用价格差异 = 实际耗用量 ×（实际单价 − 标准单价）

变动制造费用数量差异 =（实际耗用量 − 标准耗用量）× 标准单价

【做中学4-1-7】沿用【做中学4-1-4】的资料，2022年12月该企业为生产A产品250件，实际耗用的机器小时数是1 400小时，实际工时变动制造费用分配率是12元/小时。

计算并分析A产品的变动制造费用成本差异如下：

变动制造费用成本差异 = 12 × 1 400 − 10 × 6 × 250 = 1 800（元）

其中：

变动制造费用价格（耗费）差异 =（12−10）× 1 400 = 2 800（元）

变动制造费用数量（效率）差异 = 10 ×（1 400 − 6 × 250）= −1 000（元）

以上计算结果表明，A产品变动制造费用形成了1 800元的不利差异。

4. 固定制造费用差异分析

固定制造费用项目的成本差异，是指固定制造费用项目的实际成本与标准成本之间的差额。其计算公式如下：

固定制造费用成本差异 = 固定制造费用实际成本 − 固定制造费用标准成本

【做中学4-1-8】2022年12月华鑫公司车间实际发生的固定制造费用总额是10 000元。本月固定制造费用预算总成本为64 000元，预算总工时为37.50小时。A产品的单位标准工时为6小时。

计算A产品的固定制造费用成本差异如下：

固定制造费用标准分配率 = 6 ÷ 37.50 = 0.16

固定制造费用标准成本 = 64 000 × 0.16 = 10 240（元）

固定制造费用成本差异 = 10 000 − 10 240 = −240（元）

以上计算结果表明，A产品固定制造费用形成了240元的有利差异。

四、标准成本法的优缺点

标准成本法的主要优点如下：一是能及时反馈各成本项目不同性质的差异，有利于考核相关部门及人员的业绩；二是标准成本的制定及其差异和动因的信息可以使企业预算的编制更为科学和可行，有助于企业的经营决策。

标准成本法的主要缺点如下：一是要求企业产品的成本标准比较准确、稳定，在使用条件上存在一定的局限性；二是对标准管理水平较高，系统维护成本较高；三是标准成本需要根据市场价格波动频繁更新，导致成本差异可能缺乏可靠性，降低成本控制效果。

知识巩固

一、单项选择题

1. 以资源无浪费、设备无故障、产出无废品、工时都有效的假设前提为依据而制定的标准成本是（　　）。

A. 基本标准成本　　B. 理想标准成本

C. 正常标准成本　　D. 现行标准成本

2. 下列各项中既可以成为评价实际成本的依据，也可以用来对存货和销货成本计价的是（　　）。

A. 现行标准成本　　B. 基本标准成本

C. 正常标准成本　　D. 理想标准成本

3. 下列有关制定正常标准成本的表述中，正确的是（　　）。

A. 直接材料的价格标准不包括购进材料发生的检验成本

B. 直接人工的标准工时包括自然灾害造成的停工工时

C. 直接人工的价格标准是指标准工资率，可能是预定的工资率，也可能是正常的工资率

D. 企业可以在采用机器工时作为变动制造费用的数量标准时，采用直接人工工时作为固定制造费用的数量标准

4. 甲公司是一家模具制造企业，正在制定某模具的标准成本。加工一件该模具需要的必不可少的加工操作时间为90小时，设备调整时间为1小时，必要的工间休息为5小时，正常的废品率为4%。该模具的直接人工标准工时是（　　）小时。

A.93.6　　B.96　　C.99.84　　D.100

5. 下列各项中，属于“直接人工标准工时”组成内容的是（　　）。

A. 由于设备意外故障产生的停工工时

B. 由于更换产品产生的设备调整工时

C. 由于生产作业计划安排不当产生的停工工时

D. 由于外部供电系统故障产生的停工工时

6. 甲公司制定成本标准时采用基本标准成本。出现下列情况时，不需要修订基本标准成本的是（　　）。

A. 主要原材料的价格大幅度上涨

B. 操作技术改进，单位产品的材料消耗大幅度减少

C. 市场需求增加，机器设备的利用程度大幅度提高

D. 技术研发改善了产品性能，产品售价大幅度提高

7. 下列变动成本差异中，无法从生产过程的分析中找出产生原因的是（　　）。

A. 变动制造费用效率差异

B. 变动制造费用耗费差异

C.直接材料价格差异

D.直接人工效率差异

8.通常应对不利的材料价格差异负责的部门是（　　）。

A.质量控制部门　　B.采购部门

C.工程设计部门　　D.生产部门

9.甲公司是制造业企业，生产W产品，生产工人每月工作22天，每天工作8小时，平均月薪13 200元，该产品的直接加工必要时间每件3小时，正常工间休息和设备调整等非生产时间每件0.20小时，正常的废品率为8%，单位产品直接人工标准成本是（　　）元。

A.244.57　　B.240　　C.259.20　　D.260.87

10.甲公司是一家化工生产企业，生产单一产品，按正常标准成本进行成本控制。公司预计下一年度的原材料采购价格为13元/千克，运输费为2元/千克，运输过程中的正常损耗为5%，原材料入库后的储存成本为1元/千克。该产品的直接材料价格标准为（　　）元。

A.15　　B.15.75　　C.15.79　　D.16.79

二、多项选择题

1.下列各项表述正确的有（　　）。

A.正常标准成本低于理想标准成本

B.正常标准成本的主要用途是揭示实际成本下降的潜力

C.基本标准成本与各期实际成本进行对比，可以反映成本变动的趋势

D.现行标准成本可以作为评价实际成本的依据，也可以用来对存货和销货成本进行计价

2.标准成本按其制定所依据的生产技术和经营管理水平的分类包括（　　）。

A.基本标准成本　　B.理想标准成本

C.正常标准成本　　D.现行标准成本

3.在确定直接人工正常标准成本时，标准工时包括（　　）。

A.直接加工操作必不可少的时间　　B.必要的工间休息

C.调整设备时间　　D.不可避免的废品耗用工时

4.制定正常标准成本时，直接材料价格标准应包括（　　）。

A.运输费　　B.仓储费

C.入库检验费　　D.运输途中的合理损耗

5.出现下列情况时，需要修订基本标准成本的有（　　）。

A.产品的物理结构发生变化

B.重要原材料和劳动力价格发生变化

C.生产技术和工艺发生根本变化

D.市场供求变化导致的生产能力利用程度发生变化

6.下列各项表述正确的有（　　）。

A.变动制造费用效率差异形成原因与人工效率差异相同

B.正常标准成本从数额上看，应当大于理想标准成本，但小于历史平均水平
C.标准成本制度对服务类企业通常不适用
D.在标准成本系统中，直接材料的价格标准是指预计下年度实际需要支付的材料市价

7.下列各项通常不属于生产部门责任的有（　　）。
A.直接材料价格差异　　B.直接人工工资率差异
C.直接人工效率差异　　D.变动制造费用效率差异

8.在进行成本差异分析时，固定制造费用的差异可以分为（　　）。
A.耗费差异和闲置能量差异
B.耗费差异、能量差异和效率差异
C.耗费差异、闲置能量差异和效率差异
D.耗费差异和能量差异

9.下列各项中，需要修订产品基本标准成本的情况有（　　）。
A.产品生产能力利用程度显著提升
B.生产工人技术操作水平明显改进
C.产品物理结构设计出现重大改变
D.产品主要材料价格发生重要变化

10.甲公司制定产品标准成本时采用现行标准成本。下列情况中，需要修订现行标准成本的有（　　）。
A.季节原因导致材料价格上升
B.订单增加导致设备利用率提高
C.采用新工艺导致生产效率提高
D.工资调整导致人工成本上升

三、判断题

1.价格差异就是价格差与标准用量之积。（　　）

2.一般而言，材料的价格差异应由采购部门负责；材料的数量差异应由负责控制用料的生产部门负责。（　　）

3.变动制造费用效率差异类似于直接材料用量差异。（　　）

4.在标准成本法下，超支差异应相应贷记有关差异账户，节约差异则借记相应账户。（　　）

5.固定制造费用的节约额是指由于产量增加而使单位产品负担的固定制造费用下降而引起的节约额。（　　）

技能训练

【实训目的】

通过实训使学生掌握标准成本法的核算程序，能够运用标准成本法进行成本管控

分析。

【实训内容】

（1）计算乙产品标准工资率和直接人工标准总成本；

（2）计算乙产品直接人工成本差异、直接人工工资率差异和直接人工效率差异。

【实训资料】

B公司生产乙产品，乙产品直接人工标准成本相关资料见表4-1-5。

表4-1-5　乙产品直接人工标准成本资料

项目	标准
月标准总工时	21 000小时
月标准总工资	420 000元
单位产品工时用量标准	2小时

假定B公司实际生产乙产品10 000件，实际耗用总工时25 000小时，实际应付直接人工工资50 000元。

【实训任务】

请完成乙产品标准成本及差异率的计算（见表4-1-6）。

表4-1-6　乙产品标准成本及差异率计算

项目 产品	标准工资率	直接人工标准总成本	直接人工成本差异	直接人工工资率差异	直接人工效率差异
乙产品					

项目二　作业成本法

知识目标

1. 理解作业与成本动因的含义、熟悉作业成本法的适用环境
2. 掌握作业成本法的核算流程及优缺点

技能目标

1. 能够恰当识别作业动因并进行成本核算
2. 能够根据作业成本差异，提出产品成本控制策略

案例导入

宏兴公司是一家采用作业成本法进行核算的公司，本公司2022年年初为甲产品制定的全年间接费用的成本动因预算资料见表4-2-1。

表4-2-1　全年间接费用的成本动因预算资料

作业成本集合	成本动因	间接成本预算额（元）	成本动因作业水平预算量
质量控制	检查次数	500 000	10 000次
机器设置	设置次数	1 000 000	10 000次
账款登记	发票数	6 500	250张
车间管理	管理工时	300 000	30 000小时
合计		1 806 500	

本公司按分批法计算产品成本，2022年2月5日，宏兴公司接下鑫旺公司一个生产500台甲产品的订单，订单生产标准要求见表4-2-2。

表4-2-2　订单生产标准要求

检查次数（次）	设置次数（次）	发票数（张）	管理工时（小时）
25	200	5	1 000

2月28日，该批产品全部完工，本月根据材料分配表，该批产品所耗费的直接材料的实际成本为125 000元。宏兴公司按预算作业成本分配率分配作业成本，发生的差异可以直接结转至本期营业成本。

假如你是该公司的成本会计人员，请问在作业成本法下，应为鑫旺公司订购的这500台甲产品分配多少作业成本？

知识讲解

一、作业成本法的产生背景及其含义

（一）作业成本法的产生背景

微课

作业成本法讲解

随着“机器取代人”的自动化制造时代的来临，企业的经营环境正在发生巨大的改变。伴随着这种改变，产品或劳务的成本结构亦发生了重大改变，其特征就是直接人工成本比重大大下降，制造费用（主要是折旧费用等固定成本）比重大大增加，因此，制造费用的分配科学与否将在很大程度上决定产品成本计算的准确性和成本控制的有效性。

传统的成本计算方法存在两个重要缺陷：

一个缺陷是将固定成本分摊给不同种类产品。按照这种做法，随着产量的增加，单位产品分摊的固定成本下降，即使单位变动成本不变，平均成本也会随产量增加而下降，在销售收入不变的情况下，增加生产量可以使部分固定成本被存货吸收，减少当期销货成本，增加当期利润，从而刺激经理人员过度生产。变动成本法是针对这个缺点提出来的。

另一个缺陷是产生误导决策的成本信息。在传统的成本计算方法下，制造费用通常按直接人工等产量基础分配。实际上，有许多制造费用项目不是产量的函数，而与生产批次等其他变量存在因果关系。全部按产量基础分配制造费用，会产生误导决策的成本信息。作业成本法是针对这个缺陷提出来的。

（二）作业成本法的含义

作业成本法，是指以“作业消耗资源、产出消耗作业”为原则，按照资源动因将资源费用追溯或分配至各项作业，计算出作业成本，然后根据作业动因，将作业成本追溯或分配至各成本对象，最终完成成本计算的成本管理方法。

实际上，作业成本法是将间接成本和辅助费用更准确地分配到产品和服务的一种成本计算方法。依据作业成本法的观念，企业的全部经营活动是由一系列相互关联的作业组成的，企业每进行一项作业都要耗用一定的资源；与此同时，产品（包括提供的服务）被一系列的作业生产出来。产品成本是全部作业所消耗资源的总和，产品是消耗全部作业的成果。在计算产品成本时，首先按经营活动中发生的各项作业归集成本，计算出作业成本；然后按各项作业成本与成本对象（产品、服务或客户）之间的因果关系，将作业成本分配到成本对象，最终完成成本计算过程。

在作业成本法下，直接成本可以直接计入有关产品，与传统的成本计算方法并无差异，只是直接成本的范围比传统成本计算的要大，凡是便于追溯到产品的材料、人工和其他成本都可以直接归属于特定产品，尽量减少不准确的分配。不能追溯到产品的成本，则先追溯到有关作业或分配到有关作业，计算作业成本，然后将作业成本分配到有关产品。

二、作业成本法的核心概念

作业成本法的核心概念是作业和成本动因。

（一）作业

作业，是指企业基于特定目的重复执行的任务或活动，是连接资源和成本对象的桥梁。一项作业既可以是一项非常具体的任务或活动，也可以泛指一类任务或活动。例如，签订材料采购合同、将材料运达仓库、对材料进行质量检验、办理入库手续、登记材料明细账等，每一项作业，都是针对加工或服务对象重复执行的特定的或标准化的活动。例如，轴承工厂的车工作业，无论加工何种规格型号的轴承外套，都须经过将加工对象（工件）的毛坯固定在车床的卡盘上，开动机器进行切削，然后将加工完毕的工件从卡盘上取下等相同的特定动作和程序。

企业可按照受益对象、层次和重要性，将作业分为以下五类，并分别设置相应的作业中心：

1. 产量级作业

产量级作业，是指明确地为个别产品（或服务）实施的、使单个产品（或服务）受益的作业。该类作业的数量与产品（或服务）的数量成正比例变动，包括产品加工、检验等。

2. 批别级作业

批别级作业，是指为一组（或一批）产品（或服务）实施的、使该组（或批）产品（或服务）受益的作业。该类作业的发生是由生产的批量数而不是单个产品（或服务）引起的，其数量与产品（或服务）的批量数成正比例变动，包括设备调试、生产准备等。

3. 品种级作业

品种级作业，是指为生产和销售某种产品（或服务）实施的、使该种产品（或服务）的每个单位都受益的作业。该类作业用于产品（或服务）的生产或销售，但独立于实际产量或批量，其数量与品种的多少成正比例变动，包括新产品设计、现有产品质量与功能改进、生产流程监控、工艺变换需要的流程设计、产品广告等。

4. 客户级作业

客户级作业，是指为服务特定客户所实施的作业。该类作业保证企业将产品（或服务）销售给个别客户，但作业本身与产品（或服务）数量独立，包括向个别客户提供的技术支持活动、咨询活动、独特包装等。

5. 设施级作业

设施级作业，是指为提供生产产品（或服务）的基本能力而实施的作业。该类作业是开展业务的基本条件，其使所有产品（或服务）都受益，但与产量或销量无关，包括管理作业、针对企业整体的广告活动等。

（二）成本动因

成本动因是指作业成本的驱动因素。例如，产量增加时，直接材料成本就增加。产量是直接材料成本的驱动因素，即直接材料的成本动因。再例如，检验成本随着检验次数的增加而增加，检验次数就是检验成本的驱动因素，即检验成本的成本动因。在作业成本法中，成本动因分为资源成本动因和作业成本动因两类。

1. 资源成本动因

资源成本动因是引起作业成本增减变动的驱动因素，用来衡量各项作业的资源消耗量。依据资源成本动因可以将资源成本分配给各有关作业。例如，产品质量检验工作（作业）的完成需要有检验人员、专用的设备，并耗用一定的能源（电力）等。检验作业作为成本对象（亦称成本库），耗用的各项资源构成了检验作业的成本。其中，检验人员的工资、专用设备的折旧费等成本，一般可以直接归属于检验作业，而能源成本往往不能直接计入，需要根据设备额定功率（或根据历史资料统计的每小时平均耗电数量）和设备开动时间分配计入。这里，"设备的额定功率乘以开动时间"就是能源成本的动因，设备开动导致能源成本发生，设备的功率乘以开动时间的数值（即动因数量）越大，耗用的能源越多。按"设备的额定功率乘以开动时间"这一动因作为能源成本的分配基础，可以将检验专用设备耗用的能源成本分配到检验作业当中。

2. 作业成本动因

作业成本动因是衡量一个成本对象（产品、服务或客户）需要的作业量，是产品成本增减变动的驱动因素。作业成本动因计量各成本对象耗用作业的情况，并被用来作为作业成本的分配基础。例如，每批产品完工后都需进行质量检验，如果对任何产品的每一批次进行质量检验所发生的成本相同，则检验的"次数"就是检验作业的成本动因，它是引起产品检验成本增加的驱动因素。某一会计期间发生的检验作业总成本（包括检验人工成本、设备折旧、能源成本等）除以检验的次数，即为每次检验所发生的成本。某种产品应承担的检验作业成本，等于该种产品的批次乘以每次检验发生的成本。产品完成的批次越多，则需要进行检验的次数越多，应承担的检验作业成本越多；反之，则应承担的检验作业成本越少。

三、作业成本计算的具体应用

企业应用作业成本法，一般按照资源识别及资源费用的确认与计量、成本对象选择、作业认定、作业中心设计、资源动因选择与计量、作业成本归集、作业动因选择与计量、作业成本分配、作业成本信息报告等程序进行。

（一）资源识别及资源费用的确认与计量

识别出由企业拥有或控制的所有资源，遵循国家统一的会计制度，合理选择会计政策，确认和计量全部资源费用，编制资源费用清单，为资源费用的追溯或分配奠定基础。

资源识别及资源费用的确认与计量应由企业的财务部门负责，在基础设施管理、人力资源管理、研究与开发、采购、生产、技术、营销、服务、信息等部门的配合下完成。

（二）成本对象选择

在作业成本法下，企业应将当期所有的资源费用，遵循因果关系和受益原则，根据资源动因和作业动因，分项目经由作业追溯分配至相关的成本对象，确定成本对象的成本。

企业应根据国家统一的会计制度，并考虑预算控制、成本管理、营运管理、业绩评价以及经济决策等方面的要求确定成本对象。一般可以产品品种、批别或步骤作为成本对象。

（三）作业认定

作业认定是指企业识别由间接或辅助资源执行的作业集，确认每一项作业完成的工作以及执行该作业所耗费的资源费用，并据以编制作业清单的过程。

作业认定的内容主要包括对企业每项消耗资源的作业进行识别、定义和划分，确定每项作业在生产经营活动中的作用、同其他作业的区别以及每项作业与耗用资源之间的关系。

（四）作业中心设计

作业中心设计是指企业将认定的所有作业按照一定的标准进行分类，形成不同的作业中心，作为资源费用追溯或分配对象的过程。

作业中心可以是某一项具体的作业，也可以是若干相互联系的能够实现某种特定功能的作业的集合。

（五）资源动因选择与计量

资源动因是引起资源耗用的成本动因，它反映了资源耗用与作业量之间的因果关系。资源动因选择与计量为将各项资源费用归集到作业中心提供了依据。企业应识别当期发生的每一项资源消耗，分析资源耗用与作业中心作业量之间的因果关系，选择并计量资源动因。企业一般应选择那些与资源费用总额成正比例关系变动的资源动因作为资源费用分配的依据。

（六）作业成本归集

作业成本归集，是指企业根据资源耗用与作业之间的因果关系，将所有的资源成本直接追溯或按资源动因分配至各作业中心，计算各作业总成本的过程。

（七）作业动因选择与计量

（八）作业成本分配

作业成本分配，是指企业将各作业中心的作业成本按作业动因分配至产品等成本对象，并结合直接追溯的资源费用，计算出各成本对象的总成本和单位成本的过程。

（九）作业成本信息报告

作业成本信息报告的目的，是通过设计、编制和报送具有特定内容和格式要求的作业成本报表，向企业内部各有关部门和人员提供其所需要的作业成本及其他相关信息。

作业成本报表的内容和格式应根据企业内部管理需要确定。作业成本报表提供的信息一般应包括以下内容：

（1）企业拥有的资源及其分布以及当期发生的资源费用总额及其具体构成的信息。

（2）每一成本对象总成本、单位成本及其消耗的作业类型、数量及单位作业成本的信息，以及产品盈利性分析的信息。

（3）每一作业或作业中心的资源消耗及其数量、成本以及作业总成本与单位成本的信息。

（4）与资源成本分配所依据的资源动因以及作业成本分配所依据的作业动因相关的信息。

（5）资源费用、作业成本以及成本对象成本预算完成情况及其原因分析的信息。

（6）有助于作业、流程、作业链（或价值链）持续优化的作业效率、时间和质量等方面的非财务信息。

（7）有助于促进客户价值创造的有关增值作业与非增值作业的成本信息及其他信息。

（8）有助于业绩评价与考核的作业成本信息及其他相关信息。

【做中学4-2-1】亚华公司同时生产N1、N2两种产品，单位售价分别为270元和175元。2022年10月，该公司发生的制造费用总计700 000元，过去该公司按制造成本法计算产品成本，制造费用按直接人工工时进行分配。经过核算，N1、N2两种产品均实现盈利。但管理者认为，这种粗放式计算分配制造费用的方法不正确，往往掩盖了成本管理的实质性问题。为此，公司采用作业成本法进行成本核算。有关历史资料见表4-2-3。

表4-2-3　产品相关资料表

项目	N1产品	N2产品
产量（件）	5 000	10 000
单位产品直接材料成本（元）	120	80
材料用量（千克）	25 000	20 000
单位产品直接人工工时（小时）	4	3
机器调控次数（次）	25	15
产品抽检比例	50%	30%
小时工资率（元）	20	20

要求：采用制造成本法和作业成本法分别计算产品成本，并加以分析。

操作步骤：

第一步，按制造成本法计算确定产品成本见表4-2-4。

表4-2-4　制造成本法产品成本计算表　单位：元

项目	N1产品	N2产品	合计
直接材料总成本	600 000	800 000	1 400 000
直接人工总成本	400 000	600 000	1 000 000
应分配的制造费用	280 000	420 000	700 000
合计	1 280 000	1 820 000	3 100 000
产量	5 000	10 000	—
单位成本	256	182	—

第二步，按作业成本法进行成本动因分析及成本追溯见表4-2-5。

表4-2-5 成本动因分析及成本追溯 单位：元

作业	成本动因	成本库	制造费用
质量控制	抽检件数	质量控制	275 000
机器调控	调控次数	机器调控	200 000
材料整理	整理数量	材料整理	225 000
制造费用合计			700 000

按作业成本法的动因确定分配率见表4-2-6。

表4-2-6 制造费用分配率计算表 金额单位：元

成本库	制造费用	成本动因	分配率
质量控制	275 000	N1产品：5 000 × 50% = 2 500（件） N2产品：10 000 × 30% = 3 000（件） 合计： 5 500（件）	275 000 ÷ 5 500 = 50（元/件）
机器调控	200 000	N1产品：25次 N2产品：15次 合计： 40次	200 000 ÷ 40 = 5 000（元/次）
材料整理	225 000	N1产品：25 000千克 N2产品：20 000千克 合计： 45 000千克	225 000 ÷ 45 000 = 5（元/千克）

按作业成本法的动因分解制造费用见表4-2-7。

表4-2-7 制造费用分配表

成本库	制造费用	分配率	N1产品		N2产品	
			消耗动因	分配成本	消耗动因	分配成本
质量控制	275 000元	50元/件	2 500件	125 000元	3 000件	150 000元
机器调控	200 000元	5 000元/次	25次	125 000元	15次	75 000元
材料整理	225 000元	5元/千克	25 000千克	125 000元	20 000千克	100 000元
合计	700 000元	—	—	375 000元	—	325 000元

按作业成本法重新计算产品成本见表4-2-8。

表4-2-8 作业成本法产品成本计算表 单位：元

成本项目	N1产品（5 000件）		N2产品（10 000件）	
	单位成本	总成本	单位成本	总成本
直接材料成本	120	600 000	80	800 000
直接人工成本	4 × 20 = 80	400 000	3 × 20 = 60	600 000
制造费用	375 000 ÷ 5 000 = 75	375 000	325 000 ÷ 10 000 = 32.50	325 000
合计	275	1 375 000	172.50	1 725 000

第三步，不同成本计算方法结果比较见表4-2-9。

表4-2-9 产品成本计算表比较 单位：元

成本项目	制造成本法			作业成本法		
	N1产品	N2产品	合计	N1产品	N2产品	合计
直接材料成本	600 000	800 000	1 400 000	600 000	800 000	1 400 000
直接人工成本	400 000	600 000	1 000 000	400 000	600 000	1 000 000
制造费用	280 000	420 000	700 000	375 000	325 000	700 000
合计	1 280 000	1 820 000	3 100 000	1 375 000	1 725 000	3 100 000
产量	5 000	10 000	—	5 000	10 000	—
单位成本	256	182	—	275	172.50	—
销售单价	270	175	—	270	175	—
单位毛利	14	−7	—	−5	2.50	—

从表4-2-9可以看出，在制造成本法下，N1产品实现毛利14元/件，N2产品发生亏损7元/件。但是，在作业成本法下，计算结果就完全不同了，N1产品发生亏损5元/件，而N2产品实现毛利2.50元/件。因此，制造成本法扭曲了产品成本。

四、作业成本法的应用环境及优缺点

企业应用作业成本法应基于作业观，即企业作为一个为最终满足客户需要而设计的一系列作业的集合体，进行业务组织和管理。外部环境一般应具备以下特点之一：一是客户个性化需求较高，市场竞争激烈；二是产品的需求弹性较大，价格敏感度高。同时：（1）企业应拥有先进的计算机及网络技术，配备完善的信息系统，能够及时、准确地提供各项资源、作业、成本动因等方面的信息；（2）应成立由生产、技术、销售、财务、信息等部门的相关人员构成的设计和实施小组，负责作业成本系统的开发设计与组织实施工作；（3）应能够清晰地识别作业、作业链、资源动因和作业动因，为资源费用以及作业成本的追溯或分配提供合理的依据。

作业成本法的主要优点：一是能够提供更加准确的各维度成本信息，有助于企业提高产品定价、作业与流程改进、客户服务等决策的准确性；二是改善和强化成本控制，促进绩效管理的改进和完善；三是推进作业基础预算，提高作业、流程、作业链（或价值链）管理的能力。其主要缺点是：部分作业的识别、划分、合并与认定、成本动因的选择以及成本动因计量方法的选择等均存在较大的主观性，操作较为复杂，开发和维护费用较高。

知识巩固

一、单项选择题

1.作业成本管理需要区分增值和非增值作业，下列各项表述正确的是（　　）。

A.最终增加企业价值的作业是增值作业，否则就是非增值作业

B.最终增加顾客价值的作业是增值作业，否则就是非增值作业

C.最终增加股东财富的作业是增值作业，否则就是非增值作业

D.最终增加企业利润的作业是增值作业，否则就是非增值作业

2.按产出方式的不同，企业的作业可以分为四类，其中随产量变动而成正比例变动的作业是（　　）。

A.单位级作业　　B.批次级作业

C.品种级作业　　D.生产维持级作业

3.下列各项关于品种级作业的表述不正确的是（　　）。

A.品种级作业是指每一单位产品至少要执行一次的作业

B.品种级作业依赖于产品的品种数或规格型号数，而不是产品数量或生产批次

C.品种级作业成本仅仅因为某个特定的产品品种存在而发生，随产品品种数而变化

D.品种级作业成本不随产量、批次数的变化而变化

4.下列各项关于作业成本法基本理论的观点不正确的是（　　）。

A.企业的全部经营活动是由一系列相互关联的作业组成的

B.企业每进行一项作业都要耗用一定的资源

C.作业成本法下间接成本的分配是分两步进行的，分配路径是“资源→作业→产品”

D.传统成本计算方法下间接成本分配是一步进行的，分配路径是“资源→产品”

5.下列各项属于为维持企业的生产能力而产生的作业是（　　）。

A.单位级作业　　B.批次级作业

C.品种级作业　　D.生产维持级作业

6.下列各项关于作业成本动因表述正确的是（　　）。

A.作业成本动因是引起作业成本增减变动的驱动因素

B.作业成本动因通常被用来计量各项作业对资源的耗用

C.运用作业成本动因可以将资源成本分配给各有关作业

D.作业成本动因被用来计量各成本对象耗用作业的情况

7.作业成本法的一个突出特点，就是对生产活动中发生的各项费用（　　）。

A.强调以追溯的方式计入产品成本，而尽量避免动因分配的方式

B.强调以动因分配的方式计入产品成本，而尽量避免追溯的方式

C.强调以追溯或动因分配的方式计入产品成本，而尽量避免分摊方式

D.强调以分摊方式或动因分配的方式计入产品成本，而尽量避免追溯方式

8.作业动因与作业总成本相关程度越差，（　　）。

A.作业成本分配误差越小

B.作业成本分配误差越大

C.作业成本分配误差不受影响

D.作业动因与作业成本分配误差同向变动

9.在某些特殊情况下，将作业执行中实际耗用的全部资源单独归集，并将该项单独归集的作业成本直接计入某一特定产品的动因是（　　）。

A.业务动因　　B.持续动因　　C.强度动因　　D.资源成本动因

10.下列各项属于品种级作业的是（　　）。

A.机器加工　　B.生产前机器调试

C.产品生产工艺规程制定　　D.工厂保安

二、多项选择题

1.下列各项关于资源成本动因表述正确的有（　　）。

A.它是引起作业成本增加的驱动因素

B.它是引起产品成本增加的驱动因素

C.它被用来衡量一项作业的资源消耗量，运用它可以将资源成本分配给各有关作业

D.它是计量各成本对象耗用作业的情况，并被用来作为作业成本的分配基础

2.下列各项关于作业成本法的说法，正确的有（　　）。

A.作业成本法强调使用不同层面和数量众多的资源成本动因将作业成本追溯到产品

B.作业成本法是将间接成本和辅助费用更准确地分配到作业、生产过程、产品、服务及客户中的一种成本计算方法

C.作业成本法的基本思想是“产品消耗作业，作业消耗资源”

D.作业成本法强调使用追溯和动因分配方式来分配成本

3.下列各项关于作业成本法的表述不正确的有（　　）。

A.作业成本法提高了会计数据对管理控制的有用性

B.规模小的公司因为作业环节简便，相对于规模大的公司更愿意采用作业成本法

C.竞争环境越激烈，相对于传统成本计算，作业成本系统越能够减少决策失误引起的成本

D.作业成本法为实施责任会计和业绩评价提供了方便

4.下列各项关于成本分配方式的表述正确的有（　　）。

A.使用追溯方式最能真实地反映产品成本

B.使用动因分配方式最能真实地反映产品成本

C.追溯，是指将成本直接确认分配到某一成本对象的过程

D.追溯这一过程是可以实地观察的

5.下列各项关于单位级作业表述正确的有（　　）。

A.单位级作业是指每一单位产品至少要执行一次的作业

B.单位级作业对每个产品都必须执行

C.单位级作业成本是直接成本，可以直接追溯到每个产品上

D.单位级作业成本最后要根据产品的数量在单个产品之间进行分配

三、判断题

1.实施作业成本法需要大量的基础性数据，而企业内部各个作业中心能否提供真实可行的数据资料是作业成本法实施成败的关键。 ( )

2.采用简化分批法，某批完工产品应负担的间接费用应该等于该批完工产品当月耗用的工时数乘以全部产品累计间接费用分配率。 ( )

3.作业成本法的实施成本较高。 ( )

4.作业成本法的基本思想是“作业消耗资源、产品消耗作业”。 ( )

5.作业成本法所生成的信息可以是货币形式，也可以是非货币形式。 ( )

技能训练

【实训目的】

通过实训使学生熟悉作业成本法的核算流程，能够运用作业成本法进行成本核算与差异分析。

【实训内容】

(1) 采用传统（产量基础）成本计算制度，以直接人工工时为分配标准，确定两种产品的单位产品盈利能力；

(2) 采用作业成本计算制度，确定两种产品的单位产品盈利能力。

【实训资料】

北方高科技有限公司生产和销售两种产品，假设该公司两种产品的财务和成本数据见表4-2-10。

表4-2-10 两种产品的财务和成本数据

项目	A产品	B产品
产量（台）	5 000	15 000
售价（元）	4 000	2 000
单位产品直接材料和直接人工成本（元）	2 000	800
直接人工（小时）	25 000	75 000

公司管理会计师划分了下列作业、间接成本集合及作业成本动因见表4-2-11。

表4-2-11 作业、间接成本集合及作业成本动因

作业	间接成本集合	作业成本动因
调整	300万元	调整次数
机器运行	1 625万元	机器工时
包装	75万元	包装单数量
合计	2 000万元	

两种产品的实际作业量见表4-2-12。

表4-2-12　两种产品的实际作业量

作业成本动因	A产品作业消耗	B产品作业消耗	合计
调整次数（次）	200	100	300
机器工时（小时）	55 000	107 500	162 500
包装单数量（个）	5 000	10 000	15 000

【实训任务】

（1）采用传统成本计算制度，计算单位产品盈利能力（见表4-2-13）。

表4-2-13　单位产品盈利能力分析　单位：元

项目	A产品	B产品
单位售价		
单位产品成本：		
直接材料和人工		
间接成本		
单位产品成本合计		
单位产品利润		

（2）计算作业成本动因分配率（见表4-2-14）。

表4-2-14　作业成本动因分配率　金额单位：元

作业成本动因	成本	作业消耗	分配率
调整次数			
机器工时			
包装单数量			

（3）分配间接成本（见表4-2-15和表4-2-16）。

表4-2-15　分配A产品间接成本

作业成本动因	分配率	作业量	间接成本合计（元）	单位间接成本（元）
调整次数				
机器工时				
包装单数量				
合计				

表4-2-16　分配B产品间接成本

作业成本动因	分配率	作业量	间接成本合计（元）	单位间接成本（元）
调整次数				
机器工时				
包装单数量				
合计				

（4）采用作业成本计算制度，计算单位产品盈利能力（见表4-2-17）。

表4-2-17　单位产品盈利能力分析　单位：元

项目	A产品	B产品
单位售价		
单位产品成本：		
直接材料和人工		
间接成本		
单位产品成本合计		
单位产品利润		

模块五

成本分析

【知识目标】

1. 熟悉成本报表的特点及分类
2. 掌握成本报表的编制要求
3. 熟悉成本分析的含义与作用
4. 掌握成本分析的四种常用方法

【技能目标】

1. 能够按成本项目编制产品成本报表
2. 能够独立完成主要产品单位成本表的编制
3. 恰当进行成本分析的能力

【素质目标】

1. 培养学生逻辑思维能力，使学生能够按照成本报表编制要求，准确编制成本报表
2. 培养学生从全局高度、长远眼光观察、分析问题的能力

课程思政

知己知彼，百战不殆——“知己”的重要性

刘邦在取得天下之后，对那些曾经帮助过他的功臣，存有严重的疑心。张良非常识时务，早早就退出了这个圈子，云游四方去了。韩信却没那么幸运，没有及时退出而被刘邦杀死，下场非常凄惨。但是萧何，虽然没有及时退出这个圈子，下场却与韩信不一样，很幸运地颐养天年。萧何最为可贵的一点，就是对自己的能力有着清醒的认知。

在人才济济的汉军帐下，萧何并不是最出众的那一个，但萧何的高明之处体现在两个方面：一是他从不高估自己的能力，向刘邦邀功；二是他能及时发现自己的缺陷，及时更正。正确认识自己，是梦想之石，去击出理想之火；是理想之火，去点亮创造之灯；是创造之灯，去照亮成功之路；是成功之路，通向四面八方而不迷途！

对于企业而言，开展成本分析工作，是正确认识自身竞争力的基础。如果说“人贵有自知之明”，那么对于企业而言，只有对自己的产品成本有正确的分析与认识，才能在风云变幻的市场竞争中获得生存的空间，正所谓“知己知彼，百战不殆”。

资料来源：admin.萧何通过自污名节保命，却被认为是有自知之明［EB/OL］.［2021-10-24］. http：//m.gzwwxxw.cn/hxls/35321.html.

项目一　编制成本报表

知识目标

1. 成本报表的种类及编制要求
2. 产品成本报表的编制

技能目标

1. 按成本项目编制产品成本报表
2. 编制主要产品单位成本表

案例导入

某机械制造公司招聘成本会计主管，该公司招聘的时候提问如下：如果公司生产A、B、C三种产品，年终需要成本分析，可以从哪些方面进行？需要哪些资料？能够用哪些方法分析产品单位成本？对于公司提出的问题，如果你去应聘，将如何回答？

知识讲解

一、成本报表的含义及特点

（一）成本报表的含义

成本报表是企业根据日常成本核算资料及其他有关资料定期或不定期编制的，用以反映和监督企业一定时期产品成本水平以及经营管理费用的水平，考核和分析企业成本计划执行情况及其结果的报告文件。正确编制和分析成本报表是企业成本会计工作的重要内容。成本是综合反映企业生产技术和经营管理工作水平的一项重要质量指标，而成本报表可以有针对性地、综合地反映企业生产水平、技术水平、经营管理水平情况，对考核评价各项费用计划的执行情况，分析成本变动趋势和规律，提高经济效益有十分重要的意义。其主要是为了满足企业内部经营管理的需要。成本报表使用者主要是企业管理者，所以也叫对内会计报表。

（二）成本报表的特点

1.内向性

成本报表提供的信息主要是为企业内部管理服务的。成本报表无须对外报送，主要是为企业管理者了解、分析企业的经营过程，并据此展望未来的发展趋势。成本报表所提供的信息能否满足企业管理者经营管理的需要，是衡量成本会计工作质量的重要标准之一。为企业提供完整的生产业务信息是成本报表的主要功能。

2.灵活性

既然成本报表是为企业内部管理服务的，那么成本报表的种类、格式、内容及编制时间，应以满足企业经营管理需要为目标。成本报表的种类、格式、编制时间及方法随着企业经营管理的变化而变化，整齐划一、统一一致的成本报表是不必要的。因此企业可以根据自身的特点及管理要求灵活设计成本报表体系，但是一般在情况未发生重大变化时，企业的成本报表应该保持稳定，以利于进行历史比较。

3.综合性

成本报表提供的信息要同时满足财务部门、管理部门和各级生产技术部门等对成本管理和分析的需要，并且对这些部门不仅要提供事后分析资料，还要提供事前计划、事中控制所需要的大量信息。因此，成本报表需要设置多种核算指标，不仅包括会计核算提供的指标，还要包括业务核算、统计核算提供的指标，这些指标可以将会计核算资料与技术经济资料有机结合起来，综合反映企业经营管理水平。因此其具有综合性的特点。

4.多样性

成本报表是企业在特定的生产环境下，根据自身的特点及管理要求编制的。不同的企业的生产特点和管理要求不同，就决定了成本报表的种类、格式、编制方法及指标项目必然有所不同，因而呈现多样性。

二、成本报表的种类及编制要求

（一）成本报表的种类

成本报表主要是为企业内部经营管理服务的，因此，成本报表的种类、格式及编制时间一般是根据企业的生产经营特点和管理要求而定的。目前工业企业编制的成本报表按其反映的内容分为以下两种：

1.反映成本情况的报表

这类报表侧重于揭示企业为生产一定产品所花费的成本是否达到预定的目标，通过分析比较实际成本水平与计划成本水平、历史成本水平以及同行业成本水平，以反映成本管理的效果，并找出差距，为进一步采取措施降低成本提供有用的资料。这类报表主要有产品成本报表、主要产品单位成本报表。

2.反映费用情况的报表

这类报表侧重于反映企业在一定期间内某些费用支出的总额及其构成情况。通过此类报表可以将实际水平与计划水平、历史水平对比，以反映和分析费用支出的合理程度及变化趋势，从而有利于企业正确制定费用预算，考核费用预算的实际完成情况，以明确有关部门和人员的经济责任。这类成本报表主要有制造费用明细表、销售费用明细表、管理费用明细表、财务费用明细表等。

此外，成本报表按照编制的范围还可以分为全厂成本报表、车间成本报表、班组成本报表及个人成本报表等；按照编制的时间可以分为定期成本报表和不定期成本报表。而且各企业还可以根据自身的生产特点和管理要求编制必要的其他种类的成本报表。

（二）成本报表的编制要求

1.成本报表编制的质量要求

成本报表应当以实际发生的成本和费用为依据，如实反映企业的成本情况。这是对成本会计工作的基本要求，如果成本信息不能真实反映企业的实际情况，成本会计工作就失去了存在的意义，甚至会误导信息使用者，导致经济决策的失误。

成本报表中的数字要准确，是指各项数据必须真实可靠，不能任意篡改、弄虚作假。成本报表中数据计算要客观正确，是指成本报表中存在大量的数据计算，要求编制过程中表内的数据计算要认真仔细、全面严谨，不漏记错记，做到准确真实。

2.成本报表编制的内容要求

成本报表内容要完整，是指主要的报表种类要齐全，报表内需要填列的各项指标及文字说明必须全面，表内项目和表外补充资料，无论根据账簿信息直接填列，还是通过分析计算填列，都应当完整无缺、不得任意取舍。同时要保证成本报表中内容的相对稳定性，计算口径、计算方法要一致，如有变动应在附注中说明。

3.成本报表编制的时间要求

成本报表报送要及时，是指成本报表无论是定期编制还是不定期编制，都要求及时编制、及时报送。在规定的期限内报送，以便有关部门和人员利用成本资料信息及时地对企业成本的执行情况进行考核、分析，从中发现问题，进而及时采取相应的措施加以解决，充分发挥成本报表应有的作用。

三、成本报表的编制

成本报表的种类、格式可以根据企业的生产经营特点及管理要求自行决定。下面以工业企业为例，阐述几种主要成本报表的编制。

（一）产品成本报表的编制

产品成本报表是反映企业在报告期内生产的全部产品的总成本和各种主要产品单位成本和总成本的报表。根据产品成本报表提供的信息可以考核全部产品和主要产品成本计划的执行情况及产品成本节约或超支情况，还可以考核可比产品成本降低计划的执行结果，计算各种因素对计划执行情况的影响程度，以便找出不利因素，指出降低产品成本的途径。

微课　按成本项目编制产品成本报表

产品成本报表按报表的结构和作用不同，分为按成本项目编制的产品成本报表和按产品种类编制的产品成本报表，下面分别介绍。

1.按成本项目编制的产品成本报表

该表汇总反映企业在报告期发生的全部生产费用（按成本项目反映）和全部产品总成本。此表由生产费用和产品成本两部分构成，详见表5-1-1。

表5-1-1 产品成本报表（按成本项目反映）

单位：大华制造企业 2022年6月 单位：元

项　目	上年实际数	本年计划数	本月实际数	本年累计实际数
生产费用				
直接材料	134 590	132 061	9 490	136 770
直接人工	62 416	63 158	4 036	61 110
制造费用	91 023	91 871	6 623	93 120
生产费用合计	288 029	287 090	20 149	291 000
加：在产品、自制半成品期初余额	179 26	14 610	2 980	19 340
减：在产品、自制半成品期末余额	14 527	12 150	2 160	17 160
产品生产成本合计	291 428	289 550	20 969	293 180

该表中生产费用部分按成本项目反映；产品生产成本合计部分是在生产费用合计数的基础上，加减期初、期末在产品和自制半成品余额计算的产品成本合计数。生产费用和产品成本可以按上年实际数、本年计划数、本月实际数和本年累计实际数分栏反映，以便于分析利用。

表内各项目的填列方法：表中上年实际数，应根据上年12月份本表的本年累计实际数填制；表中本年计划数，应根据成本计划有关资料填制；表中本月实际数，应根据各有关产品成本明细账有关栏目内容填制；表中本年累计实际数，应根据本月实际数与上月份本表的本年累计实际数合计填制。期初、期末在产品和自制半成品余额，应根据各产品成本明细账的期初、期末在产品成本和各种自制半成品明细账的期初、期末余额，分别汇总填列。以生产费用合计数加、减在产品、自制半成品期初、期末余额，即可计算出产品生产成本合计数。

通过该表本年累计实际生产费用与本年计划数和上年实际数相比较，可以分析和考核年度生产费用计划的执行情况，以及本年生产费用比上年的升降情况等；通过本表还可以对报告期内全部产品生产费用的支出情况和各种费用的构成情况作出评价。

【工作实例5-1-1】湖滨厂生产甲、乙两种产品。基本生产成本明细账资料见表5-1-2和表5-1-3。

表5-1-2 产成品基本生产成本明细账

编制单位：湖滨厂 产品名称：甲产品 单位：元

2022年		凭证号	摘要	成本项目				合计
月	日			直接材料	直接人工	燃料及动力	制造费用	
12	1		月初在产品成本	29 100	2 250	10 000	9 000	50 350
12	31		原材料费用分配表	173 460				173 460
			燃料费用分配表			63 933		63 933

续表

2022年 月	日	凭证号	摘要	成本项目 直接材料	直接人工	燃料及动力	制造费用	合计
12	31		动力费用分配表			22 150		22 150
12	31		职工薪酬分配表		14 948.59			14 948.59
12	31		制造费用分配表				58 225.08	58 225.08
			本月生产费用合计	173 460	14 948.59	86 083	58 225.08	332 716.67
			生产费用累计	202 560	17 198.59	96 083	67 225.08	383 066.67
			完工产品总成本（250件）	171 485	13 898.59	85 083	57 325.08	327 791.67
			月末在产品成本	31 075	3 300	11 000	9 900	55 275

表5-1-3　　产成品基本生产成本明细账

编制单位：湖滨厂　　产品名称：乙产品　　单位：元

2022年 月	日	凭证号	摘要	成本项目 直接材料	直接人工	燃料及动力	制造费用	合计
12	1		月初在产品成本	32 800	4 400	21 500	17 750	76 450
12	31		原材料费用分配表	63 700				63 700
12	31		燃料费用分配表			26 462		26 462
12	31		动力费用分配表			15 850		15 850
12	31		职工薪酬分配表		10 696.85			10 696.85
12	31		制造费用分配表				41 664.42	41 664.42
			本月生产费用合计	63 700	10 696.85	42 312	41 664.42	158 373.27
			生产费用累计	96 500	15 096.85	63 812	59 414.42	234 823.27
			完工产品总成本（300件）	76 184.22	13 320.75	56 304.70	52 424.49	198 234.16
			月末在产品成本	20 315.78	1 776.10	7 507.30	6 989.93	36 589.11

要求：根据相关资料，按成本项目编制产品生产成本报表。

【操作步骤】

第一步，计算生产费用合计数。根据甲、乙两种产品基本生产成本明细账，填列生产费用合计数计算表见表5-1-4。

表5-1-4　生产费用合计数计算表　单位：元

成本项目 / 产品名称	产品成本明细账本月生产费用合计				
	直接材料	直接人工	燃料及动力	制造费用	合计
甲产品	173 460	14 948.59	86 083	58 225.08	332 716.67
乙产品	63 700	10 696.85	42 312	41 664.42	158 373.27
全部产品合计	237 160	25 645.44	128 395	99 889.50	491 089.94

第二步，计算期初在产品、自制半成品余额。根据甲、乙两种产品基本生产成本明细账中月初、月末在产品资料，汇总填列在产品成本本月余额表，见表5-1-5。

表5-1-5　在产品成本本月余额表　单位：元

项目 / 名称	在产品本月余额	
	期初	期末
甲产品	50 350	55 275
乙产品	76 450	36 589.11
全部产品合计	126 800	91 864.11

第三步，按成本项目编制产品生产成本表。将表5-1-4、表5-1-5的数据分别填入表5-1-6相应项目的“本月实际数”栏，即可完成表5-1-6中本月实际数的填列。

表5-1-6　产品生产成本表（按成本项目编制）

编制单位：湖滨厂　2022年12月　单位：元

项　目	上年实际数	本年计划数	本月实际数	本年累计实际数
生产费用				
直接材料费用	2 831 095	2 814 475	237 160	2 052 681
直接人工费用	300 280	295 975	25 645.44	221 190
燃料及动力费用	1 691 315	1 599 306	128 395	1 154 565
制造费用	1 173 930	1 115 100	99 889.50	1 016 531
生产费用合计	5 996 620	5 824 856	491 089.94	4 444 967
加：在产品、自制半成品期初余额	181 740	171 000	126 800	168 782
减：在产品、自制半成品期末余额	106 115	99 115	91 864.11	91 864.11
产品生产成本合计	6 072 245	5 896 741	526 025.83	4 521 884.89

表5-1-6中产品生产成本合计数计算公式如下：

$$\text{期初在产品、自制半成品余额} + \text{本期生产费用} = \text{本期完工产品生产费用} + \text{期末在产品、自制半成品余额}$$

$$\text{本期完工产品生产费用}=\text{期初在产品、自制半成品余额}+\text{本期生产费用}-\text{期末在产品、自制半成品余额}$$

上述公式中，本期完工产品生产费用即为表5-1-6中产品生产成本合计数。

2. 按产品种类编制的产品成本报表

该表是按产品种类汇总反映企业在报告期所产全部产品的总成本和各种主要产品（含可比产品和不可比产品）单位成本及总成本的对内成本报表。此表一般由实际产量、单位成本、本年总成本构成，见表5-1-7。

表5-1-7　　产品成本表（按产品种类反映）

编制单位：新兴制造公司　　2022年6月　　金额单位：元

产品名称	计量单位	实际产量	单位成本			总成本		
			上年实际平均	本年计划	本年实际	按上年实际平均单位成本计算	按本年计划单位成本计算	本期实际成本
		①	②	③	④=⑦÷①	⑤=①×②	⑥=①×③	⑦
可比产品合计								
甲	件	15	200	210	204	3 000	3 150	3 060
乙	件	13	178	190	181	2 314	2 470	2 353
不可比产品								
丙	件	10		70	67		700	670
全部产品合计							6 320	6 083
补充资料：								
1. 可比产品成本降低额：					2. 可比产品成本降低率：			

该表基本部分可按可比产品和不可比产品分别填列。可比产品是指企业过去曾经正式生产过，有完整的成本资料可以进行比较的产品；不可比产品是指企业本期初次生产的新产品，或虽非初次生产，但以前仅属试制而未正式投产的产品，缺乏可比的成本资料。在成本计划中，对不可比产品只规定有本年计划成本，而对可比产品不仅规定有计划成本指标，而且规定有成本降低的计划指标，即本年度可比产品计划成本比上年度实际成本的降低额和降低率，在补充资料中列示。

报表基本部分各栏数字填列方法：表中有关项目的本年数，应根据本年产成品成本明细账中的有关栏目填制；表中上年实际平均单位成本，应根据上年度本表全年累计实际平均单位成本填制；表中本年计划单位成本，应根据本年度成本计划填制；表中其他项目，均按表中各有关项目计算数额填制。

报表补充资料部分各项目的计算方法如下：

（1）可比产品成本降低额：指可比产品本期实际总成本比按上年实际平均单位成本计算的总成本降低的数额，超支额用负数表示。其计算公式如下：

$$\text{可比产品成本降低额}=\text{可比产品按上年实际平均单位成本计算的总成本}-\text{本期实际总成本}$$

（2）可比产品成本降低率：指可比产品本期实际总成本比按上年实际平均单位成本计算的总成本降低的比率，超支率用负数表示。其计算公式如下：

$$可比产品成本降低率=\frac{可比产品成本降低额}{可比产品按上年实际平均单位成本计算的总成本}\times 100\%$$

通过该表可以分析和考核产品本年成本计划的执行情况，对其节约或超支情况进行评价；可以分析和考核可比产品本年成本变动情况；可以分析和考核可比产品成本降低计划的执行情况，为进行产品单位成本分析奠定基础。

【做中学5-1-1】假定大兴制造企业2022年8月份产品成本表（按产品种类反映）格式及有关资料见表5-1-8。

表5-1-8 产品成本表（按产品种类反映）

编制单位：大兴制造企业 2022年8月 金额单位：元

产品名称	计量单位	实际产量	单位成本			总成本		
			上年实际平均	本年计划	本年实际	按上年实际平均单位成本计算	按本年计划单位成本计算	本期实际成本
		①	②	③	④=⑦÷①	⑤=①×②	⑥=①×③	⑦
可比产品合计								79 320
甲	件	8	2 500	2 450				19 800
乙	件	15	4 000	3 980				59 520
不可比产品								
丙	件	3		2 800				8 100
全部产品合计								87 420
补充资料：								
1. 可比产品成本降低额：					2. 可比产品成本降低率：			

根据表5-1-8中已知数据计算得出其余相关数据（见表5-1-9）及补充资料数据如下：

表5-1-9 产品成本表（按产品种类反映）

编制单位：大兴制造企业 2022年8月 金额单位：元

产品名称	计量单位	实际产量	单位成本			总成本		
			上年实际平均	本年计划	本年实际	按上年实际平均单位成本计算	按本年计划单位成本计算	本期实际成本
		①	②	③	④=⑦÷①	⑤=①×②	⑥=①×③	⑦
可比产品合计						80 000	79 300	79 320
甲	件	8	2 500	2 450	2 475	20 000	19 600	19 800
乙	件	15	4 000	3 980	3 968	60 000	59 700	59 520
不可比产品								
丙	件	3		2 800	2 700		8 400	8 100
全部产品合计							87 700	87 420
补充资料：								
1. 可比产品成本降低额：680元					2. 可比产品成本降低率：0.85%			

可比产品成本降低额＝80 000－79 320＝680（元）

可比产品成本降低率＝680÷80 000×100%＝0.85%

（二）主要产品单位成本表的编制

主要产品单位成本表反映企业在一定期间内各种主要产品单位成本构成情况及变动情况的报表。该表按主要产品分别编制，是对按产品种类反映的产品生产成本表所列的某些主要产品的补充说明。该表的格式一般可分设产量、单位成本和主要技术经济指标三个部分。详见表5-1-10。

表5-1-10　主要产品单位成本表

产品名称：甲　2022年6月

产品规格：××　本月计划产量：　件

金额单位：元　单价：　元　本月实际产量：　件

成本项目		历史先进水平（20××年）	上年实际平均	本年计划	本月实际
直接材料		370	380	390	385
燃料及动力		32	41	38	32
直接人工		65	70	66	60
制造费用		133	149	140	148
产品单位成本		600	640	634	625
主要技术经济指标	计量单位	耗用量	耗用量	耗用量	耗用量
A材料	千克	43	50	45	44
B材料	千克	24	30	25	27

该表的填列方法：

（1）表头有关项目的填列

单价应根据产品定价表填列；本月计划产量应根据本月成本计划填列；本月实际产量应根据产品成本明细账或产成品汇总表填列。

（2）表体有关项目的填列

表中历史先进水平应根据历史上该种产品成本最低年度本表实际平均单位成本填列；表中上年实际平均应根据上年度本表实际平均单位成本填列；表中本年计划应根据本年度成本计划填列；表中本月实际应根据该种产品成本明细账或产成品成本汇总表填列；表中主要技术经济指标，应根据上级或企业有关业务技术核算资料填列。

利用该表，可以按成本项目分析和考核主要产品单位成本计划的执行情况；可以按成本项目将本月实际与历史先进水平、上年实际平均对比，了解主要产品单位成本变动情况；可以分析和考核各主要产品主要技术经济指标的执行情况，进而查明主要产品单位成本升降的具体原因。

【工作实例5-1-2】某企业2022年10月基本生产成本明细账资料见表5-1-11。

表5-1-11 基本生产成本明细账

编制单位： 产品名称： 计件单位：台 金额单位：元

2022年		摘要	成本项目				合计
月	日		直接材料	燃料及动力	直接人工	制造费用	
10	1	月初在产品成本	46 800	20 175	4 200	18 900	90 075
	31	分配原材料费用	260 820				
	31	分配燃料费用		87 096			
	31	分配动力费用		31 854			
	31	分配工资费用			24 510		
	31	分配职工福利			3 431.40		
	31	结转分配制造费用				88 476	
	31	本月发生生产费用合计	260 820	118 950	27 941.40	88 476	496 187.40
	31	生产费用累计	307 620	139 125	32 141.40	107 376	586 262.40
	31	月末在产品成本	73 215	32 482	4 650	33 927	144 274

其他补充资料见表5-1-12。

表5-1-12 补充资料 金额单位：元

项目	产量（件）	直接材料	燃料及动力	直接人工	制造费用	合计
历史先进水平单位成本（1-10月）	950	2 348	1 068	276	738	4 430
上年实际平均单位成本	950	2 346	1 067	275	735	4 423
本年计划单位成本（1-10月）	1 000	2 340	1 062	276	738	4 416
完工入库产品总成本（1-10月）		2 385 480	1 086 480	284 820	750 150	4 506 930
本年1-9月入库产成品数量	920	—	—	—	—	—

要求：根据上述资料编制主要产品单位成本表。

【操作步骤】

第一步，根据表5-1-12中的历史先进水平、上年实际平均、本年计划栏中的数值，按各成本项目分别填在表5-1-13的相应栏中。

第二步，根据表5-1-11算出本月完工产品成本，进而算出本月实际单位成本。

根据表5-1-11算出本月完工产品成本分项目，列示如下：

直接材料：307 620 − 73 215 = 234 405（元）

燃料及动力：139 125−32 482 = 106 643（元）

直接人工：32 141.40 − 4 650 = 27 491.40（元）

制造费用：107 376 − 33 927 = 73 449（元）

本月实际单位成本 = 本月完工产品各成本项目 ÷ 本月实际产量

直接材料本月实际单位成本：234 405 ÷ 100 = 2 344.05（元）

燃料及动力本月实际单位成本：106 643 ÷ 100 = 1 066.43（元）

直接人工本月实际单位成本：27 491.40 ÷ 100 = 274.91（元）

制造费用本月实际单位成本：73 449 ÷ 100 = 734.49（元）

第三步，根据表5-1-12中完工入库产品总成本（1-10月）除以本年累计实际产量算出本年累计平均实际单位成本。

直接材料本年累计平均实际单位成本：2 385 480 ÷ 1 020 = 2 338.71（元）

燃料及动力本年累计平均实际单位成本：1 086 480 ÷ 1 020 = 1 065.18（元）

直接人工本年累计平均实际单位成本：284 820 ÷ 1 020 = 279.24（元）

制造费用本年累计平均实际单位成本：750 150 ÷ 1 020 = 735.44（元）

第四步，编制主要产品单位成本表（见表5-1-13）。

表5-1-13 主要产品单位成本

编制单位： 2022年10月 本月实际产量：100件

产品名称： 规格： 单价： 单位：元 本年累计实际产量：1 020件

产品项目	历史先进水平	上年实际平均	本年计划	本月实际	本年累计平均实际
直接材料	2 348	2 346	2 340	2 344.05	2 338.71
燃料及动力	1 068	1 067	1 062	1 066.43	1 065.18
直接人工	276	275	276	274.91	279.24
制造费用	738	735	738	734.49	735.44
生产成本	4 430	4 423	4 416	4 419.88	4 418.57
主要技术经济指标	用量	用量	用量	用量	用量
1.主要材料	20千克	21.50千克	20千克	19.50千克	20.50千克
2.					

（三）制造费用明细表的编制

制造费用明细表是反映企业一定时期内发生的基本生产车间制造费用及其构成情况的报表。该表中费用明细项目分别按上年实际、本年计划、本年实际填列反映，详见表5-1-14。

表5-1-14 制造费用明细表

2022年度 单位：元

项 目	上年实际	本年计划	本年实际
工资	6 840	6 470	6 630
职工福利费	678	693	684
折旧费	7 670	7 780	7 800
办公费	680	630	620
水电费	1 730	1 760	1 780
机物料消耗	2 500	2 550	2 540
低值易耗品摊销	580	562	536
劳动保护费	676	686	659
租赁费	381	447	412
保险费	454	476	474
在产品盘亏和毁损（减盘盈）	485	50	380
其他	335	556	430
制造费用合计	23 009	22 660	22 945

该表的填列方法：

表中上年实际数根据上年同期制造费用明细表本年实际数填列；表中本年计划数应根据本年度企业财务计划、费用预算的有关项目数字填列；表中本年实际数应根据制造费用明细账本年实际发生数汇总计算填列。利用该表可以考核企业制造费用计划或预算的执行结果，分析各生产单位为组织管理生产发生的各项费用构成及增减变动情况与原因，为节约支出、降低产品成本服务。

（四）销售费用明细表的编制

销售费用明细表是按照销售费用明细项目反映企业报告期产品销售费用及其构成情况的报表。该表中销售费用的明细项目分别按上年实际、本年计划、本年实际填列。表中本年实际数与本年计划数、上年实际数可进行比较，详见表5-1-15。

表5-1-15 销售费用明细表

2022年度 单位：元

项　目	上年实际	本年计划	本年实际
工资	3 900	4 150	4 180
职工福利费	432	467	474
业务费	1 600	1 684	1 745
运输费	2 500	2 800	2 905
装卸费	800	830	916
包装费	2 180	2 220	2 344
保险费	800	870	874
展览费	764	800	881
广告费	1 786	2 500	3 180
差旅费	1 200	1 230	1 450
低值易耗品摊销	600	500	670
租赁费	450	400	382
办公费	550	500	467
折旧费	780	700	763
其他	300	250	212
销售费用合计	18 642	19 901	21 443

该表的填列方法：

表中上年实际数根据上年销售费用明细表的本年实际数填列；表中本年计划数按批准实施的本年计划资料填列；表中本年实际数根据销售费用明细账各明细项目本年累计发生额填列。通过销售费用明细表可以考核销售费用计划或预算的执行情况，分析销售费用各项的构成及其增减变化的原因，以便节约开支，提高企业经济效益。

（五）管理费用明细表的编制

管理费用明细表是反映企业一定时期内发生的企业管理费用及其构成情况的报表。该表一般根据企业内部管理要求按年度编制。管理费用明细表中费用明细项目分别按上年实际、本年计划、本年实际填列，详见表5-1-16。

表5-1-16　管理费用明细表

2022年度　单位：元

项　目	上年实际	本年计划	本年实际
工资	7 750	8 500	8 850
职工福利费	2 225	2330	2 379
折旧费	1 285	1 331	1 537
修理费	2 980	3 276	3 450
办公费	3 270	3 332	3 460
水电费	1 640	1 800	1 877
保险费	5 620	5 590	5 860
差旅费	300	380	400
咨询费	2 260	2 400	1 920
租赁费	800	860	260
排污费	320	300	350
低值易耗品摊销	508	600	598
税金	360	420	390
其他	223	310	298
管理费用合计	29 541	31 429	31 629

该表的填列方法：

表中上年实际数根据上年管理费用明细表的本年实际数填列；表中本年计划数按批准实施的本年计划资料填列；表中本年实际数根据管理费用明细账各明细项目本年累计发生额填列。通过管理费用明细表可以反映企业行政管理部门为管理和组织经营活动所产生的各项费用构成和增减变动情况，分析各项费用变动的原因，以便节约开支、增加企业盈利。

（六）财务费用明细表的编制

财务费用明细表是反映企业一定时期内发生的企业财务费用及其构成情况的报表，该表中费用明细项目，分别按上年实际、本年计划、本年实际填列，详见表5-1-17。

表5-1-17 财务费用明细表

2022年度 单位：元

项 目	上年实际	本年计划	本年实际
利息支出（减利息收入）	7 890	8 120	8 230
汇兑损失（减汇兑收益）	3 456	3 190	2 980
调剂外汇手续费	780	769	800
金融机构手续费	230	283	300
其他筹资费用	0	0	0
财务费用合计	12 356	12 362	12 310

该表的填列方法：

表中上年实际数根据上年财务费用明细表的本年实际数填列；表中本年计划数按批准实施的本年计划资料填列；表中本年实际数根据财务费用明细账各明细项目本年累计发生额填列。通过该表可以反映财务费用计划的执行情况，分析财务费用各项目增减变动的原因，以及由此对当期损益的影响，便于查明原因，制定降低财务费用的措施，提高企业的经济效益。

综上所述，三大期间费用明细表的填列方法基本相似，主要编制方法是：各期间费用明细表上年实际数根据上年各期间费用明细表的本年实际数填列；表中本年计划数按批准实施的本年计划资料填列；表中本年实际数根据各期间费用明细账各明细项目本年累计发生额填列。

知识巩固

一、单项选择题

1. 下列各项关于企业成本报表的表述，正确的是（ ）。

A. 是对外报送的报表

B. 是对内编报的报表

C. 由有关部门规定哪些指标对外公布，哪些指标不对外公布

D. 可根据债权人和投资人的要求，确定哪些指标对外公布，哪些指标不对外公布

2. 经济技术指标变动对产品成本的影响主要表现在对（ ）指标的影响。

A. 产品总成本　　B. 产品单位成本

C. 产品产量　　D. 产品总成本和产品产量

3. 企业成本报表的种类、项目、格式和编制方法（ ）。

A. 由国家统一规定　　B. 由企业自行制定

C. 由企业主管部门统一规定　　D. 由企业主管部门与企业共同制定

4. 按照《企业会计制度》的规定，成本报表是（ ）。

A. 对外报表　　B. 对内报表

C.既是对内报表，又是对外报表　　D.对内还是对外，由企业自行决定

5.成本报表是服务于（　　）的报表。

A.企业债权人　　B.企业管理者

C.有关管理层　　D.各有关投资人

二、多项选择题

1.工业企业成本报表一般包括（　　）。

A.产品成本表　　B.主要产品单位成本表

C.制造费用明细表　　D.各种期间费用明细表

2.主要产品单位成本表反映的单位成本包括（　　）。

A.本月实际　　B.历史先进水平

C.本年计划　　D.同行业同类产品实际

3.企业可以自行决定本企业成本报表的事项有（　　）。

A.报表格式　　B.编报项目

C.编报时间　　D.报送对象

4.企业编制成本报表的主要依据有（　　）。

A.报告期的成本账簿、成本计划、费用预算资料

B.以前年度的成本账簿、成本计划、费用预算资料

C.以前年度的成本报表资料

D.统计核算资料

三、判断题

1.成本报表是一种内部管理会计报表，一般不对外报送和公开。（　　）

2.由于成本指标的特殊性，成本报表只能定期编制。（　　）

3.不同企业的成本报表可以存在差异。（　　）

4.制造费用明细表只汇总企业基本生产单位的制造费用，不包括辅助生产单位的制造费用。（　　）

5.制造费用明细表与期间费用明细表的编制方法类似。（　　）

6.在主要产品单位成本表中不应包括可以出售的不合格品产量。（　　）

7.成本报表是需要定期编制、定期对外报送的报表。（　　）

8.产品成本表的补充资料只填列本年累计实际数。（　　）

9.主要产品指的是成本、费用较大的产品。（　　）

10.制造费用明细表所列的制造费用，是企业所有车间的制造费用。（　　）

11.在主要产品单位成本表的补充资料中，按不合格百分比反映企业产品的合格率。（　　）

项目二　分析成本报表

知识目标

1. 理解成本分析的含义及作用
2. 掌握成本分析的方法

技能目标

1. 分析全部产品成本计划的完成情况
2. 分析单位产品直接材料成本、直接人工成本及制造费用

案例导入

宏兴公司生产甲产品的直接材料费用定额为800 000元，实际为851 400元。有关资料见表5-2-1。

表5-2-1　有关资料

项目	产品产量（件）	单位产品材料消耗量（千克）	材料单价（元）	材料费用（元）
定额	1 000	20	40	800 000
实际	1 100	18	43	851 400
差异	+100	-2	+3	+51 400

期末根据经营管理需要，采用连环替代法分别计算产品产量、单位产品材料消耗量和材料单价三项因素对产品直接材料费用超支额的影响程度。假如你是该公司的成本会计人员，请你对该事项做出解答。

知识讲解

一、成本分析的含义及作用

（一）成本分析的含义

成本分析是利用成本核算提供的资料以及有关计划、定额的其他相关资料，运用科学的分析方法，对影响成本水平的各项指标之间的相互关系及变动情况进行分析，从而全面了解成本水平与构成的变动情况，系统研究影响产品成本升降变动的原因，为降低成本提出改进措施，提高企业经济效益。

成本分析是企业不断提高经济效益的一项成本管理工作，也是成本会计的重要组成部分，它贯穿于成本管理过程始终。广义的成本分析主要包括事前成本分析、事中成本分析和事后成本分析。事前成本分析包括成本预测分析和成本决策分析，是为了实现成本目标，跟踪分析费用预算及定额执行情况及产生差异的原因，以便采取措施防止继续发生；事中成本分析也称成本控制分析，是为了发现成本形成过程中的不利偏差和原因，以便及时采取控制措施，保证预定成本目标的实现；事后成本分析主要是对生产过程结果的分析，即对成本报表分析，这是成本分析的重要形式。狭义的成本分析，一般是指事后成本分析。本章的成本报表分析、主要产品单位成本表分析、制造费用明细表等分析均属事后成本分析。

（二）成本分析的作用

1. 检查成本计划完成情况，全面评价企业成本管理的水平

成本分析是成本管理的重要组成部分，它贯穿于成本管理过程始终。事前成本分析通过对成本进行预测和决策分析，从源头分析成本预算及计划制订的合理性和效率性；事中成本分析通过对成本的实际发生情况，实时分析原因及差异，做到成本的过程控制；事后成本分析通过分析成本计划的完成情况，揭露矛盾，总结经验教训，指导未来。因此，成本分析贯穿于成本会计的全过程，全面评价企业成本管理的水平。

2. 掌握成本信息，为经营管理服务

成本分析是运用一定的科学分析方法对成本报表资料和其他有关的计划、统计、业务技术资料进行必要的审核和整理，去粗取精、去伪存真，深入调查研究，相互联系地研究企业内部条件和外部环境的变化，生产技术、生产组织和经营管理等方面的情况，查明成本计划的执行及完成情况，为企业提供大量的成本管理信息，不断改善经营管理水平。

3. 揭示影响成本指标变动的因素和原因，为提高生产能力提供依据

通过成本分析，正确认识和把握产品成本变动的规律，对成本计划的执行情况进行客观评价，揭示生产经营中存在的弊端，了解成本变化发展的趋势，揭露矛盾，找出差距，了解生产经营活动中哪一个部门、哪一个环节做出了哪些成绩或存在哪些问题，从而可以采取相应的措施，寻找进一步降低成本的具体途径和具体方法，为企业提高生产能力提供依据，实现成本管理的最终目的。

二、成本分析的方法

成本分析的方法很多，要根据分析对象的特点、分析的要求以及掌握资料的情况选择正确的方法。下面主要介绍几种常用的分析方法，包括比较分析法、因素分析法、比率分析法等。

（一）比较分析法

比较分析法，也称对比分析法，它主要是通过相互关联的经济指标的比较，从数量上确定差异的一种分析方法。它可以对相同事物的经济指标在时间上和空间上进行对比，以揭示成本差异，发现问题，为进一步分析指明方向，以便采取措施，降低成本。它是成本分析最基本的方法，也是最常用的方法。在实践中比较分析法常用以下几类经济指标进行比较分析：

（1）实际指标与计划指标或定额指标比较分析。通过该类指标的比较分析，可以反映计划或定额的完成情况，揭示实际指标与计划指标或定额指标的差异，为进一步分析指明方向。

（2）本期实际与前期（上年同期或历史先进水平）实际指标的比较分析。通过该类指标的比较分析，可以反映成本的变动情况和发展趋势，揭示本期实际指标与前期成本指标的差距，从中吸取历史经验改进成本管理工作。

（3）本期实际指标与国内外同行业先进指标的比较分析。通过该类指标的比较分析，可以反映企业成本水平在国内外同行业中所处的地位，揭示企业与国内外先进成本指标间的差距，促进企业赶超先进，提高综合生产能力。

采用比较分析法，要考虑指标的可比性，也就是必须具备进行比较的基础，如指标的内容、计价标准、时间长度和计算方法的可比性。

（二）因素分析法

因素分析法是通过将某一综合指标分解为若干相互联系的因素，并分别计算、分析各因素对分析指标影响程度的一种分析方法。因素分析法是在比较分析法的基础上发展起来的，是对比较分析法、比率分析法的补充。因素分析法按计算程序不同可分为连环替代法和差额计算法两种。

1. 连环替代法

连环替代法，是把构成成本指标的各个因素进行分解，并分别测定各个因素变动对成本指标变动影响的程度的一种分析方法。单纯的比较分析法或比率分析法只能揭示实际数与基数之间的差异，并不能揭示产生差异的因素和各因素的影响程度，只有把成本指标分解为若干构成因素加以分析，才能查明成本指标变动的原因，采用连环替代法正好可以解决这一问题。连环替代法的计算程序为：

（1）根据指标的计算公式确定影响指标变动的各项因素。

（2）排列各项因素的顺序。

（3）按排定的因素顺序和各项因素的基数进行计算。

（4）顺序将前面一项因素的基数替换为实际数，将每次替换以后的计算结果与前一次替换以后的计算结果进行对比，顺序算出每项因素的影响程度，有几项因素就替换几次。

（5）将各项因素的影响程度的代数和与指标变动的差异总额核对。

连环替代法计算表见表5-2-2。

表5-2-2　连环替代法计算表

替换次数	因素			乘积编号	每次替换的差异	产生差异的因素
	第1项	第2项	第3项			
基数	基数	基数	基数	①		
第1次	实际数	基数	基数	②	②-①	第1项因素
第2次	实际数	实际数	基数	③	③-②	第2项因素
第3次	实际数	实际数	实际数	④	④-③	第3项因素
各因素影响程度合计					差异总额	各项因素

【做中学5-2-1】某厂本期生产甲产品，其有关资料见表5-2-3。

表5-2-3　甲产品直接材料费用　金额单位：元

项目	产品数量（件）	单位产品消耗量（千克）	材料单价	材料费用
计划	150	10	8	12 000
实际	200	8	10	16 000
差异	+50	-2	+2	4 000

采用连环替代法计算产品数量、单位产品材料消耗量和材料单价三项因素对产品直接材料费用超支的影响程度如下：

（1）根据表5-2-2中连环替代法的计算原理进行分析（见表5-2-4）。

表5-2-4　连环替代法计算表　金额单位：元

替换次数	因素			乘积编号		每次替换的差异		产生差异的因素
	产品数量（件）	单位产品消耗量（千克）	材料单价	金额	编号	差异	金额	
基数	150	10	8	12 000	①			
第1次	200	10	8	16 000	②	②-①	+4 000	产品数量
第2次	200	8	8	12 800	③	③-②	-3 200	单位产品消耗量
第3次	200	8	10	16 000	④	④-③	+3 200	材料单价
各因素影响程度合计						差异总额	+4 000	各项因素

（2）根据计算结果，分析各因素的影响程度。

从以上分析可以看出甲产品直接材料费用超支4 000元，主要是由于产品数量的增加，影响程度为超支4 000元；第二个原因是材料单价提高，影响程度为超支3 200元；在单位产品材料消耗方面则不仅没有超支，反而节约3 200元。企业应该在以上分析计算的基础上，进一步查明产品数量增加、材料单价提高及单位产品材料消耗节约的具体原因，以便采取具体措施降低产品的直接材料费用。

从以上分析可以看出，连环替代法具有如下特点：

（1）计算程序的连环性，除第一次替换外，每个因素的替换都是在前一个因素替换的基础上进行的。

（2）因素替换的顺序性，因为，只有在分析相同因素时都按照相同替换顺序进行，计算的结果才具有可比性。替换顺序应遵循的一般原则是：如果既有数量因素又有质量因素，先计算数量因素变动的影响，后计算质量因素变动的影响；如果既有实物量因素又有价值量因素，先计算实物量因素变动的影响，后计算价值量因素变动的影响；如果有几个数量因素或质量因素，还应区分主要因素和次要因素，先计算主要因素变动的影响，后计算次要因素变动的影响。

（3）计算结果的假定性，采用这种方法分析某一因素变动产生的影响，都是以其他因素假定不变为条件。

2. 差额计算法

差额计算法是根据各项因素的实际数与基数的差额，依据各因素的排列顺序，来计算各项因素影响程度的方法，它是连环替代法的一种简化形式，应用原理与连环替代法是一致的，其特点是先计算各项因素的实际数与基数之间的差额，然后按照与连环替代法相同的顺序依次求出各因素变动对总指标的影响程度。

上述连环替代法的计算原理，可用下列公式表示：

第1项因素的影响程度 = 第1项因素实际数 × 第2项因素基数 × 第3项因素基数 − 第1项因素基数 × 第2项因素基数 × 第3项因素基数

= (第1项因素实际数 − 第1项因素基数) × 第2项因素基数 × 第3项因素基数

第2项因素的影响程度 = 第1项因素实际数 × 第2项因素实际数 × 第3项因素基数 − 第1项因素实际数 × 第2项因素基数 × 第3项因素基数

= 第1项因素实际数 × (第2项因素实际数 − 第2项因素基数) × 第3项因素基数

第3项因素的影响程度 = 第1项因素实际数 × 第2项因素实际数 × 第3项因素实际数 − 第1项因素实际数 × 第2项因素实际数 × 第3项因素基数

= 第1项因素实际数 × 第2项因素实际数 × (第3项因素实际数 − 第3项因素基数)

在上列各项计算公式中，第二个等号后面的计算公式就是差额计算法的计算公式。这种分析法与连环替代法的因素排列顺序如果相同，则计算结果完全相同。差额计算法简便，应用比较广泛，特别是在影响因素只有两项的情况下更为适用。

【做中学5-2-2】沿用【做中学5-2-1】的资料。运用差额计算法的计算公式对甲产品直接材料费用的影响因素进行分析。

运用差额计算法的分析结果如下：

（1）根据差额计算法的计算原理分析：

产品数量变动的影响 =（200 − 150）× 10 × 8 = + 4 000（元）

单位产品消耗量变动的影响 = 200 ×（8 − 10）× 8 = −3 200（元）

材料单价变动的影响 = 200 × 8 ×（10 − 8）= + 3 200（元）

（2）结果分析：

计算结果表明，差额计算法的计算结果与连环替代法的计算结果完全相同。差额计算法更为简便。

（三）比率分析法

比率分析法是指通过计算和对比各项指标的比率，以评价企业成本状况和经营中存在的问题的一种数量分析方法。比率分析法根据分析的不同内容和不同要求，具体分为相关比率分析法、构成比率分析法和趋势比率分析法等。

1.相关比率分析法

相关比率分析法，是指计算两个性质不相同但又相关联的指标的比率进行数量分析的方法，如产值成本率、销售成本率和成本利润率等。其中：

$$\text{产值成本率} = \frac{\text{产品成本}}{\text{商品产值}} \times 100\%$$

$$\text{销售成本率} = \frac{\text{产品成本}}{\text{产品销售收入}} \times 100\%$$

$$\text{成本利润率} = \frac{\text{产品销售利润}}{\text{产品成本}} \times 100\%$$

在分析时，还应将各种比率的本期实际数与计划数或前期实际数进行对比，揭示其变动的差异，为进一步进行差异分析指明方向。

2.构成比率分析法

构成比率分析法，是指计算某项经济指标的各个组成部分占总体的比重以掌握该项经济指标的特点和变化的数量分析法。例如，将构成产品成本的各项费用分别与产品成本总额相比，计算产品成本的构成比率。因此构成比率分析法也称构成比重分析法。通过这种分析可以反映各个成本或费用的构成是否合理，以及未来的发展趋势。其中：

$$\text{直接材料费用比率} = \frac{\text{直接材料费用}}{\text{产品成本}} \times 100\%$$

$$\text{直接人工费用比率} = \frac{\text{直接人工费用}}{\text{产品成本}} \times 100\%$$

$$制造费用比率 = \frac{制造费用}{产品成本} \times 100\%$$

计算和分析上述成本构成比率，可以反映产品成本的构成是否合理。将其实际数与计划数进行比较，可以揭示其与计划数之间的差异；将不同时期同一成本项目构成比率相比较，可以观察产品成本构成的变动，了解企业改进生产技术和经营管理对产品成本的影响。

3.趋势比率分析法

趋势比率分析法，是指根据企业连续几个时期的同类指标数据进行对比以求出比率指标，分析各指标前后各期的增减变动方向和幅度，进而分析成本变化及发展趋势的数量分析方法。例如，已知某企业五年间某产品的单位成本，若以第一年为基年，以该年单位成本89元为基数，规定单位成本比率为100%，可以计算其他各年的单位成本与之相比的比率见表5-2-5。

表5-2-5 趋势比率分析表

年度 指标	第一年	第二年	第三年	第四年	第五年
产品单位成本（元）	89	90	92	94	95
基期比率（%）	100	101	103	106	107

从上列计算可以看出，该种产品的单位成本是逐年递增的，但各年递增的程度不同。

三、产品成本报表的分析

产品成本报表分析是指利用产品成本表资料，分析企业成本计划完成情况的方法。产品成本报表分析主要包括全部产品成本计划完成情况分析和可比产品成本降低计划完成情况分析等。前面已经讲述产品成本报表按报表的结构和作用不同分为两大类：一类是按成本项目编制的产品成本报表；另一类是按产品种类编制的产品成本报表。下面以按产品种类编制的产品成本报表分析为例。

微课

分析全部产品成本计划的完成情况

（一）全部产品成本计划完成情况分析

全部产品成本计划完成情况分析是一种总括性的分析，应当是全部产品的计划总成本和实际总成本对比，确定实际成本比计划成本的降低额和降低率。由于产品成本表中的计划总成本是按实际产量计算的，因此进行对比的产品计划总成本应当剔除产量变动和产品结构变动对总成本的影响。其计算公式如下：

$$全部产品成本降低额 = \sum(实际产量 \times 实际单位成本) - \sum(实际产量 \times 计划单位成本)$$

$$全部产品成本降低率 = 全部产品成本降低额 \div \sum(实际产量 \times 计划单位成本) \times 100\%$$

【做中学5-2-3】沿用【做中学5-1-1】的资料。根据表5-1-9中提供的相应数据，完成表5-2-6。

表5-2-6　　产品成本汇总表　　金额单位：元

产品名称	计划总成本	实际总成本	降低额	降低率（%）
可比产品				
甲	19 600	19 800		
乙	59 700	59 520		
合　计	79 300	79 320		
不可比产品				
丙	8 400	8 100		
全部产品合计	87 700	87 420		

根据表5-2-6中已知数据编制产品成本降低额和降低率计算表（见表5-2-7）。

表5-2-7　　产品成本降低额和降低率计算表　　金额单位：元

产品名称	计划总成本	实际总成本	降低额	降低率（%）
可比产品				
甲	19 600	19 800	+200	+1.02
乙	59 700	59 520	−180	−0.30
合　计	79 300	79 320	+20	+0.03
不可比产品				
丙	8 400	8 100	−300	−3.57
全部产品合计	87 700	87 420	−280	−0.32

分析全部产品成本计划完成情况：

从表中可以看出，全部产品总成本实际比计划降低280元，或0.32%，超额完成计划，情况较好。但分别从可比和不可比产品来看，计划完成的程度不同。总的降低额280元中，不可比产品成本降低300元；而可比产品成本却升高20元，其中又主要是甲产品成本升高200元。应查明甲产品成本升高、乙产品成本降低和丙产品成本降低的原因。

（二）可比产品成本降低计划完成情况分析

1. 可比产品成本降低额

可比产品成本降低额，是指可比产品实际总成本比按上年实际平均单位成本计算的总成本降低的数额，超支额用负数表示。其计算公式如下：

$$\text{可比产品成本降低额}=\begin{matrix}\text{可比产品按上年实际平均}\\ \text{单位成本计算的总成本}\end{matrix}-\text{本期实际总成本}$$

2. 可比产品成本降低率

可比产品成本降低率，是指可比产品实际总成本比按上年实际平均单位成本计算的总成本降低的比率，超支率用负数表示。其计算公式如下：

$$可比产品成本降低率=\frac{可比产品成本降低额}{可比产品按上年实际平均单位成本计算的总成本}\times 100\%$$

通过上述公式可以分析和考核可比产品本年成本变动情况，分析和考核可比产品成本降低计划的执行情况，为进行产品单位成本分析奠定基础。

【做中学5-2-4】根据【做中学5-1-1】中表5-1-9提供的相关数据，及企业可比产品计划产量数据，分析可比产品成本计划完成情况见表5-2-8和表5-2-9。

表5-2-8 可比产品成本降低计划表 金额单位：元

可比产品	计划产量	单位成本		总成本		计划降低任务	
		上年实际平均	本年计划	按上年实际平均单位成本计算	按本年计划单位成本计算	降低额	降低率（%）
甲	10	2 500	2 450	25 000	24 500		
乙	10	4 000	3 980	40 000	39 800		
合计				65 000	64 300		

表5-2-9 可比产品成本降低计划完成情况 金额单位：元

可比产品	实际产量	单位成本		总成本		计划降低任务	
		上年实际平均	本年实际	按上年实际平均单位成本计算	本年实际	降低额	降低率（%）
甲	8	2 500	2 475	20 000	19 800		
乙	15	4 000	3 968	60 000	59 520		
合计				80 000	79 320		

计算分析如下：

（1）根据表5-2-8、表5-2-9中已知数据计算得出其余相关数据见表5-2-10和表5-2-11。

表5 2 10 可比产品成本降低计划表 金额单位：元

可比产品	计划产量	单位成本		总成本		计划降低任务	
		上年实际平均	本年计划	按上年实际平均单位成本计算	按本年计划单位成本计算	降低额	降低率（%）
甲	10	2 500	2 450	25 000	24 500	+500	+2
乙	10	4 000	3 980	40 000	39 800	+200	+0.50
合计				65 000	64 300	+700	+1.08

表5-2-11　　可比产品成本降低计划完成情况　　金额单位：元

可比产品	实际产量（件）	单位成本		总成本		计划降低任务	
		上年实际平均	本年实际	按上年实际平均单位成本计算	本年实际	降低额	降低率（%）
甲	8	2 500	2 475	20 000	19 800	200	1
乙	15	4 000	3 968	60 000	59 520	480	0.80
合计				80 000	79 320	680	0.85

（2）分析可比产品成本降低计划完成情况：

根据以上两表，将实际完成情况与计划相比较。

计划降低额700元，计划降低率1.08%；实际降低额680元，实际降低率0.85%。

实际脱离计划差异：

降低额：680 − 700 = −20（元）

降低率：0.85% − 1.08% ≒ −0.23%

本期可比产品成本降低额和降低率都未完成计划。

【工作实例5-2-1】沿用【工作实例5-1-1】的资料。湖滨厂生产甲、乙两种产品，2022年12月的产品生产成本相关资料见表5-2-12和表5-2-13。

表5-2-12　　产品生产成本表（按成本项目编制）

单位名称：湖滨厂　　2022年12月　　单位：元

项　目	上年实际数	本年计划数	本月实际数	本年累计实际数
生产费用				
直接材料费用	2 831 095	2 814 475	237 160	2 052 681
直接人工费用	300 280	295 975	25 645.44	221 190
燃料及动力费用	1 691 315	1 599 306	128 395	1 154 565
制造费用	1 173 930	1 115 100	99 889.50	1 016 531
生产费用合计	5 996 620	5 824 856	491 089.94	4 444 967
加：在产品、自制半成品期初余额	181 740	171 000	126 800	168 782
减：在产品、自制半成品期末余额	106 115	99 115	91 864.11	91 864.11
产品生产成本合计	6 072 245	5 896 741	526 025.83	4 521 884.89

表5-2-13 产品生产成本表（按产品品种编制）

单位名称：湖滨厂 2022年12月 金额单位：元

产品名称	实际产量（件）		单位成本				本月总成本			本年累计总成本		
	本月	本年累计	上年实际平均	本年计划	本月实际	本年累计实际平均	按上年实际平均单位成本计算	按本年计划单位成本计算	本月实际	按上年实际平均单位成本计算	按本年计划单位成本计算	本年实际
可比产品合计							548 000	530 000	526 025.83	4 589 500	4 439 000	4 521 884.89
其中：甲	250	2 100	1 370	1 340	1 311.16	1 308.34	342 500	335 000	327 791.67	2 877 000	2 814 000	2 747 514
乙	300	2 500	685	650	660.78	709.75	205 500	195 000	198 234.16	1 712 500	1 625 000	1 774 370.89
不可比产品合计												
其中：丙												
丁												
产品生产成本合计							548 000	530 000	526 025.83	4 589 500	4 439 000	4 521 884.89

要求：分析全部产品成本计划的完成情况。

【操作步骤】

第一步，根据表5-2-13中资料计算全部产品成本升降额和升降率，分析全部产品成本计划执行总体情况。

全部产品成本升（+）降（-）额 $=\sum$[实际产量 ×(实际单位成本 − 计划单位成本)]

= 4 521 884.89 − 4 439 000 = 82 884.89（元）

全部产品成本升（+）降（-）率

= 全部产品成本升（+）降（-）额 ÷ $\sum$(实际产量 × 计划单位成本) × 100%

= 82 884.89 ÷ 4 439 000 × 100% = 1.87%

第二步，全部产品成本计划执行情况评价。

计算结果表明，在实际产量基础上，本年累计实际产品生产成本比本年计划数上升了82 884.89元，其上升率为1.87%。在表5-2-12中，本年累计实际产品生产成本低于本年计划数（以计划产量为基础），因此，表5-2-13的计算分析结果表明，产品生产成本与按本年计划单位成本计算数相比，上升的主要原因在于产品单位成本的变化，或者说是产品结构的改变，应该进一步分析单位成本的变化。

第三步，计算每种产品成本升降额和升降率，按产品品种分析各种产品的成本计划执行情况。

甲产品成本升（+）降（-）额 = 2 747 514 − 2 814 000 = −66 486（元）

甲产品成本升（+）降（-）率 = −66 486 ÷ 2 814 000 × 100% = −2.36%

乙产品成本升（+）降（-）额 = 1 774 370.89 − 1 625 000 = 149 370.89（元）

乙产品成本升（+）降（-）率 = 149 370.89 ÷ 1 625 000 × 100% = 9.19%

计算结果表明，在全部产品中，甲产品成本计划完成比较好，产品成本降低了66 486元，降低率为2.36%；但乙产品超支严重，产品成本上升了149 370.89元，上升率为9.19%。

第四步，甲、乙产品成本升降对全部产品成本的影响。

根据分析资料，可进一步分析甲、乙产品成本升降对全部产品成本的影响。其计算分析如下：

甲产品成本升降对全部产品成本影响 = −66 486 ÷ 4 439 000 × 100% = −1.50%

乙产品成本升降对全部产品成本影响 = 149 370.89 ÷ 4 439 000 × 100% = 3.36%

甲、乙两种产品共同影响的结果，是全部产品成本上升了1.86%。

第五步，产品的成本计划执行情况评价。

通过上述计算分析，企业应该结合相关资料进一步分析产品成本未能完成计划的原因。表5-2-13资料表明，湖滨厂甲、乙两种产品为可比产品。根据表中资料可见，本年累计实际总成本比按本年累计实际产量乘以上年实际平均单位成本计算的总成本下降了67 615.11元（4 521 884.89 − 4 589 500），其中，甲产品下降了129 486元（2 747 514 −2 877 000），乙产品上升了61 870.89元（1 774 370.89 − 1 712 500）；在表中，本月实际总成本比按本月实际产量乘上年实际平均单位成本计算的总成本下降了21 974.17元（526 025.83 − 548 000），其中甲产品下降了14 708.33元（327 791.67 − 342 500），乙产品下降了7 265.84元（198 234.16 − 205 500）。从两部分数据可见，可比产品成本也下降了。另外，就个别产品而言，甲产品成本降低计划完成较好，乙产品是超支的，企业应该进一步查明原因，抓好乙产品的成本管理工作。

四、主要产品单位成本报表的分析

对企业全部产品成本的计划完成情况分析，只是总括地评价企业全部产品和可比产品成本的计划执行情况。为了揭示产品成本升降的具体原因，寻求降低产品成本的具体途径和方法，需要对主要产品单位成本的计划完成情况进行深入细致的分析。主要产品单位成本报表分析主要有主要产品单位成本计划完成情况及其原因分析。

（一）主要产品单位成本变动情况的分析

主要产品单位成本变动情况分析，主要采用比较分析法，以本月实际单位成本与计划单位成本、上年实际、全年累计实际平均、历史最高水平进行对比分析，确定单位成本升高或是降低的幅度。在此基础上再按成本项目分别进行比较分析。

分析时首先应从多种产品中找出主要产品进行单位成本分析。所谓主要产品，是指在企业总产品中，产品成本所占的比重较大，能代表企业生产经营状况、体现企业生产管理水平的产品。其次依据“主要产品单位成本表”及有关核算资料，编制相应分析表。

【做中学5-2-5】以表5-1-10主要产品（甲产品）单位成本表为资料，编制分析表，见表5-2-14。

表5-2-14 甲产品单位成本分析表 单位：元

成本项目	历史先进水平	上年实际平均	本年计划	本月实际	差异		
					比历史先进水平	比上年	比计划
直接材料	370	380	390	385	+15	+5	-5
燃料及动力	32	41	38	32	0	-9	-6
直接人工	65	70	66	60	-5	-10	-6
制造费用	133	149	140	148	+15	-1	+8
产品单位成本	600	640	634	625	+25	-15	-9

表内计算表明，本月甲产品实际单位成本比上年实际平均、本年计划都降低了，虽然与历史先进水平相比还有一定差距，但总的情况是好的。从成本项目对比中可以看出，单位成本降低主要是由燃料及动力和直接人工的节约造成的，说明企业在降低甲产品燃料及动力消耗和改进甲产品的劳动组织方面采取了措施，取得了成绩。但直接材料、制造费用项目本月实际单位成本却比历史先进水平超支了，说明在甲产品的原材料及生产组织工作中还存在薄弱环节。

（二）主要产品单位成本项目的分析

仍以甲产品为例，具体说明几个主要成本项目分析的一般方法。甲产品单位成本对比计划变动情况分析见表5-2-14。

1. 直接材料成本项目分析

单位产品成本材料费用 = 单位产品消耗的材料数量 × 材料单价

因此，影响直接材料成本项目实际成本脱离计划成本的因素主要是材料消耗量和材料单价。分析过程中应首先确定分析对象，即实际单位产品成本材料费用与计划单位产品成本材料费用之间的差异；然后进行因素分析，其变动影响的计算公式如下：

材料耗用量变动的影响 = （实际单位耗用量 - 计划单位耗用量）× 材料计划单价

材料单价变动的影响 = （材料实际单价-材料计划单价）× 材料实际耗用量

【做中学5-2-6】甲产品消耗的有关材料数量和价格资料见表5-2-15。

表5-2-15 甲产品直接材料成本对比计划变动情况分析表

材料名称	消耗量（千克）		单价（元）		直接材料费用（元）		
	计划	实际	计划	实际	计划	实际	差异
A材料	48	50	5.00	5.50	240	275	+35
B材料	14	12	4.00	4.50	56	54	-2
合计					296	329	+33

由表中分析可看出，甲产品的直接材料费用实际超计划33元。

由于材料消耗量变动的影响计算如下：

A材料：（50 - 48）× 5 = 10（元）

B材料：（12－14）×4＝－8（元）

合计　　　　　　　　2（元）

由于材料单价变动的影响计算如下：

A材料：（5.50－5.00）×50＝25（元）

B材料：（4.50－4.00）×12＝6（元）

合计　　　　　　　　31（元）

上述两个因素中，材料单价变动一般属于客观因素，企业自身无法控制，而单位产品材料消耗数量变动属于主观因素，企业应进一步分析，寻找降低材料消耗量的方法。

【工作实例5-2-2】某企业甲产品有关资料见表5-2-16。

表5-2-16　　直接材料费用资料表

项目	单位产品消耗量（千克）	单价（元）	直接材料费用（元）
本年计划数	10	70.10	701
本年累计实际平均	12	57	684
差异			-17

要求：分析单位产品直接材料成本项目。

【操作步骤】

第一步，计算直接材料成本项目的变动及影响因素的影响程度。

从表中数据可见，甲产品的单位产品直接材料成本本年累计实际平均数比本年计划数节约了17元。其影响因素分析为：

直接材料单耗变动的影响＝（12-10）×70.10＝140.20（元）

直接材料单价变动的影响＝12×（57-70.10）＝-157.20（元）

两个因素共同影响＝140.20-157.20＝-17（元）

第二步，直接材料成本项目影响因素分析评价。

计算结果表明，单位甲产品直接材料费用节约了17元，但是单耗和单价的影响程度不同，其中单耗的上升，使单位产品直接材料费用超支了140.20元，而材料单价的下降，则使单位产品直接材料费用节约了157.20元，两者相抵，最终单位产品直接材料费用还是下降了17元，这表明，单价变动所节约的直接材料费用，大部分被单耗变动所超支的直接材料费用抵消。对于单耗，一般受操作方法、操作熟练程度、产品设计和工艺技术、选料、下料、废品、成本管理工作的重视程度等因素的影响，而单价则受国家调价、市场供求状况、供货渠道、方式等因素的影响。在本例中，单位产品材料消耗量的上升，则应结合相关资料进一步分析其原因，以便采取措施加以改进，降低消耗量。

2.直接人工成本项目分析

由于每家企业的工资制度和工资费用计入产品成本的具体方法不同，因此，分析直接人工成本项目的变动时应结合企业的具体情况而定。在计件工资制度下，只要计件单价不变，单位产品成本中的工资费用就不会发生变化。在计时工资制度下，若企业生产多种产品，单位产品成本的工资费用要按工时比例分配计入产品成本中，而产品单位成本中工资费用的多少则取决于生产单位产品的工时消耗和工资分配率两个因素的变动情况。

单位产品直接人工成本＝单位产品工时消耗量×工资分配率

分析时首先确定分析对象为实际单位产品直接人工成本与计划单位产品直接人工成本之间的差异。然后分析两个因素变动的影响，其中：

$$\text{单位产品工时消耗量变动的影响}=(\text{实际单位产品工时消耗量}-\text{计划单位产品工时消耗量})\times\text{计划工资分配率}$$

$$\text{工资分配率变动的影响}=(\text{实际工资分配率}-\text{计划工资分配率})\times\text{实际单位产品工时消耗量}$$

【做中学5-2-7】甲产品消耗的有关工时数量和工资分配率资料见表5-2-17。

表5-2-17　甲产品消耗的有关工时数量和工资分配率资料

项目	消耗量（工时）		工资分配率（元/小时）		直接人工成本（元）		
	计划	实际	计划	实际	计划	实际	差异
生产工时	50	42	2.2	2.5	110	105	-5

单位甲产品直接人工实际成本比计划成本节约5元。

由于单位产品工时消耗量变动的影响计算如下：

（42－50）×2.2＝－17.6（元）

由于工资分配率变动的影响计算如下：

（2.5－2.2）×42＝12.6（元）

因此，生产单位产品工时消耗量越少，产品成本中分摊的工资费用也越少。但是，工资分配率的提高则是产品单位成本中工资费用增加的原因，所以对产品单位成本中工资费用的分析应结合劳动生产率、劳动组织等方面的情况进行，重点是分析单位产品工时变动。

【工作实例5-2-3】企业甲产品有关直接人工费用资料见表5-2-18。

表5-2-18　直接人工费用资料表

项目	单位产品耗用（工时）	小时工资率（元）	直接人工（元）
本年计划数	40	1.30	52
本年累计实际平均	36	1.50	54
差异			＋2

要求：分析单位产品直接人工成本项目。

【操作步骤】

第一步，计算直接人工成本项目的变动及影响因素的影响程度。

从表中资料可见，甲产品单位成本中的直接人工费用本年累计实际平均数比本年计划数增加了2元，其影响因素分析为：

单位产品耗用工时变动的影响 =（36 – 40）× 1.3 = –5.20（元）

小时工资率变动的影响 = 36 ×（1.50 – 1.30）= 7.20（元）

两个因素的共同影响 = –5.20 + 7.20 = 2（元）

第二步，直接人工成本项目影响因素分析评价。

计算表明，甲产品单位成本中直接人工费用超支了2元，但是，单位产品所耗工时与小时工资率的影响情况不同。单位产品所耗工时下降，使单位产品直接人工费用下降了5.20元，但由于小时工资率上升，单位产品直接人工费用上升了7.20元，两者相抵，仍然使单位产品直接人工费用超支2元。通常，影响单位产品所耗工时的原因较多，而影响小时工资率的因素是直接人工成本总额和生产工时总数两方面。前者主要由生产工人总数、工资标准、工作总额变动所引起，后者主要取决于生产工人的出勤状况和工时利用状况。在本例中，甲产品本年累计实际平均小时工资率比计划数提高，企业应结合具体情况，查明原因，促使企业提高工时利用效率，降低小时工资率，从而降低产品成本。

3. 制造费用成本项目分析

产品的制造费用是车间间接费用的归集，要按照一定的分配标准分配到各类产品成本中。

在分析制造费用成本项目时，分析的主要因素是工时消耗和制造费用分配率。

【做中学5-2-8】甲产品消耗的有关工时数量和制造费用分配率资料见表5-2-19。

表5-2-19 甲产品制造费用对比计划变动情况分析表

项目	消耗量（工时）		制造费用分配率（元/小时）		制造费用（元）		
	计划	实际	计划	实际	计划	实际	差异
制造费用	50	42	1.70	2.30	85	96.60	11.60

由表中数据可以看出，甲产品的制造费用实际超过计划11.60元。

由于工时消耗量变动的影响计算如下：

（42 – 50）× 1.70 = – 13.60（元）

由于制造费用分配率变动的影响计算如下：

（2.30 – 1.70）× 42 = 25.20（元）

【工作实例5-2-4】某企业甲产品有关制造费用资料见表5-2-20。

表5-2-20 制造费用资料表

项目	单位产品耗用（工时）	小时制造费用分配率（元/小时）	制造费用（元）
本年计划数	40	3.75	150
本年累计实际平均	50	3	150
差异			

要求：分析单位产品制造费用成本项目。

【操作步骤】

第一步，计算制造费用成本项目的变动及影响因素的影响程度。

从表中资料可见，甲产品单位成本中的制造费用本年累计实际平均数与本年计划数相比没发生变化，其影响因素分析为：

单位产品耗用工时变动的影响 =（50 - 40）× 3.75 = 37.50（元）

小时制造费用分配率变动的影响 = 50 ×（3 - 3.75）= -37.50（元）

两个因素的共同影响 = -37.50 + 37.50 = 0

第二步，制造费用成本项目影响因素分析评价。

计算表明，甲产品单位成本中制造费用没发生变化，但是，单位产品所耗工时与小时制造费用分配率的变动情况不同。单位产品所耗工时上升，使单位产品制造费用上升了37.50元，但由于小时制造费用分配率下降，单位产品制造费用下降了37.50元，两者相抵，使单位产品制造费用没发生变化。通常，影响单位产品所耗工时的原因较多，而影响小时制造费用分配率的因素是制造费用总额和产品生产所耗工时总数两方面。前者主要由企业的各项间接费用、未单独设项目的直接费用变动所引起，后者主要取决于生产工人的出勤状况和工时利用状况。企业应尽可能压缩不必要的开支，减少制造费用支出，从而降低制造费用分配率，降低产品成本。

4.燃料及动力成本项目分析

燃料及动力费用在分析时可以比照直接材料费用分析方法进行。

五、制造费用明细表分析

企业一般采用比较分析法和构成比率分析法分析制造费用明细表。

分析各种费用计划的执行情况，主要是依据各种费用明细表提供的资料，以本年实际数与本年计划数相比较，确定实际脱离计划的差异，然后结合有关资料分析差异的原因。制造费用分析表见表5-2-21。

表5-2-21　　制造费用分析表　　单位：元

项　目	本年计划	本年实际	实际比计划升降额
工资	1 200	1 293	+93
职工福利费	320	346	+26
折旧费	7 680	7 693	+13
办公费	760	750	-10
水电费	987	1 047	+60
机物料消耗	3 520	3 508	-12
低值易耗品摊销	436	400	-36
其他	649	504	-145
制造费用合计	15 552	15 541	-11

从表中分析可以看出，本年度制造费用总额实际比计划降低11元，基本符合计划。

采用构成比率分析法，计算分析各制造费用项目的构成比率，考核企业制造费用构成是否合理。同时，可以分别计算上年同期实际数构成比率、本年计划数构成比率、本月实际数构成比率和本年累计实际数构成比率，借以分析企业制造费用构成的变动趋势。在评价制造费用构成的合理性时，应结合企业的生产、技术特点的变化，不能简单地以数字评价，否则，达不到分析的目的。

六、期间费用明细表分析

期间费用明细表的分析一般也采用比较分析法和构成比率分析法。其具体分析方法与制造费用明细表分析方法相同，不再赘述。

知识巩固

一、单项选择题

1.经济技术指标变动对产品成本的影响主要表现在对（　　）指标的影响。

A.产品总成本　　B.产品单位成本

C.产品产量　　D.产品总成本和产品产量

2.主要产品单位成本的一般分析，通常首先采用（　　）进行分析。

A.对比分析法　　B.趋势分析法

C.比率分析法　　D.连环替代法

3.采用连环替代法，可以揭示（　　）。

A.产生差异的因素

B.实际数与计划数之间的差异

C.产生差异的因素和各因素的影响程度

D.产生差异的因素和各因素的变动原因

4.成本报表的分析方法很多，如果通过计算两个性质不同而又相关的指标的比率进行数量分析，应采用的方法是（　　）。

A.比率分析法　　B.相关指标比率分析法

C.构成比率分析法　　D.对比分析法

5.在进行成本报表分析时，分析各因素对某一指标的影响程度时，可采用（　　）。

A.对比分析法　　B.结构分析法　　C.比率分析法　　D.因素分析法

6.下列各项不属于构成比率的是（　　）。

A.利润占销售额的比率

B.材料费用占产品成本的比率

C.折旧费占制造费用的比率

D.某种产品成本占全部产品总成本的比率

7.产品产量、产品品种结构、产品单位成本是影响（　　）变动的主要因素。

A.产品生产、销售总成本　　B.产品销售总成本
C.产品生产总成本　　D.主要产品生产成本

8.产量变动之所以影响产品单位成本，是由于（　　）。
A.产品全部成本中存在变动费用
B.产品全部成本中存在相对固定的费用
C.产品总成本不变
D.产品产量增长超过产品总成本增长

9.进行（　　）变动分析时，应从单位产品工时和小时费用率两个因素着手。
A.计时工资　　B.销售费用　　C.管理费用　　D.制造费用

10.只影响可比产品成本变动额，不影响可比产品成本降低率的因素是（　　）。
A.产品产量的变动　　B.产品品种结构变动
C.产品单位成本的变动　　D.产品投产量的变动

11.成本管理中的成本分析主要是指（　　）。
A.事前的成本分析　　B.事中的成本分析
C.事后的成本分析　　D.成本的总括分析

12.下列各项不属于成本分析的基本方法的是（　　）。
A.对比分析法　　B.产量分析法　　C.因素分析法　　D.相关分析法

13.根据实际成本指标与不同时期的指标对比来揭示差异，分析差异产生原因的方法称为（　　）。
A.因素分析法　　B.差量分析法　　C.对比分析法　　D.相关分析法

14.对本企业各个时期的成本指标进行对比，观察各个不同时期成本升降的规律的分析称为（　　）。
A.专业分析　　B.全面分析　　C.纵向分析　　D.横向分析

15.用本企业与国内外同行业之间的成本指标进行对比分析，称为（　　）。
A.全面分析　　B.重点分析　　C.纵向分析　　D.横向分析

二、多项选择题

1.生产多品种情况下，影响可比产品成本降低额的因素有（　　）。
A.产品产量　　B.产品单位成本　　C.产品价格　　D.产品品种结构

2.成本报表分析的方法，包括（　　）。
A.对比分析法　　B.比率分析法　　C.因素分析法　　D.趋势分析法

3.既影响可比产品成本降低额，又影响成本降低率的因素有（　　）。
A.产品产量变动　　B.产品价格变动
C.品种结构变动　　D.单位成本变动

4.用来分析各因素对总体指标影响程度的分析方法有（　　）。
A.对比分析法　　B.比率分析法　　C.因素分析法　　D.差额分析法

5.成本分析一般包括（　　）。
A.成本的事前分析　　B.成本的事中分析
C.成本的事后分析　　D.成本的一般分析

6.成本分析的原则包括（　　）。

A.全面分析与重点分析相结合　　B.专业分析与群众分析相结合

C.纵向分析与横向分析相结合　　D.事后分析与事前、事中分析相结合

7.在实际工作中，通常采用的成本分析方法主要有（　　）。

A.对比分析法　　B.交互分析法

C.约当产量分析法　　D.因素分析法

8.采用对比分析法时，可采取的形式有（　　）。

A.绝对数对比　　B.相对数对比

C.定额与实际对比　　D.定额与标准对比

9.下列属于因素分析法特性的有（　　）。

A.客观性　　B.事实性　　C.顺序性　　D.公正性

三、判断题

1.产品单位成本变动，既会影响成本降低额，又会影响成本降低率。（　　）

2.产品品种结构变动，只会影响成本降低额，不会影响成本降低率。（　　）

3.在固定成本总额不变的情况下，增加产品产量，可以降低单位产品成本中的固定成本。（　　）

4.影响可比产品成本降低额指标的因素有产品产量、产品品种构成和产品单位成本。（　　）

5.产品成本表中的“本月实际单位成本”应根据表中累计实际总成本除以本月累计产量计算填列。（　　）

6.在产品成本表中，可比产品成本降低额和降低率，是可比产品的实际成本与计划成本相比的降低额和降低率。（　　）

7.影响成本分析的因素很多，国家对整个国民经济活动所作出的各种安排对企业成本的影响称为固有因素。（　　）

8.在分析某个指标时，将与该指标相关但又不同的指标加以对比，分析其相互关系的方法称为对比分析法。（　　）

9.采用因素分析法进行成本分析时，各因素变动对经济指标影响程度的数额相加，应与该项经济指标实际数与基数的差额相等。（　　）

10.在进行全部产品成本分析时，需要计算成本降低率，该项指标是用成本降低额除以实际产量的实际总成本计算的。（　　）

11.在进行可比产品成本降低任务完成情况的分析时，产品产量因素的变动，只影响成本降低额，不影响成本降低率。（　　）

12.可比产品成本实际降低额是用实际产量按上年实际单位成本计算的总成本与实际产量按本年实际单位成本计算的总成本相比较计算的。（　　）

技能训练

【实训目的】

通过实训使学生熟悉产品成本分析的方法，培养学生独立完成产品成本分析的能力。

【实训内容】

1. 根据鲁昌公司提供的6月份材料，计算和填列产品成本报表中总成本各栏数字；

2. 分析全部产品成本计划的完成情况和产值成本率计划的完成情况。

【实训资料】

鲁昌公司2022年6月产品成本报表见表5-2-22。产值成本率计划为31元/百元，产品产值本月实际数按现行价格计算为65 894元。

表5-2-22　产品成本报表

产品名称	实际产量（件）	单位成本（元）			总成本（元）		
		上年实际平均	本年计划	本月实际	按上年实际平均单位成本计算	按本年计划单位成本计算	本月实际
可比产品合计							
A产品	50	84	82	83			
B产品	20	760	750	738			
不可比产品合计							
C产品	8	—	125	128	—		
D产品	3	—	370	365	—		
全部产品	—	—	—	—	—	—	

【实训任务】

编制产品成本报表（见表5-2-23）。

表5-2-23　产品成本报表

2022年6月

产品名称	实际产量（件）	单位成本（元）			总成本（元）		
		上年实际平均	本年计划	本月实际	按上年实际平均单位成本计算	按本年计划单位成本计算	本月实际
可比产品合计							
A产品							
B产品							
不可比产品合计							
C产品							
D产品							
全部产品							

参考文献

[1] 财政部会计司.《企业产品成本核算制度（试行）》讲解［M］. 北京：中国财政经济出版社，2014.

[2] 侯君邦，李梅. 成本会计［M］. 北京：中国人民大学出版社，2014.

[3] 侯君邦，柏海燕. 成本会计实务［M］. 北京：科学技术文献出版社，2015.

[4] 丁增稳. 成本会计实训教程［M］. 北京：高等教育出版社，2014.

[5] 吴向阳. 会计分岗位实训［M］. 北京：科学技术文献出版社，2015.

[6] 侯君邦，申艳. 成本会计实务［M］. 北京：北京理工大学出版社，2013.

[7] 胡中艾，蒋小云. 成本核算［M］. 2版. 北京：高等教育出版社，2014.

[8] 董淑芳. 成本会计实务［M］. 3版. 北京：中国人民大学出版社，2014.

[9] 侯君邦，冯素萍. 成本会计［M］. 济南：山东人民出版社，2009.

微课索引

为了满足学生自主学习的需要，我们针对本书的重点和难点内容制作了下列23个微课，用手机扫描对应的二维码即可直接观看。括号内标注的是微课的具体页码。